Winter
冬

Frühling
春

Sommer
夏

Herbst
秋

1913

Was ich unbedingt noch erzählen wollte

意猶未盡的黃金時代

追憶二十世紀初
西方文明的盛夏

姬健梅——譯　弗洛里安・伊里斯 Florian Illies——著

推薦序

一九一三：現代史的麥加芬

耿一偉

希區考克提過一個概念叫「麥加芬」（MacGuffin），這是指在故事中，引發所有人在追逐的目標，並帶動情節的推進。比如有一只皮箱，皮箱裡有重要的東西，但裡面到底是什麼，故事並沒有交代，這就是麥加芬。後來在一九六六年出版的《希區考克與特呂弗對話錄》一書中，希區考克用一個故事來解釋麥加芬。他說：「在英國一列火車上，兩位旅客正在交談。其中一位問：『先生，請問在上面的置架物上那個奇怪的包包裡頭是什麼東西呢？』『喔，這個呀，這是一個麥加芬。』『是做什麼用呢？』『這用來設下陷阱，以捕抓蘇格蘭山上的獅子。』『啊？但是蘇格蘭山區沒有獅子呀！』『喔，那就沒有麥加芬了。』」於是，希區考克對楚浮說：「所以你看，一個麥加芬，即什麼也不是。」

一九一三年就是現代史的麥加芬。透過閱讀《意猶未盡的黃金時代》，我們知道這一年很重要，但為何許多重大事件都圍繞著這一年轉，本書作者弗洛里安．伊里斯並沒有直接交代。既然麥加芬出自驚悚大師希區考克，自然也引發了我的推理魂，試圖在他的著作中找到蛛絲馬跡，希望能破解一九一三年背後的祕密。

《意猶未盡的黃金時代》是《繁華落盡的黃金時代》的續集。後者於二〇一三年出版至今，已有超過二十四種語言的譯本，中文本於二〇一五年由商周出版社發行。這兩本書的編輯概念與書寫方式都類似。作者在這兩本書都沒有提供一個導言，來做某種大歷史觀的說明，但我相信浸淫在這些人物典故與事件中，作者勢必會有某種感受或判斷，或許他覺得沒有足夠理論支持，卻總會在行文的某些時刻，不經意地洩露出內心想法。

接著，賓果，我果然發現重要線索。在《繁華落盡的黃金時代》的第九十八頁，弗洛里安・伊里斯寫道：「現在橫豎得為這一年的現代主義下個結論，現在是一個頗有彈性的統稱，總是會被當代及後世的人賦予不同的解釋，每個世代的人將其發生的時間挪前或移後，以致事實無法恰如其分地描述不同時的同時性。而同時性尤其是一九一三這一年的特色。」

一九一三年證明了同時性的存在，這個由分析心理學大師榮格提出的觀念，是用來解釋看似表面不相關的事物會同時發生的巧合，他認為同時性的出現背後，勢必暗示了某種深具意義的祕密連結。一九一三年的同時性，就是現代主義在背後串聯一切。

在閱讀《意猶未盡的黃金時代》與《繁華落盡的黃金時代》的過程當中，一開始讀者會像是處在五里霧當中，充滿一則又一則看似不相關的藝文軼事，不太明白這些故事之間的關聯。但慢慢地，會發現這些人彼此之間，又存在某種連結，某種文化人際關係的網絡，會逐漸在閱讀過程當中浮現，而且是集中在巴黎、慕尼黑、柏林、維也納與布拉格等大都市。

當然，這也不是什麼奇怪的事，現代性（modernity）的出現，與都市成為人口的集中地是互為表裡的。一九一三年看似關鍵的一年，但裡面的人物或事件之所以被提及，其影響力不見得都是發生在那一年，而是可往前後各推到五十年的範圍。比如本書一開始提到魯道夫．史代納（Rudolf Steiner）是一八六一年出生，至於本書結尾關於華格納歌劇《帕西法爾》（*Parzifal*）只能在拜魯特演出的禁令將在一九一四年一月終止的軼事，其背景至少可回溯到一八五七年，華格納首度寫下該草稿。

法國詩人波特萊爾於一八六三年發表的《現代生活裡的畫家》提到現代性，定義其為「短暫的、也是稍縱即逝的，不僅是瞬間，也是偶然的。」這種不斷變遷的感受，有點類似走在城市大道上被往來擁擠的陌生人、各式各樣招牌，眼花撩亂的櫥窗所帶來的迷失感。這種現代性體驗，不也是《意猶未盡的黃金時代》與《繁華落盡的黃金時代》給讀者帶來的感受嗎？

不可否認，現代主義誕生於歐洲，但是在《意猶未盡的黃金時代》中，作者試圖超越歐洲觀點，放入美洲甚至是印度的故事，焦點也不再只是文化領域，連科學都納進同時性的範圍裡。讀者若讀完這本書（能搭配前一本更好），會發現其實是自己細細體會了整個現代史的複雜樣貌，而不是對歷史線性發展的簡化因果論斷。

不過，我還有另一個解讀。閱讀本書的最大樂趣，是對這些歷史人物的微觀描述，這會讓我聯想到《世說新語》，裡頭關於魏晉南北朝的名士風範。現代主義試圖與傳統割裂，加上兩次世界大戰，整個二十世紀的上半葉就是一切價值都崩解，不再有什麼普世規範可以依據。唯一能確定的，只有這些人物在生活方式上的審美價值，而這個紛亂的歷史背景，不也與《世說新語》相似？

一九一三年的隔年發生第一次世界大戰，所有的文化事件都無法脫離這個政治龍捲風，讓一切不相關的事物都因戰爭爆發而彼此相關了。這也是為何，本書的最後一個故事會落在費迪南大公要生女兒這則軼事上。至於為什麼是一九一三年，其實也不是那麼重要。比較重要的是有了這個誘餌，透過這個麥加芬，我們才會留意到這麼多樣繽紛的歷史風光。

（本文作者為國立台北藝術大學戲劇學系兼任助理教授）

目錄

CONTENTS

Herbst 秋

Winter
1913冬

馬克西姆．高爾基在卡布里島曬傷。圖霍斯基把筆名從提奧巴．提格換成彼得．潘特。赫曼．赫塞渴望去看牙醫，而普契尼無意與人決鬥。天際出現一顆新彗星，拉斯普丁蠱惑了俄國婦女。馬塞爾．普魯斯特的《追憶逝水年華》找不到出版商。亞瑟．施尼茨勒醫學博士診斷他最棘手的病人：當代。出身柏林潘科區的一名吞火藝人登上了阿爾巴尼亞王座。在位只有五天，但至少他當過國王。

一月

我要述說的當代就從這個除夕夜，一九一二年十二月三十一日到一九一三年元旦之間這幾個小時開始。就這時節來說天氣過於溫暖。情況我們很熟悉，除此之外一無所悉。歡迎光臨。

✷

在這個十二月三十一日，科隆夜已深了，外面細雨紛飛。魯道夫・史代納[1]接連幾天在科隆演說，這是第四個晚上，他說得慷慨激昂，聽眾被深深打動，緊盯他的雙唇。此刻他伸手拿起茉莉花茶喝了一口，鐘聲敲響了十二下，從外面街道上傳來人群的叫喊歡呼，但是史代納繼續演講，宣稱精神錯亂的德國唯有藉由瑜伽才能回復平靜：「在瑜伽裡，心靈從其皮囊中解放，超越了皮囊。」說完他就走了，回歸沉默。為新年舉杯。

✷

畢卡索低頭看向抬頭仰望的狗菲莉卡，這隻布列塔尼獵犬和德國牧羊犬的罕見混種犬不喜歡看見他收拾行李，牠哀哀嗥叫，硬要跟著一起走，不管要去哪裡。於是他一把抓起牽狗的皮帶，呼喚他的新情人伊娃，兩人一狗從巴黎出發，搭乘下一班火車前往巴塞隆納。畢卡索想讓年邁的父親見見他的新愛人（不到一年後，他的父親、他的狗和伊娃都死了，但此處暫且不表）。

✷

赫曼・赫塞與妻子米雅想再次試圖重歸於好。他們把布魯諾、海納和馬丁三個孩子放在外婆家，然後搭車前往距離他們伯恩新居不遠山上的格林德瓦，住進「驛站」這家小旅館。在這個季節，過了下午三點，旅館就會沒入巍峨艾格峰北壁的陰影裡。赫塞與妻子希望能在陰影中找回愛情的光亮。他們遺失了這道光，就像人遺失了手杖或帽子。小雨淅瀝淅瀝下著，旅館老闆說等等吧，待會兒就會下雪了。於是他們借來滑雪板。但是小雨仍舊下個不停。旅館裡的除夕夜漫長磨人，無話可說，幸好葡萄酒還算香醇。總算到了十二點，他們疲憊地舉杯互碰，然後回到樓上的房間。隔天早晨他們拉開厚重的窗簾往外望，雨還在下。於是在早餐過後，赫塞歸還了沒派上用場的滑雪板。

＊

里爾克[2]正從西班牙的龍達寫了封著實感人的信給硬朗的羅丹。

＊

十二月三十一日，胡戈．馮．霍夫曼斯塔[3]在維也納街頭悶悶不樂地散步，最後一次行經將逝的舊年。寒霜覆蓋林蔭道上的枝椏，圍牆縫隙裡也鑲滿白色冰晶，黑夜的寒意漸漸籠罩城市。回到住處，眼鏡片蒙上了薄霧，他用手帕把鏡片擦拭乾淨，手帕上用漂亮花體字繡著他姓名的起首字母。鑰匙擱上五斗櫃，用仍然冰涼的手撫摸櫃身，那是件祖傳家具。接著也摸了摸做工精細的鏡子，這面鏡子曾掛在祖厝裡。他坐在手工打造的華麗寫字檯前，寫道：「有時候我覺得，父祖輩只留給我們子孫兩件東西：精美的家具和過度敏感的神經。我們只剩下冰冷的生活，空洞乏味的現實。冷眼旁觀自己過的日子；早早飲盡了杯中之酒，口渴卻永無止盡。」然後他喚來僕人，要了第一杯干邑白蘭地，但是早已明白，連這也消除不了壓在沉重眼皮上的愁緒。對此他無能為力，但是看清了別人只隱約意識到的衰敗，熟知別人只會玩弄的結局。於是他寫信給友人艾伯哈德・馮・博登豪森[4]，感謝對方「越過一整個廣大、陰沉、抑鬱的德國」捎來問候，然後坦言：「我的心情很異樣，這些日子以來，在這混亂、暗自恐懼的奧地利，這個被歷史冷落的國家，我的心情如此異樣、寂寞、滿懷憂慮。」意思是：我的話沒有人要聽。

霍夫曼斯塔成名很早，年紀輕輕就已成為傳奇，詩作風靡歐洲，史蒂芬・格奧爾格[5]、葛歐・布蘭代斯[6]、魯道夫・博爾哈特[7]、亞瑟・施尼茨勒[8]全都為這份天才魔力吸引。然而霍夫曼斯塔深受早早登峰造極之累，後來幾乎不再發表作品。如今，一九一三年，他幾乎被遺忘，成為舊時代的遺物，來自「昨日世界」[9]，那個時代已徹底消逝，一如曾視他為神童的那個社會。他是昔日奧匈帝國的末代詩人，在他居住的維也納，在一九一三年元月，皇帝弗蘭茨・約瑟夫一世在位已堂堂邁入第六十五年。他於一八四八年加冕為帝，一九一三年仍舊戴著皇冠，彷彿天經地義。然而，就在他已疲軟的政權下，現代主義在維也納掌領風騷，一群人物領導了革命：羅伯特・穆齊爾[10]、路德維希・維根斯坦[11]、史蒂芬・茨威格[12]、阿諾・荀白克[13]、奧本・伯格[14]、埃貢・席勒[15]、奧斯卡・柯克西卡[16]和葛歐格・特拉克爾[17]。他們用文字、聲音和繪畫改造了世界。

✷

傍晚時分，女按摩師終於走了，湯瑪斯．曼活躍時髦的岳母黑德薇希．普林斯海姆[18]離開慕尼黑阿爾西斯路十二號的別墅，搭車前往「湯米之屋」享用除夕晚宴（不是紐約那家餐館，而是身為長輩的她對嫁給湯瑪斯．曼的女兒卡蒂亞一家人的稱呼，他們住在卯爾克爾歇街十三號）。可是才在女兒家坐定，背又痛了起來，要命的坐骨神經痛。湯米隔天必須前往柏林（他將會痛悔此行），這個掃興的傢伙在晚上十一點硬生生地結束了除夕夜：「你們知道我明天一早就得出門。」不過，據岳母表示，在那之前的氣氛頂多是「勉強尚稱融洽」。回程時在隆隆行駛的電車上，音樂廳廣場的鐘才敲響十二下。她的背在痛，丈夫阿弗列．普林斯海姆數學教授坐在她身旁，用複雜的質數在計算些什麼。一點也不浪漫。卡爾．瓦倫汀[19]就住在下一條街，他在這一夜寫信給麗莎．卡爾施塔特[20]：「但願我們永保健康和寶貴的幽默感，妳也要繼續當我又乖又好的小麗莎。」多麼浪漫。

✷

沒錯，就在這一夜，路易．阿姆斯壯[21]在遙遠的紐奧良開始吹奏喇叭。而在布拉格，法蘭茲·卡夫卡坐在敞開的窗前，寫信給柏林以馬內利教堂街四號的菲莉絲·包爾，他的信含情脈脈，妙不可言，又令人心慌意亂。

✷

這一夜，偉大的匈牙利小說家、弗洛伊德信徒、嗎啡癮君子兼色情狂蓋查·薩特[22]坐在史都比亞（Stubnya）鎮上療養院小小的醫師宿舍裡，這個礦泉小鎮位在幅員遼闊的奧匈帝國邊陲。他還讀了一會兒卡薩諾瓦[23]的文章，隨即點燃一根高級雪茄，再替自己注射了零點零零二克的嗎啡，然後做了一番成績斐然的年終結算：「性交三百六十次到三百八十次。」還能比這更精確嗎？噢，可以的。薩特鉅細靡遺地列出與情人歐爾佳·約拿斯（Olga Jónás）的關係，其詳細程度只比穆齊爾略遜一籌：「在三百四十五天裡性交四百二十四次，亦即每日一點二六八次。」既然已經著手計算，就也一併算出：「消耗嗎啡一百七十公毫，亦即每日零點零五六克。」接下來是「年度結算」：「收入七千三百九十克朗。弄到十個女人，包括兩個處女。出版了我那本談精神疾病的著作。」那麼，一九一三年該當如何呢？計畫很明確：「每兩天性交一次。裝假牙。買新外套。」好，那就開始吧。

✷

一九一三年萬象更新，各地都創立了想把時鐘歸零的期刊雜誌。馬克西米利安・哈登[24]自一八九二年起就在他創辦的《未來》雜誌（*Die Zukunft*）裡宣稱未來屬於自己，下一個世代則把目光投向當代。柏林西城醫院的年輕醫師戈特弗里德・本恩[25]正把寫好的詩投稿給保羅・蔡西[26]的《新熱情》（*Das Neue Pathos*）和海因利希・巴赫邁爾[27]的《新藝術》（*Die Neue Kunst*），暫時沒有投稿給同樣在一九一三年新創的刊物《開端》（*Der Anfang*）。刊登在《開端》第一期第一頁上的文章由年輕的華特・班雅明[28]所寫。好一個象徵性開端，好一個象徵性終結，終結了班雅明的「柏林童年」。

✷

普魯斯特終於寫完了《追憶逝水年華》第一部，他辦到了。密密麻麻寫滿七百一十二頁。他把這捆厚厚的手稿先後寄給巴黎的法斯格出版社（Fasquelle）、歐倫朵夫出版社（Ollendorff）、伽利瑪出版社（Gallimard），全都遭到拒絕。伽利瑪的回絕信由擔任總編輯的作家安德烈・紀德[29]親手撰寫。紀德不久前在摩洛哥靠著奧斯卡・王爾德的幫忙，初嚐了同性愛情的歡愉，這一點他足可引以自豪。普魯斯特的手稿他讀到大約七十頁就讀不下去了，因為他在一段對髮型的描述中發現了一處句法有欠準確，使他難以忍受。紀德的敏感程度大約和普魯斯特不相上下。總之，紀德覺得這個作者不可信賴。日後當紀德的頭髮都快掉光了，他會把自己栽在一個錯誤髮型上這件事視為此生最大錯誤。但此刻感到絕望的是普魯斯特。他寫道：「這本書現在想要的是一座墳，在我自己的墳封住之前就已經挖好。」

✷

一月一日上午，確切的時間是八點半（如果您想知道的話），德皇威廉二世和皇后奧古絲特·維多莉亞在波茨坦的新宮坐上汽車，前往皇室的官方總部。他們順利抵達，沒有發生什麼值得一提之事。這是個好兆頭嗎？

✷

一月一日下午，一場地震撼動加州。震央所在的山谷就是日後統治天下的矽谷。美國郵局不受地震的影響，在一月一日首度寄送了一個包裹。幾天之後，無以為繼的卡夫卡擱置了那本以美國為背景的小說《失蹤者》。

✷

一月二日，匈牙利總理伊斯特萬．蒂薩伯爵[30]和反對黨領袖米哈伊．卡羅伊伯爵[31]向他們出身平民的天真同僚示範了如何解決政治問題最明智：用一場決鬥來解決。在一月二日拂曉，他們持劍對峙。雙方受了輕傷，隔天都回到議會上班。在那之後，卡羅伊伯爵必須趕緊結婚，因為他玩牌所累積的債務高達一千兩百萬克朗。蒂薩伯爵在六月十日再度成為匈牙利元首，然而這並未阻止他在八月二十日再度與人決鬥，這次的對手是反對黨國會議員喬治．帕拉維奇尼（György Pallavicini），他指控蒂薩在一場損害名譽的官司中唆使證人做偽證。

此次決鬥雙方也都受了傷。在這之後，蒂薩歷經無數次風波，於一九一八年十月在戰爭中遭到革命軍射殺。不過他在臨死前說出了那句金玉良言：「命該如此。」

✷

命該如此嗎？不。一月二日，賈科莫．普契尼[32]在他位於托斯卡尼的鄉間莊園接獲要求與他決鬥的戰帖。慕尼黑的阿諾・馮・史登格男爵（Arnold von Stengel）再也忍受不了妻子約瑟芬和普契尼的婚外情。但是普契尼寧可對野鴨和野豬開槍，不想對人開槍。他請人轉告男爵，恕他目前沒空進行這種決鬥。

✷

次日，施尼茨勒從維也納把他替電影改編的劇作《談情說愛》（*Liebelei*）寄往哥本哈根的北歐電影公司[33]。劇中，剛墜入愛河的弗里茲少尉必須為了一段與有夫之婦的舊情接受一場決鬥。戴綠帽的丈夫其實已不愛他的妻子，但這畢竟事關名譽。弗里茲死了，丈夫挽救了名譽，但卻變得毫無意義。這是醫學博士施尼茨勒對他最棘手的病人「當代」所下的診斷。

✷

一月三日，默片時代結束。這天晚上，湯瑪斯・愛迪生在紐澤西州西橘市（West Orange）的工作室裡首次使用他的有聲電影放映機（Kinetophone）。影像與聲音首次能夠同時播放，有聲片時代開始。

✷

一月四日，德軍參謀總長阿弗列．馮．史里芬[34]去世。他是他那個時代最偉大的戰略家，終其一生都在計畫戰爭。他構思出「一號前征計畫」，擬對死敵採取先制攻擊，這就是知名的「史里芬計畫」，要使德軍橫掃法國。但是現在他死了。從此將會天下太平嗎？

✷

一九一三年一月，恩斯特．策梅洛[35]在國際數學協會的一場會議中首度以西洋棋為例提出一種博弈論。「在有限的雙人零合遊戲中，要麼就是一方有必勝策略，那麼這一方就能獲勝，不論對手的策略為何；要麼就是這種策略並不存在。」令人叫絕的話。幸好偉大的優勢戰略家史里芬剛去世。是否只有西洋棋是雙人零合遊戲？決鬥是否也是？愛情呢？

✷

年輕的匈牙利舞者羅茉拉．德．普爾茨基二十三歲，金髮耀眼，非常漂亮，膚色白晰，有雙藍瓷般的眼睛。這個冬天在布達佩斯，她迷上了俄羅斯芭蕾舞團，尤其迷上了身材頎長、二十四歲的尼金斯基[36]，迷上他在《牧神的午後》[37]中百年難得一見的演出。舞團隨著知名經紀人賈吉列夫[38]前往維也納，她索性一同前往。這時羅茉拉已經知道她對俄羅斯芭蕾感興趣，尤其對尼金斯基感興趣。到了維也納，她找個藉口安排與賈吉列夫碰面，在布里斯托飯店一間空蕩蕩的接待室裡。表面上她想在舞團裡謀取一個位置，其實是想謀得在尼金斯基身邊的角色。賈吉列夫立刻就察覺了，遂保衛起他出身韃靼族的情人，也由於其同性戀傾向而誤以為自己是安全的，他認為他和尼金斯基是一種雙人零合遊戲。然而，儘管賈吉列夫有猜疑，羅茉拉動用了她的人脈，還是得以立刻成為舞團的正式團員。在巡迴演出途中，這群舞者在倫敦停留，晚上在柯芬園演出《彼得洛西卡》[39]和《牧神的午後》，上午則為一場革命排練，排練史特拉汶斯基那齣粗獷而有古風的原始森林舞劇《春之祭》。尼金斯基在倫敦一月的冷雨中試圖為這齣舞劇編排出一套舞蹈動作，而他日復一日一地失敗。史特拉汶斯基的作品難以察覺段落何時結束，另一個段落何時開始，一切都支離破碎又緊密銜接。眼看著史特拉汶斯基的天才就要使尼金斯基喪失信心。他一籌莫展，一再中斷排練，大吼大叫。而羅茉拉就會體貼地用一條溫暖的毯子裹住他肩膀，免得他著涼。

✷

埃貢．席勒的視線無法離開她。他忍不住一再去畫瓦莉[40]，多半是裸體，或至少是陰部裸露。即使在赤裸時，她的雙眼仍舊無動於衷得讓人不安，流露出不知羞恥為何物的現代感。一月八日下午，埃貢．席勒一樣又坐在位於維也納赫岑大道一〇一號的畫室裡，跟往常一樣有兩、三個模特兒在場，她們躲開家中的混亂，舒展四肢，整理身上的衣物，把自己交給席勒。他坐在畫架前，像隻埋伏的老虎，等待嗅出一個特別動機時撲向獵物。這時他會猛喊一聲「停！」，喊聲傳遍那個暖氣太強的大房間。模特兒得維持住此刻的姿勢，他用快筆將之畫下。如果他覺得滿意，就會拿畫筆蘸上水彩顏料，用上一點紅和一點藍。在畫瓦莉時，他喜歡用瘋狂的亮橙色畫她的吊襪帶、她的嘴唇和她的陰部，偶爾也把她的頭髮畫成這個顏色。這突兀、鮮豔的橙紅色像血。一九一三年一月八日，席勒的視線又一次無法離開瓦莉．諾伊齊，他對她迷戀之深，甚至強迫她（或是她強迫自己）寫下一份獨立宣言。於是半裸的她朝席勒彎下身體，在他神聖的素描簿上寫下這句話：「謹在此保證我沒有愛上這世上任何一個人。瓦莉。」而他，大大鬆了一口氣，不知道該馬上畫她還是愛她。

✷

駱駝牌香菸在北卡羅萊那州的溫斯頓—撒冷（Winston-Salem）創立，是率先以一盒二十支包裝的香菸品牌。也就是說，香菸產業的二十世紀始於一九一三年。只不過自一九一三年以來，駱駝牌香菸的商標上只見一隻單峰駱駝[41]，而且是巴拿姆與貝里馬戲團（Barnum & Bailey Circus）的單峰駱駝「老喬」。一九一三年一月，該馬戲團在溫斯頓巡迴演出，理查．雷諾斯（Richard Joshua Reynolds）下午帶著孩子去看馬戲表演，沒把時間用來設計商標。當天晚上，那隻單峰駱駝就在他的畫架上成了駱駝牌商標上的駱駝。這是親子時間對全球設計史的祕密貢獻，第一集。

✷

這本書封面上（指德文版封面）那兩個女孩究竟是誰？她們如此好奇地看這個世界，如此勇敢，卻又對即將發生之事彷彿有預感。「在厄運來臨前再次綻放。」本恩寫下這句詩的時候，就是這張照片誕生之時。那兩個女孩是羅特和艾迪楚德，攝影家海因利希．昆恩[42]的女兒，這張彩色照片確實是他在一九一三年替她們拍攝的，使用他所發明的

「天然彩色相片」（Autochrom）底片。Ablichten是個美妙的老派字眼（在德文中的意思是「拍照」，字裡包含了「光」（Licht），字面上有「捕捉光線」之意），用在昆恩身上很貼切，因為他用相機和相紙做了很多實驗，成為運用光線而真正拍出彩色照片的先驅。他拍出柔和但不甜膩的照片，宛如史蒂夫特[43]小說《殘夏》（*Nachsommer*）中的人物照。昆恩總是要求子女穿上紅色、藍色和青綠色的衣服走到相機前，像支小小的劇團。

攝影家昆恩在他位於茵斯布魯克理查・華格納街六號的住家附近山坡上拍出的照片是一場革命，因為他首度讓人類對世界的自然感知與攝影捕捉到的世界相符。沒有人眼中的世界是黑白的，但是直到一九一三年，世人仍得接受簡化為黑白兩色的攝影術，不管是人物肖像、報刊照片、複製畫作，還是電影。生於一九〇四年的羅特和生於一八九七年的艾迪楚德並不知道自己是人類心態史上這場小小革命的旗手（親子時間對全球攝影史的祕密貢獻，第一集）。她們就只是孩子，繼續在院子裡高大的栗樹下漫步，走上屋後的山坡牧場，視線越過籬笆望向遠處的山谷。她們和褓姆瑪麗・華納（Mary Warner）一起玩耍，母親去世後她到來，而她們察覺父親替這位褓姆拍照的次數和替她們拍照的次數一樣頻繁。她們感受到愛苗滋長，那是個美好的人生經驗。順帶一提，在《繁華落盡的黃金時代》書封上（指德文版封面），就是這位瑪麗・華納帶著艾迪楚德走在提洛山區野花盛開的草地，天上一片白雲預示風起雲湧的未來。這張照片拍攝於「一九一三年一個晴朗的八月天」，這也正是穆齊爾的世紀小說《沒有個性的人》的開頭第一句話。湯瑪斯．曼的小說《魔山》結束於虛構的一九一三年，而他是在真實的一九一三年開始撰寫這部小說。攝影術的獨特魔山連同那片散發出渴望與哀愁的山坡，都坐落在阿爾卑斯山，距離達沃斯[44]不遠。

✷

一月時，弗洛伊德在維也納思考「弒父情結」。一月時，偉大的波蘭前衛藝術家史塔尼斯拉夫．維凱維奇二世為了抗議父親史塔尼斯拉夫．維凱維奇一世[45]，大動作地把姓氏改成維卡奇[46]。但此舉無濟於事。他仍舊與父親同住，住在高塔特拉山腳下的波蘭知識分子重鎮札科帕內（Zakopane），偏偏那個地方處處聳立著他父親設計的知名建築。那裡就像波蘭的達沃斯，肺病患者從各地前來，包括真正的患者和想像自己有病的患者。房屋建造成阿爾卑斯山小屋和青年風格的混合體，在冬日時節幾乎看不出來，因為屋頂上的積雪厚達一公尺。雪花大片飄落，彷彿要把全世界包覆在寂靜中。維卡奇試用相機；鋼琴大師魯賓斯坦[47]一月去札科帕內拜訪他時，他替魯賓斯坦拍攝了一組驚人的肖像。戶外積雪太厚，他們好幾天無法出門。維卡奇一再替自己和魯賓斯坦拍照，拍了又拍。後來魯賓斯坦形容維卡奇是個放蕩不羈的善感之人、尼采的狂熱信徒、輕聲細語的惡魔梅菲斯托。他日後的代表作叫做《永不饜足》（*Unersättlichkeit*）。很貼切。但是此刻，一九一三年這個冬天，他再一次感到消沉，魯賓斯坦只能讓他暫時擺脫憂鬱。當魯賓斯坦彈起鋼琴，一切頓時讓人寧靜安詳。維卡奇被深深打動，站在門邊豎耳聆聽。這麼美的琴聲，這麼靈活的手指，而外面大雪紛飛。還有一位妙齡女郎，為了在山上療養肺疾，這個冬天寄宿在維凱維奇家。如今她成了良藥：維卡奇畫下並拍下明豔動人的雅德薇佳・楊切夫斯卡（Jadwiga Janczewska），愛上了她，和她訂婚。維卡奇決定由她來拯救自己，脫離失落的人生。可惜事與願違。幾個月後，她在札科帕內附近一片山坡上舉槍自盡，事前還在死亡地點擺了一大捧鮮花，表現出一種瘋狂的現代主義作風。而且是插在一個花瓶裡！好讓鮮花能比她活得更久。愛慾和死亡慾[48]，還附上告示牌。在波蘭，浪漫時期在一九一三年才結束。

✷

一月八日，朱利葉斯・邁耶格列菲[49]在柏林維多利亞街三十五號「卡西勒畫廊」的新場地演講。他是當代最重要的藝術評論家，也是引介法國印象主義的最大功臣（這兩個最高級用在此處都很恰當），他的講題是「我們奔向何方？」（墜入深淵，他這麼推測）。現場人潮洶湧，然而講者表示：「理解幾乎是零。」會後保羅．卡西勒[50]和妻子媞拉．杜麗歐[51]想和邁耶格列菲共餐，但是邁耶格列菲興致缺缺：「老實的杜麗歐大發嬌嗔，因為我沒跟他們一起去廣場大飯店[52]。」老實的杜麗歐的確不習慣受到這種對待。而她真的能被稱為「老實」嗎？事實上，邁耶格列菲拒絕邀約乃是大不敬，因為在一九一三年，卡西勒和杜麗歐無疑是柏林文化界的王與后，他倆十年前正是在邁耶格列菲家中的晚宴上相識。但是邁耶格列菲不在乎這些。哪怕杜麗歐家裡養了一隻鸚鵡，會在她開門時清晰地喊出「媞拉」。除此之外，一代名伶杜麗歐在舞台上迷倒眾生，不分男女。而著名的藝術經紀商保羅．卡西勒在一九一三年不僅是德國最有勢力的畫廊經紀人，也剛剛當選柏林最重要的展覽館「柏林分離派館」（Berliner Secession）的館長，此時終於獨攬了藝術界大權。他的外貌就跟他整個人一樣：固執、高尚，但也放蕩、溫柔，同時熱情、充滿權力慾、易受感動。他一開口說話就停不下來，和洛維斯．柯林特[53]與馬克斯．利伯曼[54]過從甚密，同時也贊助印象派畫家，在一九一三年就展出了你能想見最美的梵谷、馬奈和塞尚畫作。他愛女人，也愛冒險。杜麗歐集這兩者於一身。

杜麗歐和露・安德烈亞斯・莎樂美[55]、阿爾瑪・馬勒[56]、可可・香奈兒、伊妲・德梅爾[57]、米希亞・塞特[58]同為一九一三年前後最重要的六位女性，都是大名鼎鼎的「致命女人」（Femme fatale）。她其實不算漂亮，但非常性感，凡是在慕尼黑或柏林哪家劇院看過她演出的人都會立刻為她傾倒。連亨利希・曼[59]一看見舞台上的她就完全臣服，在一九一三年春寫下：「她屬於當今歐洲舞台上最前衛的人物，可以說是所謂『現代』最完美的化身。她具有代表『現代』的一切：個性，躁動的精力，才華洋溢。」具有奇特之美的她來自維也納，是教授之女，本名為歐媞莉・戈德弗洛伊（Ottilie Godeffroy），還好她替自己改了名字。她和愛侶卡西勒從一開始就對名人雅士開放他們居住的大宅。藝術家、作家、實業家川流不息，起初是瑪格麗特街上的公寓，位在馬太教堂廣場轉角，後來則是維多利亞街上的別墅。閣樓房間裡住著恩斯特・巴爾拉赫[60]，只在晚間來訪的賓客能吸引他時才會下樓。當奧斯卡・柯克西卡到杜麗歐和卡西勒家裡作客，總是希望能睡在梵谷那幅《亞爾的鐵路橋》下。於是，維多利亞街三十五號的客房就成了古老歐洲最美的臥鋪車廂。在那裡過夜的客人到了早晨都想替杜麗歐繪製肖像。也有些人想立刻帶著她私奔。例如畫家威廉・特呂本納[61]的美麗妻子艾莉絲・奧爾巴赫（Alice Auerbach）就對杜麗歐癡迷，追隨她在各地的巡演，住進她下榻的飯店。她的愛沒有得到回應，於是她割開自己的動脈。卡西勒對妻子說：拜託別把事情鬧大，我還想繼續出售她丈夫的畫作。

杜麗歐被丈夫的生意經嚇到了，在演出結束返家後就專注於其他事物，例如她熱心支持的社會民主主義。卡西勒有別的事要操心：他想要每一位大畫家都替他太太繪製肖像。柯林特、利伯曼、巴爾拉赫全都已經畫過了，而一九一三年，法蘭茲・馮・史杜克[62]也替飾演瑟西[63]的她畫了好幾幅不同的畫像。同時在這年春天，卡西勒頻頻寫信去法國給年邁的雷諾瓦，直到雷諾瓦終於拗不過他，和杜麗歐約了時間替她作畫。

✷

雕塑家馬約爾[64]在巴黎寫信給米希亞・塞特，問他能否替她塑像。她曾是所有印象派大畫家的繆斯，如今有了點年紀，她大力贊助當代音樂與藝術。當年雷諾瓦畫她的時候，還曾禮貌地問她能否把緊身胸衣稍微打開一點。如今馬約爾直接問她能否全裸當他的模特兒。她照照鏡子，愉快地回信：「不了，謝謝。」

✷

一月九日，德皇威廉二世找到了上帝存在的證明。他在普魯士反抗拿破崙統治的百年紀念會上指出：「我們有明顯的證據，證明上帝在過去和現在都與我們同在。基於過去這些具體可見的事實，全德國的青年也能鍛造經過烈火試煉的信仰之盾，這在德意志和普魯士人的武器裝備中絕對不可或缺。」

✷

法蘭茲．馬克[65]坐在位於巴伐利亞辛德斯多夫（Sindelsdorf）的閣樓畫室，畫著世紀傑作《藍馬之塔》（Der Turm der Blauen Pferde）。他穿著毛皮大衣，但還是凍得要命。他那頭溫馴的鹿在戶外屋後的草地上發抖。妻子瑪莉亞端了壺茶給他，也給那頭鹿一顆蘋果。

✷

法蘭茲．馬克寄了張印著《藍馬之塔》的賀年片到柏林，給一貧如洗的女詩人艾爾莎．拉斯克許勒[66]。赫爾瓦特．華爾登[67]離棄她之後，她就漫無目的地在街頭和咖啡館之間遊蕩。不過，剛被阿弗列．柯爾[68]發掘的年輕詩人克拉本[69]在《革命》雜誌第一期裡寫了一篇談她的文章：「艾爾莎．拉斯克許勒的藝術和她朋友藍騎士法蘭茲．馬克的藝術非常近似。她的思緒全都帶有神話色彩，也像色彩斑爛的動物一樣躡足潛行。偶爾牠們會走出森林，走到林間空地，就像溫柔的紅鹿。牠們靜靜地吃草，在有人從灌木叢中冒出來時驚訝地抬起細長的脖子。牠們從不逃走，完全獻出軀體。」且讓我們看看誰會害怕這具軀體。

✷

加州的死谷從不曾像在一九一三年一月九日這麼冷。在格陵蘭農場（Greenland Ranch）測得的氣溫是零下九點四度。

✷

一月份的《劇場》雜誌（*Die Schaubühne*）刊出了庫爾特・圖霍斯基[70]的第一篇文章。一九一三年二月，該雜誌接著刊出了伊格納茨・若貝爾（Ignaz Wrobel）的首篇文章，三月時，彼得・潘特（Peter Panter）的文章首度刊出，九月時則是提奧巴・提格（Theobald Tiger）。若貝爾、潘特和提格都是圖霍斯基的筆名，他終身使用這幾個筆名，比對任何一個女人都忠誠。

✷

一月十二日，約瑟夫・朱加什維利（Josef Dschugaschwili）首次在一封信上簽下「史達林」這個名字。這個名字的意思是：鋼鐵打造的人。稍晚他將抵達維也納，在下午舉步維艱地踩過美泉宮庭園厚厚的積雪，思索馬克思主義，也思索革命在俄國究竟如何才能成功。在這些日子裡，年輕的希特勒也在這個白雪皚皚的庭園裡漫步。他也有遠大的計畫。不過，我們仍然不知道這兩個人是否真的曾在此相遇。

✷

一月八日，在史達林成了史達林的那一天，內格雷斯科飯店（Hotel Negresco）在尼斯開幕。蓄著大鬍子、身材矮小的羅馬尼亞名廚亨利・內格雷斯科[71]想要蓋出全世界最美的飯店。由於他自認是天下第一美男子，於是用自己的名字為飯店命名。「英國人散步大道三十七號」從第一刻起就成了歐洲貴族和美國富豪雲集之處：范德堡家族[72]、洛克斐勒家族、辛格家族[73]都來參加開幕典禮，單是開幕後的第一年裡就接待了八位帝王，包括德皇威廉二世和沙皇尼古拉。喝下第一杯香檳的是葡萄牙王后阿美莉亞，她站在三百七十五平方公尺大的地毯上，上方是四點六公尺高的枝形吊燈，飾有一萬六千四百五十七片巴卡拉水晶，更上方則是那立刻成為傳奇的宏偉拱頂。據說這個拱頂是建造艾菲爾鐵塔的古斯塔夫·艾菲爾[74]替內格雷斯科設計的，而他把他情婦的精確胸圍轉化為這個拱頂建築。

✷

費茲傑羅[75]日後將寫下《夜未央》（*Tender is the Night*），在文學上替活躍在蔚藍海岸的美國富豪留下紀念。而在這幾天裡，他日夜忙著申請哈佛和普林斯頓的入學許可。申請截止是一月十五日。

✷

一月十六日，二十六歲的斯里尼瓦瑟·拉馬努金[76]從印度馬德拉斯寫了一封長信給劍橋大學的知名數學家戈弗雷·哈羅德·哈代[77]，信中說他雖然未攻讀過數學，但是在前幾星期裡可能解開了解析數學中上百個謎題，「請參見附件」。他說他是虔誠的印度教徒，因此請哈代不要認為這份智慧來自於他，是他在夢中得到家中信奉神明傳授，顯然來自於精通自然科學的女神納瑪吉里（Namagiri Thayar）。哈代埋首研讀那長達數頁的一行行數字，隨即明白拉馬努金的確解開了解析數學的上百個謎題，包括一個計算圓周率π的公式。哈代說：「這一定是真的，如果這不是真的，世上不可能有人有這種想像力來想出這種公式。」

他提出的公式很快就以「拉馬努金質數理論」、「拉馬努金θ函數理論」、「拉馬努金分割公式」之名進入歷史，他也成為英國皇家學會會員及劍橋大學三一學院的院士。每當他家中信奉的女神又把新公式悄悄告訴他，他往往接連二十四小時或三十六小時伏案工作。有一份專屬的期刊《拉馬努金期刊》（*Ramanujan Journal*）出版[78]，以發表他大量的研究成果、計算模型和解答建議。不久之後他就死了。就只有這件事他沒有算出來。

✷

一月二十五日，在《青年德國郵報》（*Jungdeutschland-Post*）這份「給德國青年的週刊」上，奧圖·馮·戈特貝爾格[79]正經八百地寫道：「在德國人的心靈裡想必默默深植著對戰爭的期盼和渴望，因為我們受夠了敵人，唯有奏樂高歌走上戰場、視戰爭如慶典的民族才會贏得勝利。」他又寫道：「我們將迎向這些時刻，懷著男子漢的體悟，知道自己逝去後能在教堂的英雄碑上永垂不朽，勝過寂寂無名地死在床上。」戈特貝爾格在一九一三年的結論是：「戰爭是美好的。」

✷

也許卡布里島更美好一些些？至少那裡在一月時已經暖和了，氣溫十五、六度，大海有時候看起來那麼藍，彷彿已經能讓人下水游泳。檸檬樹開花了，若是沿著環繞山丘的狹窄小徑，轉過一個彎，驀地就能聞到檸檬花的芳香。馬克西姆．高爾基[80]今天沿著蜿蜒的克虜伯路下山，這條路是幾年前由那個愛得發狂的德國工業大亨[81]派人在岩壁裡鑿出來的。即使在冬日，小港那一側直到下午三、四點都還見得到陽光，高爾基住處這一側已沒入陰影。在通往海邊的下坡路上，只聽見蠑螈窸窸窣窣，牠們在他走近時匆匆躲進乾燥的橄欖樹葉。他看見棚架上垂掛著最後幾粒被遺忘的果實，就像聖誕燈籠。闊葉樹仍然光禿禿，但是有幾棵扁桃樹已經開花了。從下面傳上來海水拍打白堊岩壁的浪聲。高爾基脫下外套，遙望大海，不是望向麥加，而是望向聖彼得堡。在冬季裡要想起俄國很難；俄國的一切都埋在冰雪酷寒之中，他在此卻敞著上衣在海邊喝咖啡。不久前，列寧來探望流亡此地的他，他們還一起坐在山下的海邊下西洋棋，尋思要犧牲多少士兵才能將死俄國國王。

今天高爾基自問：在這裡，在這如夢似幻的海灘上，他是否真能好好為故鄉的革命效力。他還不許回國，但是他希望獲得特赦。稍晚，太陽即將下山，他走回山上的別墅，這時他察覺鼻頭微微曬傷。等他走出風中，在書桌前坐下，曬傷處真正灼痛起來。

若是在從前，情人瑪莉亞會替他搽點油，說幾句溫柔的話，但是她已離去，氣他沒能徹底和第一任妻子卡蒂亞分手。他藉由伏案工作來擺脫混亂的心思，寧可馬上專注在他此生最重要的女性人物，著了魔似地繼續撰寫那部偉大的小說《母親》。六年前，當高爾基來到卡布里島，為了從這個陽光燦爛的流放地準備俄國的革命，他誓言想待上「至少六百年」。如今他偶爾會想，六年或許也就夠了。高爾基從書桌上抬起頭望向大海，心愛的鸚鵡羅麗塔棲息在椅背上，小獵犬托普卡趴在腳邊。他微微思念起瑪莉亞，對卡蒂亞的思念略少一些，對俄國的思念則是很多很多。

✷

一月二十五日星期六，第一個拿到飛行員執照的德國女子阿美莉．貝瑟[82]嫁給了法國飛行先驅夏爾．布塔（Charles Boutard）。按照德國法律，結婚之後阿美莉．貝瑟—布塔就成了法國人，景仰她的德國女性因此很生她的氣。

✷

提倡裸體主義的理查・溫葛維特[83]在這幾天發表了他的經典作品《裸體與文化》（*Nacktheit und Kultur – Neue Forderungen*），裡面有一小段話是寫給阿美莉・貝瑟—布塔看的：「如果每個德國女性都能更常看見赤裸的日爾曼男子，就不會有這麼多德國女性去追求陌生的異族男子。」

✷

一月二十八日，幼小的傑克遜・波洛克[84]在懷俄明州的科迪鎮歡度一歲生日。吃的是蕃茄醬汁麵。用餐過後的桌巾是真正的《滴畫作品一號》（*Drip Painting Number 1*）。

注釋

1. 魯道夫·史代納（Rudolf Steiner, 1861-1925），奧地利社會哲學家，「華德福教育」創始人，提出「人智學」（anthroposophy），主張存在一種可藉由內在發展直接體驗的心靈世界，並培養獨立於感官的純思維與理論，希望扭轉世界過度朝向物質的發展。人智學理論運用於許多領域中，包括教育、醫藥、農業、藝術、建築、組織發展等。其思想在當時廣受歡迎，成為一種文化運動，影響眾多領域發展。不過亦有人批評其言論包含了種族主義思想，且曾被納粹利用做為宣傳手段。

2. 萊納·瑪利亞·里爾克（Rainer Maria Rilke, 1875-1926），出生於奧匈帝國時期的布拉格，一生周遊歐洲、東歐、北非各國，逝世於瑞士，在德語詩壇占有重要地位。六歲前被母親當女兒養育，以撫慰喪失長女的哀傷。曾就讀軍校，但因健康因素休學，之後進入商校，也因故中斷，後來進入布拉格大學、慕尼黑大學就讀。一八九七年在慕尼黑認識了莎樂美，愛上這位比他年長且已婚的女性，兩人關係一直持續到一九〇〇年。直到去世，她仍是他的知心密友。

   一九〇一年春天與女雕刻家克拉拉·韋斯特霍夫（Clara Westhoff）結婚，次年即獨自前往巴黎，之後以巴黎為生活中心，歷經低潮後，一九一二年開始創作新詩組。一次大戰爆發時在慕尼黑，無法返回巴黎，被徵召入伍，觸動早年軍事學校的恐懼經驗。退伍後前往瑞士，繼續創作，之後健康出現狀況，直到去世前才診斷出為罕見的白血病。

3. 胡戈·馮·霍夫曼斯塔（Hugo von Hofmannsthal, 1874-1929），奧地利作家、劇作家、詩人，屬於德語文學「世紀末」、「維也納現代派」重要代表人。長期與作曲家理查·史特勞斯合作，許多作品搬上舞台，與馬克斯·萊因哈特創辦了薩爾茲堡音樂節。在政治劇作與預言西方文明的短文中，表達對一次大戰後歐洲文化危機的想法。

4. 艾伯哈德·馮·博登豪森（Eberhard von Bodenhausen, 1868-1918），德國法學家、藝術史學家，文學雜誌《潘》（*Pan*）的共同創辦人，與當時許多知名文人時有書信往返。

5. 史蒂芬．格奧爾格（Stefan George, 1868-1933），德國詩人，早期作品屬於象徵主義，以死亡、愛情悲劇和對大自然的愛為主題，晚期作品則以創造出美好的新人類為目標，明顯受到尼采的影響。

6. 葛歐．布蘭代斯（Georg Brandes, 1842-1927），丹麥作家、文學批評家，提倡寫實主義與自然主義，致力於把歐洲的文學趨勢引介至北歐，也把北歐文學引介至歐洲其餘國家。

7. 魯道夫．博爾哈特（Rudolf Borchardt, 1877-1945），德國詩人、劇作家。詩作受到古典主義和新羅馬主義影響，得到極高的評價。

8. 亞瑟．施尼茨勒（Arthur Schnitzler, 1862-1931），猶太裔奧地利作家和劇作家。早年學醫，後棄醫從文。作品通常有大量情色內容與反猶傾向，最著名的劇作是《輪舞》（*Reigen*），描述十個不同身分階級男女的對話與性接觸，是第一齣直接將床戲搬上舞台的劇作，赤裸裸反映當時奧地利資產階級生活的腐敗與荒淫。一九二一年第一次在奧地利公演時，因猥褻嫌疑而被警察制止。《輪舞》後來多次被改編為電影及舞台劇，至今依然引發各種爭議與話題。據聞當施尼茨勒被問及為何每一部作品都處理類似的主題時，他回答：「我寫的主題都是有關愛與死亡。除此之外還有什麼好寫的？」

9. 茨威格寫過同名作品《昨日世界》（*Die Welt von Gestern*），副題為「一個歐洲人的回憶」，描述十九世紀末至二十世紀初奧匈帝國沒落前的最後盛世。

10. 羅伯特．穆齊爾（Robert Musil, 1880-1942），奧地利作家，曾就讀軍校，大學時念工程，後獲得哲學博士學位。著名作品是《沒有個性的人》（*Der Mann ohne Eigenschaften*），包含三部，長達一千七百頁以上，自一九二一年開始寫作以來，一直到過世都未完成。一九三八年，奧地利被德國侵略，因妻子猶太人的身分移居瑞士，他在瑞士因中風而過世。《沒有個性的人》被認為是二十世紀重要的現代文學，雖然因為篇幅太多，出版時間拖得很長，劇情沒有固定的主線而難以閱讀，但穆齊爾呈現一次世界大戰前後歐洲社會的氛圍和思想，也有評論者認為這部作品預示了二次世界大戰所帶來的悲劇。

11. 路德維希．維根斯坦（Ludwig Wittgenstein, 1889-1951），二十世紀的重要哲學家，生於奧地利，後入籍英國，曾是哲學家羅素的門生，並任教於劍橋大學，對於邏輯學、語言哲學和心靈哲學有重大貢獻。

12. 史蒂芬．茨威格（Stefan Zweig, 1881-1942），奧地利小說家、傳記作家和劇作家，在世時作品即暢銷全球。他曾見證歐洲文化的黃金世代，也目睹兩次大戰的浩劫，二戰期間為躲避納粹迫害而流亡海外，後於巴西自殺身亡。

13. 阿諾．荀白克（Arnold Schönberg, 1874-1951），出生於奧地利的作曲家、音樂理論家，與史特拉汶斯基與德布西齊名，提出「十二音列理論」，對於二十世紀音樂的發展影響深遠，於一九三三年移民美國。

14. 奧本．伯格（Alban Berg, 1885-1935），奧地利作曲家，與荀白克同為「第二維也納樂派」的代表人物。

15. 埃貢．席勒（Egon Schiele, 1890-1918），奧地利表現主義畫家。一九〇七年師事畫家克林姆，在其引薦下參與許多畫展，年僅二十八歲死於流行感冒。早期畫作有明顯模仿克林姆的痕跡，但很快就發展出自己的風格。主題以裸女和自畫像居多，以獨特的線條傳達出情色與不安、性與死亡、扭曲的肢體、驚恐的表情，帶給觀者強烈的感受。

16. 奧斯卡．柯克西卡（Oskar Kokoschka , 1886-1980），奧地利表現主義畫家、詩人和劇作家。早期的畫作多為風景和名人畫像，也畫遍了歐洲各城市。使用表現主義技巧呈現出個人風格，甚至給人一種強烈的幻覺印象。柯克西卡和阿爾瑪．馬勒（Alma Mahler）於一九一二年相識並相戀，幾年後阿爾瑪提出分手，他一生都深愛著她，畫作《風的新娘》是獻給她的作品。他在納粹迫害下逃往布拉格，德國入侵捷克以後又逃往英國，一直居住到二次大戰結束。一九七八年恢復奧地利國籍，在瑞士定居並終老。

17. 葛歐格．特拉克爾（Georg Trakl, 1887-1914），奧地利詩人，被認為是最重要的表現主義作家。高中時因為藥物成癮而退學，之後當了三年藥劑師，接著到維也納學習醫藥。認識了當地的藝術家，在他們幫助下出版詩集。一次大戰時被徵召為陸軍，目睹殘酷的戰爭，近乎精神失常且企圖自殺，最後在醫院中服食過量古柯鹼身亡。評論家認為其詩作對德國表現主義影響極大，有獨特的音韻、色彩和象徵符號，但內容和技巧超越了時代，至今仍難以定位。

18. 黑德薇希·普林斯海姆（Hedwig Pringsheim, 1855-1942）生長於文藝家庭，父親是雜誌主編，母親是作家，家中時有文化界人士往來，她本身曾擔任劇場演員，後來與家境富裕、熱愛藝術的數學教授阿弗列·普林斯海姆（Alfred Pringsheim）結婚，兩人在慕尼黑阿爾西斯路的宅邸成為當地社交圈的中心。湯瑪斯·曼的妻子卡蒂亞（Katia）是她的么女。

19. 卡爾·瓦倫汀（Karl Valentin, 1882-1948），德國喜劇演員、民謠歌者、電影製作人，被譽為「德國的卓別林」。

20. 麗莎·卡爾施塔特（Liesl Karlstadt, 1892-1960），德國女演員，與卡爾·瓦倫汀組成知名的喜劇二人組。

21. 路易·阿姆斯壯（Louis Armstrong, 1901-1971），美國知名爵士樂手，吹奏小喇叭，也以獨特的沙啞嗓音演唱，其個人魅力和創新精神使得爵士樂廣受世人喜愛。

22. 蓋查·薩特（Géza Csáth本名József Brenner, 1887-1919），奧匈帝國時期的匈牙利作家，被視為二十世紀匈牙利現代文學的代表人物，雖然其作品大多在死後才出版。他也是執業的精神科醫師，由於想要了解毒品的作用而替自己注射嗎啡，後遂成癮。

23. 卡薩諾瓦（Casanova, 1725-1798），義大利冒險家、作家，其自傳《我的一生》（*Histoire de ma vie*）被視為了解十八世紀歐洲社交生活實況的重要文獻。一生縱橫情場，情史豐富，名字成了情聖的代名詞。

24. 馬克西米利安·哈登（Maximilian Harden, 1861-1927），德國當時頗具影響力的出版人、評論家、演員、記者。

25. 戈特弗里德·本恩（Gottfried Benn, 1886-1956），德國現代主義重要詩人，也是執業醫師。第一本詩集《停屍間》（*Morgue*）以冷靜疏離的筆法呈現出行醫的經驗。

26. 保羅·蔡西（Paul Zech, 1881-1946），德國作家，《新熱情》（*Das Neue Pathos*）雜誌的共同創辦人，這本雜誌在一九一三年至一九二〇年間不定期出刊。

27. 海因利希·巴赫邁爾（Heinrich Bachmair, 1889-1960），德國出版人，也從事文學創作。曾創辦了《新藝術》

（*Die Neue Kunst*）和《革命》（*Revolution*）兩本表現主義雜誌，並成立多家出版社。

28. 華特·班雅明（Walter Benjamin, 1892-1940），德國哲學家，文學評論家。

29. 安德烈·紀德（André Gide, 1869-1951），法國作家，一九四七年諾貝爾文學獎得主。

30. 伊斯特萬·蒂薩（Istvan Tisza, 1861-1918），奧匈帝國時期匈牙利首相，是引發一次大戰之「七月危機」中的關鍵人物。

31. 米哈伊·卡羅伊伯爵（Mihaly Graf Károlyi von Nagykárolyi, 1875-1955），匈牙利政治人物，曾擔任一九一八年成立之匈牙利民主共和國的總統。

32. 賈科莫·普契尼（Giacomo Puccini, 1858-1924），義大利作曲家，其歌劇作品至今仍常在世界各地上演，包括《波希米亞人》、《蝴蝶夫人》、《杜蘭朵公主》等。

33. 北歐電影公司（Nordisk Film）是丹麥第一家電影公司，成立於一九〇六年，如今仍在營運。

34. 阿弗列·馮·史里芬（Alfred von Schlieffen, 1833-1913），普魯士陸軍元帥、德意志帝國參謀總長、戰略家，他所擬定的「史里芬作戰計畫」以法國為假想敵，對德國的軍事影響深遠。

35. 恩斯特·策梅洛（Ernst Zermelo, 1871-1953），德國邏輯學家、數學家，此文中提及的博弈論定理後來被命名為「策梅洛定理」。

36. 尼金斯基（Vaslav Nijinsky, 1889-1950），波蘭裔俄羅斯芭蕾舞者和編舞者，被譽為當代最偉大的男性芭蕾舞者，舞蹈具有活力，極富個人特色，擅長當時僅有少數男性舞者可以跳的足尖舞步。羅茉拉·德·普爾茨基（Romola de Pulszky, 1894-1978），曾為俄羅斯芭蕾舞團舞者，具有匈牙利貴族血統，後與尼金斯基結婚，兩人育有一女。

37. 《牧神的午後》原是法國詩人馬拉美的詩，德布西以此詩為靈感創作了同名的前奏曲，一九一二年由尼金斯基編為芭蕾舞劇。

38. 賈吉列夫（Sergej Djagilew, 1872-1929），俄羅斯藝術評論家、芭蕾舞團經理人，也是俄羅斯芭蕾舞團的創立者。出生於富裕家庭，受到熱愛藝術的繼母極大影響，至聖彼得堡大學唸書時，被引薦入藝術家團體，開始為皇家劇院製作各種類型的表演活動。後來在巴黎成立俄羅斯芭蕾舞團，與著名的舞者、編舞者、作曲家及藝術家合作，是第一個將二十世紀新型態的音樂和藝術帶入現代芭蕾舞界的人。俄羅斯芭蕾（Ballets Russes）為一巡迴演出的芭蕾舞團，以巴黎為根據地，活動期間為一九〇九年至一九二九年間，曾於歐洲、北美和南美洲巡迴，但從未在俄羅斯演出。被譽為二十世紀最具影響力的芭蕾舞團，做出劃時代的演出。

39.《彼得洛西卡》（*Petruschka*）是史特拉汶斯基的芭蕾舞劇作品，敘述三個人偶之間的愛情故事，一九一一年在巴黎首演。

40. 瓦莉．諾伊齊（Wally Neuzil, 1894-1917），曾擔任克林姆和席勒的模特兒，後來與席勒同居一段時間。席勒結識漢斯姊妹伊迪絲和艾德蕾，與伊迪絲墜入情網，想要和她結婚，便與諾伊齊分手。諾伊齊在一次大戰時擔任紅十字會護士，因感染腥紅熱而死。席勒以她為模特兒所繪的裸體系列畫作呈現情色與肉慾，被認為是席勒女性裸體畫的代表作。

41. 在英文裡，雙峰駱駝和單峰駱駝是兩個不同的字，camel指雙峰駱駝，但商標圖案上卻是隻單峰駱駝（dromedary）。

42. 海因利希．昆恩（Heinrich Kühn, 1866-1944），奧地利攝影家，藝術攝影先驅，促使攝影本身成為一種藝術。他採用柔光和柔焦方式，讓作品呈現出印象派繪畫的風格。

43. 史蒂夫特（Adalbert Stifter, 1805-1868），奧地利作家、詩人，畫家，教育家。

44. 達沃斯（Davos）位於瑞士東部山區，由於空氣品質好，在十九世紀成為肺病患者的療養勝地，設有專門收容上流人士的高級療養院，湯瑪斯．曼的小說《魔山》就是以此地為背景，一九一七年移居達沃斯的畫家克爾希納也曾畫過此地風景。如今的達沃斯是滑雪勝地，也以舉辦世界經濟論壇而知名。

45. 史塔尼斯拉夫．維凱維奇一世（Stanislaw Witkiewicz, 1851-1915），波蘭畫家、建築師、作家、藝術史學家，一八九〇年移居山中小鎮札科帕內（Zakopane），由當地少數民族的藝術中汲取靈感，設計了為數眾多的獨棟房屋，形成所謂的「札科帕內風格」流傳至今。

46. 史塔尼斯拉夫．維卡奇（Stanislaw Witkacy, 1885-1939），波蘭畫家、攝影家、作家、哲學家，其文學作品在他在世時並未得到太大迴響，但如今被視為波蘭現代主義的代表人物。

47. 魯賓斯坦（Arthur Rubinstein, 1887-1982），二十世紀鋼琴大師，原籍波蘭，後移民美國，以詮釋蕭邦作品著稱，演奏生涯長達八十年。

48. 愛慾（Eros，或稱生之本能）和死亡慾（Thanatos，或稱死之本能）是弗洛伊德認為驅使生命的兩種主要本能，是兩股既相等又相對的力量。

49. 朱利葉斯．邁耶格列菲（Julius Meier-Graef, 1867-1935），德國作家和藝術評論家，在藝術雜誌撰稿，將當時尚未為人所知的新型態藝術介紹給大眾，其中對印象主義作品的介紹和說明被認為是引發熱潮的功臣之一。一九三〇年代為了躲避納粹政府的壓迫（他所介紹的藝術型態被納粹認為是「頹廢」），與第三任妻子移居法國，並提供猶太裔德國作家和藝術家庇護，鼓勵他們創作。

50. 保羅．卡西勒（Paul Cassirer, 1871-1926），德國出版商、藝術品經紀人、畫廊經營者，致力於推廣柏林分離派、法國印象派與後印象派畫作，尤其是梵谷和塞尚的作品。

51. 媞拉．杜麗歐（Tilla Durieux, 1880-1971），奧地利女演員，本名Ottilie Godeffroy，因家人不贊成她當演員，於是改用祖母姓氏杜麗歐為藝名。她曾與柏林分離派畫家史皮羅（Eugen Spiro）有過一段短暫的婚姻，保羅．卡西勒是她的第二任丈夫。

52. 廣場大飯店（Grand Hotel Esplanade）位於波茨坦廣場，建於二十世紀初，是柏林當時數一數二的豪華飯店，時有貴族名流往來。二戰時被炸毀大半，部分遺跡被納入兩德統一後新建的索尼中心（Sony Center）。

53. 洛維斯．柯林特（Lovis Corinth, 1858-1925），德國印象主義和表現主義畫家，曾為「分離派」的領導者。早年畫作接近自然主義的表現手法，且相當反對印象主義，但在一九一一年中風以後越來越傾向印象主義風格，用色明亮，活力地描繪風景與人物；亦以裸體畫和聖經畫而聞名。

54. 馬克斯．利伯曼（Max Liebermann, 1847-1935），猶太裔德國印象主義畫家，擅長以寫實手法描繪現實生活，尤其喜歡以社會底層的勞動者為主題，畫風簡潔，色彩輕快洗鍊，具有典型的印象主義風格。一八九九年發起「分離派」，被譽為德國印象主義派大師。

55. 露．安德烈亞斯．莎樂美（Lou Andreas-Salomé, 1861-1937），女作家、散文家、精神分析師，出生於俄國聖彼得堡，父親是法裔俄國將軍，母親家族來自北德與丹麥。一生周遊歐洲各地，曾與當時歐洲知名人物往來。尼采向她求婚兩次都被拒絕。關於她與名人的關係歷來有各種不同的詮釋。

56. 阿爾瑪．馬勒（Alma Mahler, 1879-1964），奧地利社交名流，年輕時以美貌與活躍聞名，三任丈夫前後為音樂家馬勒、建築師格羅佩斯、作家魏菲爾；此外，還與幾位當代名人關係密切。本身也是作曲家，在音樂上頗有才華，活躍於藝術家圈子，後世有人讚譽她為藝術家的繆思，但因其多采多姿的男女關係，也被視為「致命女人」（femme fatal）的化身。

57. 伊妲．德梅爾（Ida Dehmel, 1870-1942）生長於商人家庭，第一任丈夫也從商，但她自少女時期就對文學、音樂與繪畫興趣濃厚，婚後在家中主持文藝沙龍，贊助現代藝術，也因此認識第二任丈夫，詩人理查．德梅爾（Richard Dehmel, 1863-1920），兩人在漢堡的家成為文藝界人士來往頻繁的交流場所。丈夫去世後，她管理丈夫遺留的文獻資料，並成立「德國與奧地利女性藝術家與女性藝術贊助者協會」（GEDOK），納粹掌權之後，身為猶太人的她處境日益艱難，後自殺身亡。

58. 米希亞．塞特（Misia Sert, 1872-1950），原籍波蘭，後移居巴黎，是二十世紀初的知名沙龍女主人，與許多文藝界人士交好，包括畢卡索、雷諾瓦、普魯斯特、左拉、德布西、拉威爾等人，也長期贊助俄羅斯芭蕾舞團；雷諾瓦和土魯斯—羅特列克（Henri de Toulouse-Lautrec, 1864-1901）均曾為她繪製肖像。她結過三次婚，塞特這姓氏來自她的第三任丈夫，西班牙畫家荷西．馬利亞．塞特（Josep Maria Sert, 1876-1945）。

59. 亨利希．曼（Heinrich Mann, 1871-1950），德國作家，湯瑪斯．曼的長兄，早期作品往往諷刺市民階層的虛偽，知名小說《臣僕》（*Der Untertan*）剖析了德意志帝國的專制結構。他很早就反對法西斯主義，在納粹掌權後輾轉流亡至美國，後卒於加州。

60. 恩斯特·巴爾拉赫（Ernst Barlach, 1870-1938），德國表現主義雕刻家、插畫家，作品多半傳達反戰思想。

61. 威廉·特呂本納（Wilhelm Trübner, 1851-1917），德國畫家，早期風格為寫實主義和自然主義，晚期作品則被歸於德國印象派。

62. 法蘭茲·馮·史杜克（Franz von Stuck, 1863-1928）德國畫家、雕塑家，作品屬於青年風格和象徵主義。

63. 瑟西（Circe）是希臘神話中一位善於使用魔藥的紅髮女神，是太陽神赫利俄斯的女兒。

64. 馬約爾（Aristide Maillol, 1861-1944），法國雕塑家、畫家。

65. 法蘭茲·馬克（Franz Marc, 1880-1916），德國表現主義畫家，二十世紀最偉大的畫家之一。一九〇九年參加慕尼黑新美術家協會。一九一〇年與康丁斯基編輯刊物《藍騎士》，共組藝術團體「藍騎士社」。他認為藝術不是逼真地模仿外貌，而是要揭示自然形象的精神實質，即表現人們眼睛所見之背後的東西，抽象就是表現精神實質的最佳方法。作品常以動物為主角，尤其是駿馬、鹿群、虎。他認為這種生命型態最能充分表達自然界的活力。一九一一年的重要作品《藍馬》以大面積鮮豔的色彩和起伏有致的曲線，營造出一種形體節奏以及寧靜動人的動物世界。純抽象表現主義的手法在作品中日益明顯。一次大戰爆發時自願參軍，在法國陣亡，得年三十六歲。

66. 艾爾莎·拉斯克許勒（Else Lasker-Schüler, 1869-1945），德國當代知名猶太裔女詩人，也有小說、劇本、散文、繪畫的創作。她是文學前衛現代派與表現主義的重要代表人物，少數加入表現主義運動的女性，活躍於文壇。長期生活於柏林，以波希米亞的生活風格知名。有兩段婚姻，第一任丈夫是醫生，第二任丈夫是畫商兼出版人。第二次離婚後沒有收入，受到卡爾·克勞斯（Karl Kraus）照顧。與詩人戈特弗里德·本恩有一段密切情誼，她創作許多情詩獻給他。一九三三年納粹取得政權，拉斯克許勒流亡至瑞士，曾兩度前往巴勒斯坦，即她文學中的「希伯來書故鄉」。一九三九年第三度前往，因二次大戰爆發無法返回瑞士，在耶路撒冷度過餘生。

67. 赫爾瓦特．華爾登（Herwarth Walden, 1879-1941），德國畫商，長期發掘並資助許多藝術家，表現主義、未來主義、達達主義和魔幻寫實主義的藝術家們都曾經得過幫助。他也是德國知名表現主義雜誌《暴風》（*Der Sturm*）創始人。與拉斯克許勒的婚姻自一九〇一至一九一一年，之後又經歷過兩次婚姻。一九一九加入過共產黨，一九三二在蓋世太保的脅迫下離開德國。之後到莫斯科，擔任教師與出版商的工作，但他對前衛藝術的關注和支持引起了史達林政府的疑慮。一九四一年死於薩拉托夫（Saratov）的獄中。

68. 阿弗列．柯爾（Alfred Kerr, 1867-1948），德國作家、劇評家、記者。從自然主義時期到一九三三年之間具有相當大的影響力，甚至有「文化教父」的綽號。

69. 克拉本（Klabund，本名 Alfred Henschke, 1890-1928），德國作家，寫詩之外也創作小說和劇作，帶有民謠風味的詩歌在當時很受歡迎。他也曾由德譯本與法譯本改譯李白和杜甫的詩。

70. 庫爾特．圖霍斯基（Kurt Tucholsky, 1890-1935），猶太裔德國記者和作家，致力時政評論，反對氾濫於政治和軍事界的反民主潮流，一再呼籲國家社會主義的危險。一九三〇年代納粹崛起，發現沒人將自己的警告當真，甚至讚揚獨裁者希特勒，令他失望至極，一九三五年吞服過量安眠藥自殺身亡。

71. 亨利．內格雷斯科（Henri Negresco, 1868-1920）出生於布加勒斯特，十五歲時離鄉前往法國闖蕩，在餐廳及旅館工作，後來被拔擢為尼斯賭場的總管。他創建的內格雷斯科飯店轟動一時，但隨著一次大戰爆發，飯店被徵收充當軍醫院，導致內格雷斯科面臨破產，死前不得不將飯店出售。

72. 范德堡家族由美國工業大亨康內留斯．范德堡（Cornelius Vanderbilt, 1794-1877）所開創，他靠著經營航運和鐵路累積了鉅額財富，田納西州的范德堡大學就是由他捐款建立。

73. 辛格家族由美國企業家伊撒克．辛格（Isaac Meritt Singer, 1811-1875）所開創，他因發明勝家牌縫紉機（「勝家」亦譯自Singer）而成為鉅富。

74. 古斯塔夫．艾菲爾（Gustave Eiffel, 1832-1923），法國結構工程師，曾設計歐洲多座鐵道橋樑，著名的艾菲爾鐵塔是他替一八八九年巴黎世界博覽會所設計的作品。

75. 費茲傑羅（F. Scott Fitzgerald, 1896-1940），二十世紀美國傑出小說家，其名作《大亨小傳》如今已成文學經典，多次被搬上銀幕。

76. 斯里尼瓦瑟．拉馬努金（Srinivasa Ramanujan, 1887-1920），印度數學家，並未受過正規的高等數學教育，慣以直覺導出公式。其生平故事曾被拍成電影《天才無限家》（*The Man Who Knew Infinity*）。

77. 戈弗雷．哈羅德．哈代（Godfrey Harold Hardy, 1877-1947），英國數學家，曾在牛津與劍橋大學擔任數學教授，被視為二十世紀英國分析學派的代表人物，曾擔任拉馬努金在劍橋的導師。

78. 這份期刊似乎是一九九七年創立，用來發表受到拉馬努金影響之數學領域研究論文。

79. 奧圖．馮．戈特貝爾格（Otto von Gottberg, 1831-1913），出身貴族的德國政治人物，德意志帝國上議院成員。

80. 馬克西姆．高爾基（Maxim Gorki, 1868-1936），俄羅斯作家，社會主義寫實主義的創始人，政治家。積極參與政治和社會運動，發表文章支持革命和政治改革，因此而受到政府壓迫，曾流亡義大利。他原先與列寧交好，後因理念不和而起衝突，再度出走至法國。他不將文學視為美學工具，而是可以改變世界的道德和政治行動，喜歡描寫社會底層和邊緣生活的人，呈現他們生活中艱困辛酸，但又充滿人性的一面。部分作品被蘇聯奉為經典，授予無產階級作家的稱號。晚年受到史達林主義者壓迫，過著形同軟禁的生活。

81. 克虜伯（Friedrich Alfred Krupp, 1854-1902），德國鋼鐵業鉅子，一八九九年至一九〇二年間在卡布里島過冬，為了能從他下榻的奎希桑納大飯店快速抵達小港，而沿山開鑿了一條由八個髮夾彎構成的陡峭小路。克虜伯把小港旁邊一個洞穴改造成與朋友聚會的場所，傳聞他在那裡與年輕的情人幽會。

82. 阿美莉．貝瑟（Amelie Beese, 1886-1925），德國史上第一位女性飛行員，出身富裕家庭，曾在藝術學院學習雕塑，後來對飛行產生興趣，努力爭取學習飛行的機會，曾因墜機受傷需用嗎啡止痛而染上毒癮，一次大戰毀掉了她和丈夫的飛行事業，戰後試圖重振未果，於一九二五年自殺身亡。

83. 理查．溫葛維特（Richard Ungewitter, 1869-1958），德國裸體主義運動先驅，於一九〇三年印行《回復赤裸的人類》（*Wieder nacktgewordene Menschen*），發行將近十萬冊，從而聲名大噪。

84. 傑克遜．波洛克（Jackson Pollock, 1912-1956），美國畫家，抽象表現主義的代表人物，以獨創的滴畫技法聞名，創作出沒有中心構圖、線條錯亂、色彩繁複的抽象作品。

二月

奧斯卡・巴奈克[1]發明了第一具小型相機，讓個人能夠隨興拍攝照片。他在韋茨拉爾（Wetzlar）一家小公司萊茲（Leitz）擔任設計顯微鏡的主管，工作之餘花了很多時間動手組裝，直到研發出一款易於攜帶的相機，能用小小的膠捲底片拍攝照片。最後他還迅速地把Leitz和Camera兩個字組合起來——第一具萊卡相機（Leica）於焉誕生。

✷

一班御醫全都束手無策；眼神狂亂的旅行布道者兼巫醫拉斯普丁[2]被傳喚至沙皇宮廷，皇太子亞歷克賽患有一種罕見的血液疾病，在一次摔倒後，沒有人能止住他的內出血，直到皇后亞歷珊德拉在絕望中傳喚拉斯普丁進宮。他來了，做了禱告，替亞歷克賽催眠，而血液在血管中凝結。從此刻起，皇后也成了他的信眾，視他為上帝對她懇切禱告的回應。然而在聖彼得堡的厚重宮牆之外，根本不允許有人知道沙皇唯一的兒子患有血液疾病。因此，拉斯普丁經常拜訪皇后一事就籠罩在祕密的氛圍中。況且自從他徒步穿越那片廣大荒涼的土地，尤其是自從他穿梭於聖彼得堡各宮殿臥室以來，性愛大師的名聲早已先他而至。他身穿一襲黑色長袍，身材高大，肌肉發達，眼神如野獸般凌厲，傳言他喜歡在禱告過後或一場動人的降靈會結束後誘姦上流社會的仕女。拉斯普丁試圖讓女信徒相信他的論點，亦即一個人要先犯下罪過，才能得到上帝赦免。

沒有人知道他和俄國皇后的關係有多親密，宮廷裡傳言她對他百依百順。國會議長去見沙皇，沙皇把拉斯普丁逐出宮廷。可是在一九一三年初，年少的亞歷克賽在旅行前往雅爾達時又跌了一跤，這一次仍然無人能替他止血。他性命垂危，皇后在絕望中再度傳喚拉斯普丁，他急忙趕來，又一次用祈禱救回了亞歷克賽的性命。

沙皇、國會和祕密警察全都把拉斯普丁視為眼中釘，多次謀殺他，卻一再失敗。一九一三年初，內政部長齊瓦多夫（Chwotow）因辦事不力而下台，不久之後，一名前特務在俄國的《證券報》上公開了一份清單，鉅細靡遺列出所有失敗的暗殺行動。皇室想要除掉拉斯普丁自然是不智之舉，一來他保住了皇太子的性命，二來他一再預言三百年的羅曼諾夫王朝將隨著他的死亡而終結（這個預言後來果真應驗了）。

✷

除夕度假敗興而歸之後，赫曼·赫塞在家裡幾乎待不住了，他愈來愈懷疑世俗的婚姻關係能否和藝術家生活並存。一如戈特弗里德·本恩日後在一首詩中提出的疑問：「值得思索的是：婚姻與創作／麻木還是忙碌？」在赫塞身上感覺像是麻木。他在《藝術家的命運》（*Roßhalde*）裡幾乎不掩飾地描述自己試圖與妻子米雅在伯恩附近的施洛斯哈德（Schloßhalde）找出共同生活之道。但是他們租的房子連同雜草叢生的庭院，只成了婚姻破裂的現場。羅曼·羅蘭[3]來探望他們，他描述了緊繃的氣氛，描述了赫塞古怪的模樣、稀疏的鬍髭、冷漠的眼神，旁邊是他的妻子米雅，她「既不怎麼貌美，也不怎麼年輕」。當天色終於黑了，兩人都鬆了一口氣。然後他就帶著小孩到外面庭院裡撿拾柴火，點燃壁爐。等到兒子睡了，米雅朗讀歌德的作品給他聽。他閉上總是作痛的雙眼，任思緒遠颺，無須言語。他給父親寫了封長信：「我那本《藝術家的命運》所探討的不幸婚姻並非建立在錯誤的選擇上，而是更深一層，建立在『藝術家婚姻』這個問題上。」聰明的圖霍斯基在讀這本書時察覺作者身上某種中心本質改變了：「這不是我們熟悉喜愛的赫塞，而是另一個人，他拆除了故鄉的帳篷走了——去了哪裡呢？」

二月一日，赫曼・赫塞收到妮儂・奧斯連德[4]從切諾維茲（Czernowitz）寄來的信，她是他的年輕書迷，即將完成高中學業，和他通信一段時間了。但是他們的關係尚未成熟。要再過十四年，他們才會同居而後結婚，這是後話了。現在赫塞得先去看牙醫。他搭車前往康士坦茲（Konstanz）去找許連克醫師（Dr. Schlenker）補牙。這段日子赫塞過得很糟，孩子的吵嚷、神經過敏、失眠和絕望令他受罪，乃至於他渴望去看牙醫的日子快點到來：「我期待能有兩、三天的休息和調劑，希望牙齒要修補的地方很多。」此人還有救。

✷

馬塞爾・杜象[5]去年待在慕尼黑的三個月留下了什麼？至少留下兩件重要的東西。一張海因利希・霍夫曼[6]拍攝的俐落肖像，這年二月印在阿波里奈爾[7]的大作《立體派畫家》（*Les Peintres cubistes*）上，首度明確地把杜象納入藝術殿堂（海因利希・霍夫曼日後將因為成為希特勒的御用攝影師而聞名，但這不屬於此書範圍）。杜象在慕尼黑停留期間留下的第二件果實，這些日子裡正在特瑞莎・葛雷斯（Therese Greß）的腹中成長。她是他住在巴蕓街六十五號三樓左側時的房東太太。孩子將在一九一三年夏天出生，杜象待在慕尼黑期間過後整整九個月。她丈夫奧古斯特・葛雷斯（August Greß）在馬法伊（Maffei）火車頭製造廠擔任機械設計師，白天不在家，因此杜象和美艷的特瑞莎有許多日子獨處，她的裁縫工作間就設在客廳裡，縫紉機咑咑咑響個不停。杜象在慕尼黑期間所畫的素描裡醒目地出現許多縫紉機和絲線。看來他親自拾起了一個線頭。日後杜象會說，慕尼黑對他而言是全然自由之地。

*

二月初，湯瑪斯・曼的《魂斷威尼斯》（*Tod in Venedig*）在費雪出版社[8]出版，作者說這個故事描述的是「衰亡的快感」。在與湯瑪斯・曼所住公寓相隔兩條街之地，奧斯瓦爾德・史賓格勒[9]這些日子每天早晨都在寫他那本《西方的沒落》（*Untergang des Abendlandes*）。快感已經談不上了。

*

恩斯特・路德維希・克爾希納[10]在波茨坦廣場發現了她們。他日復一日漫步過這裡的街道，尤其在向晚時分，他在尋找女性的目光。在這些日子裡，那些女性難以區分：來自城郊格魯內瓦爾德（Grunewald）打扮花俏的俄國貴婦來此散步，展示她們的女兒與財富；劇院和夜總會的女伶；年輕貴族女子穿著來自那不勒斯或巴黎的時裝；還有那些用身體交換金錢的娼妓。要分辨她們需要行家的眼光，而克爾希納具備這種眼光。他能嗅出性慾，就像其他人能嗅出香水。他在德勒斯登馬戲團的年輕女藝人身上嗅到它，她們自己都還一無所知；他也在他邀來畫室的模特兒身上嗅到它。此刻他在濃妝下，在俗麗的短上衣底下，在陽傘下察覺到它。他做了素描，將之畫下，並看出波茨坦廣場是性愛的熱鬧轉運站。他的畫顯示出，這種掩飾的慾望流動不僅吸引了他（和男人），也吸引了那些貞潔的仕女。他的藝術真正驚世駭俗之處或許就在於此。

✷

二月十九日清晨六點，天還未亮，一陣強力引爆撼動了倫敦南邊寧靜安詳的華頓山丘。一顆炸彈在英國財政大臣大衛・洛伊德・喬治（David Lloyd George）新建的鄉間別墅爆炸。沒有人受傷，但是一場運動受到矚目。放炸彈的是艾米琳・潘克斯特[11]，一名無所畏懼的英國女權鬥士，這群爭取婦女選舉權的女鬥士被稱為Suffragette（衍生自suffrage「選舉權」一字）。司法機構別無選擇，只好把她關進監牢三年。

✷

亨利・馬諦斯（Henri Matisse）逃離了巴黎的冬天。這麼多灰色實在讓人受不了，尤其是像他這樣熱愛色彩的人。所以此刻馬諦斯坐在坦吉爾（Tanger）的法國別墅飯店（Villa de France）（以示不忘祖國），享受摩洛哥驚人的光線，他為之陶醉，欣喜若狂。他訂的三十五號房有三扇窗戶，一扇就在床邊。他擺好畫架作畫，左邊是安德瑞亞斯教堂的鐘樓，西迪布阿比清真寺（Sidi Bou Abib）的尖塔，一片屋海，後面則是藍之又藍的大海。他將把這幅畫命名為《窗外的景色，坦吉爾》。從港口飄上來海藻的氣味，還有魚味和油味。他畫下街道上的棕櫚、樹葉、空氣。空氣？沒錯，馬諦斯當然畫了空氣。也許沒有人像馬諦斯這麼擅長畫溫暖的空氣，連畢卡索都比不上。他畫下物品之間的空間，畫下屋頂上方和大海上方的空氣。在遙遠歐洲他所屬的圈子裡正風行現代主義，各地都有畫家朝著抽象匍匐前進，庫普卡[12]、蒙德里安[13]、馬列維奇[14]、康丁斯基（Kandinsky）全都即將跨出最後一步。然而，馬諦斯這個四十五歲的睿智男子知道抽象並非通往現代的唯一途徑。他知道來自過去的陽光小徑也能通往未來，這就是馬諦斯這些日子在坦吉爾努力的事。他用大片純淨色塊在畫布上建造他的世界，主要是藍綠兩色。咖啡館裡的人、棕櫚樹和街道化為形式。那些人在草圖上，嘴裡還叼著菸斗，或是腳上穿著特殊的鞋子，而在他的畫作上，一切愈來愈縮減，變得更簡單、更明淨。他在非洲頂端的此地認識了蔓生的花朵、老鼠　葉片、純淨的顏色，他將會花好幾年時間畫它們，畫在信紙邊緣，畫在圖畫底布上。多年後，當他行動不便，只能拄著枴杖作畫和剪紙，這些圓滾滾的葉片、這種生長和形成會再度出現，它們來自在摩洛哥的那幾個月時光，在他年邁時重新給予他生命的能量，回憶將成為他唯一的樂趣。

✷

一九一三年二月，文學的南北兩極對撞，法蘭茲．卡夫卡和艾爾莎．拉斯克許勒。卡夫卡原本從未針對任何人說過一句難聽的話，如果他難得這樣做，例如針對他父親，他會寫出一封百轉千迴的長信，用形式和語言的安全帶緊緊箍住反感的力道。可是當卡夫卡遇上拉斯克許勒，他的安全裝置就失控了。她那份原始的性慾能量似乎過度強烈地讓他察覺自己的拘束。於是卡夫卡在二月十二日寫信給他的情人菲莉絲，幸好她離得那麼遠，可以只把她當成收信人，無須同時把她想成情慾對象。他寫信給菲莉絲說：「我受不了她的詩，由於那種刻意鋪排，只讓我感到空洞和反感。」接下來又說：「基於同樣理由，我也討厭她的散文，那是一個過度亢奮的都會女子用胡亂顫動的大腦創作出來的。」用白話文來說就是：我怕她。卡夫卡這個由一位仁慈上帝用千萬個神經末稍拼湊而成的生物，彷彿驚慌失措地選擇逃走，因為他害怕被她那無邊的想像、被她的不受約束、被她的女性魅力吞噬。在三月二十四日，他們在柏林優斯堤咖啡館（Cafe Josty）相遇過一次，和另外幾個作家在一起。他們合寫了一張明信片寄往萊比錫，給他們的共同出版商庫特．沃爾夫[15]。明信片上寫著「敬愛的沃爾夫先生」，署名是「您忠誠的F. 卡夫卡」，而拉斯克許勒在那旁邊畫了一幅素描，署名「艾比蓋皇帝三世」。單是這個憑空捏造的姓名和頭銜就讓卡夫卡心裡發毛。這種東西不屬於文學的國度嗎？但是對拉斯克許勒來說，這個想像的國度和德意志帝國是分不開的，或者說也和天國分不開。對她來說全都一樣。這有助於創作，對生活卻是種妨礙。她的第二任丈夫赫爾瓦特．華爾登是藝術經紀商和《暴風》雜誌的發行人，他厭倦了自己生活裡的風暴，離開了她。她開始喝酒，居無定所，為了替幼小的兒子湊足奧登瓦爾德中學[16]的學費而寫作，各地文藝界同行都替她募款，就連硬心腸的卡爾．克勞斯[17]也在她身上發現了自己柔軟的一面（包括他的錢包）。

在柏林與卡夫卡會面的兩週後，拉斯克許勒偏巧搭車前往布拉格，要在那裡的德國女藝術家俱樂部朗讀作品。她把自己打扮了一番：銀色靴子配上絲質襯衫，她說那是卡布里藍洞絲。當來賓開始鼓掌，人在後台的她尚未決定該朗讀哪一段，在她的詩集裡翻來翻去，拿不定主意。然後她站起來，走到幕前。「她站在那兒，像個倔強的男孩，臉龐具有怪異的吸引力，像個俄國虛無主義者。」瑪莉亞．侯爾策（Maria Holzer）在芬費特[18]的柏林期刊《行動》（*Die Aktion*）上如此描述這場朗誦會。然後她開始朗誦詩作，像是東方先知喃喃念咒。在場的人呆望著她，懷著謙卑和欽佩，大家屏息聆聽，大學生、文人、藝術家，包括埃貢．埃爾溫．基希[19]和卡夫卡的摯友馬克斯．布洛德[20]。只有卡夫卡沒來。他的恐懼太大。拉斯克許勒在布拉格那場朗誦會後寫信給法蘭茲．馬克和卡爾．克勞斯說，返回柏林後她心緒不寧，四處浪蕩，夢想著遙遠的國度。她尋找一個能與她匹配的男人，能配得上一個過度亢奮的都會女子胡亂顫動的大腦，還有她由思慕、絕望和渴望構成的巨大山嶺。她將會找到戈特弗里德．本恩。他的飢渴夠大。

✷

一個剛剛躋身仙界的人如何在俗鄙的凡間繼續生活？最好是暫時搬到這塵世間少數幾個連神仙也羨慕的地方。於是傑哈特．豪普特曼[21]帶著剛拿到的諾貝爾獎章、中年的妻子和滿滿十六口皮箱到義大利菲諾港（Portofino）的卡納馮別墅（Villa Carnarvon）過冬。海浪在下方拍打岩壁，每天早晨他推開綠色窗板，從書房就能眺望無盡的海洋。頭上是五針松老樹樹冠，下方是偌大公園裡的龍舌蘭和棕櫚，碎石路上只聽得見園丁引人入定的耙地聲，此外一片寂靜。他穿上去年買的方濟會修士服，稍微鬆開在日漸圓滾肚子上的腰帶，開始靜坐冥想。唪——。風吹亂了他灰白的頭髮，在海浪聲中享受一個個念頭之間的間隔愈來愈長。稍後，泡過澡，吃過豐盛的早午餐，他坐到書桌前。

晚上瑪莉亞會煮蘑菇義大利麵和栗子燉野豬肉。連在晨間靜坐時也偶爾會忽然想到晚餐，這一點他改變不了。夜晚享用了三道豐盛菜餚和一杯渣釀白蘭地之後，豪普特曼會提筆寫日記，顯然為自己感動：「我們把自己從別人想讓我們成為的模樣拉回來，回復原本的我們。他們可以讓一個木偶升高、跌落，但不能這樣對我。」他現在知道自己是什麼，也想讓那些德國人瞧瞧他們是什麼。他認為最好是以一齣木偶戲來呈現。他替五月三十一日將在布列斯勞（Breslau）舉行的德國解放戰爭（反拿破崙戰爭）一百週年慶寫了一齣「德國原始劇」，一齣《以德國韻腳寫成的節慶劇》（*Festspiel in deutschen Reimen*）。他遙望地中海的海浪白沫，潛入德國歷史的深淵。他編造出一個代表拿破崙的木偶，另一個代表克萊斯特[22]，也有幾個德國婦女木偶代表哭靈。台詞由雙行押韻詩構成。他在二月十二日完成了這齣「節慶劇」，滿懷驕傲地貼上郵票寄往布列斯勞。隔天他在樓下的客廳讓妻子葛蕾特把劇本接連朗誦了三遍。他坐在寬敞的綠色沙發椅上，樂在其中，沉默不語。新科諾貝爾文學獎得主慵懶自滿的狀態該何以名之？豪普特曼晚上在日記裡描述為，聽好囉：「被動的創造力。」從諾貝爾獎得主身上的確可以學到點什麼。

✷

即將在布列斯勞舉行的百年慶典也在別處引發了創造力，例如在德勒斯登的古斯托·馮·布呂歇男爵夫人（Freifrau Gustl von Blücher）。她突發奇想，要在預定設置萊比錫大會戰[23]紀念碑的地點旁邊開設一間不提供酒精飲料的婦女招待所。為什麼她偏偏選中奧古斯特二世[24]創立「無酒不歡協會」的地方來設立這個招待所，至今仍是個謎。但是她極度清醒地力圖實現目標，寫了公文寄給一九一三年德語區境內所有君主的宮廷總管（人數相當可觀），請他們捐款建造這個婦女招待所。普魯士表示支持：皇后暨王后殿下從柏林捎來訊息，表示願意贊助三百馬克。但是符騰堡有疑慮，在二月十二日的一封文書裡寫道：「殿下雖然肯定此一想法所含的善意，卻不敢苟同此一計畫的理念及其執行，」因為「依殿下之見，在愛國情操的表現和替婦女建造不提供酒精飲料之招待所這個計畫之間並無顯而易見的關聯」。漂亮的外交辭令，用白話文來說就是：「敬愛的馮．布呂歇男爵夫人，這個主意很荒唐。」

✷

接下來發生了這不可思議的一年裡最不可思議的事：二月十三日，柏林潘考夫區沃朗克街五十四號的小丑、吞火兼走鋼索藝人、浪蕩子奧圖．威特[25]在阿爾巴尼亞加冕為王（這是根據小丑、吞火兼走鋼索藝人、浪蕩子奧圖．威特自己的說法，而這個說法至今未被駁斥）。不過這件事要從頭說起。在巴爾幹戰爭令人眼花撩亂的混亂中，這個出身平凡的好傢伙奧圖化名為約瑟夫．約普（Josef Joppe），在土耳其軍隊裡成了小有名氣的軍官兼特務。後來他捏造了兩封電報，宣告哈林．埃丁（Halim Eddin）王子即將抵達阿爾巴尼亞首都地拉那（Tirana），該王子是末代蘇丹的姪兒。然後他從維也納一家戲服店借來一套想像中的華麗東方制服（一如將來尼克．凱夫[26]唱的歌曲：「有一個王國，有一個國王。」）。奧圖．威特有一頭顯眼的黑髮，蓄著土耳其人臉上常見的大鬍子，模樣近似哈林．埃丁王子。有了這身華麗裝扮和髮型，他啟程前往阿爾巴尼亞去見土耳其軍隊的最高指揮官埃薩．帕夏（Essad Pascha）將軍。奧圖．威特在擔任土耳其間諜時曾弄到塞爾維亞的作戰計畫，對之瞭若指掌，令這位將軍大為佩服。他檢閱了軍隊，並且俐落下達了明確指令，令巴爾幹半島上的人佩服。士兵志願追隨他，眾將軍計畫趁著西方列強尚未商量出國王的人選，盡快推舉這位哈林．埃丁王子成為阿爾巴尼亞國王。於是在二月十三日拂曉，由埃薩．帕夏宣布奧圖．威特成為「阿爾巴尼亞國王」。一些阿爾巴尼亞人受邀前來，他們忠誠歡呼，揮舞彩色絲帶，軍樂隊奏起進行曲。這位剛登上王座的國王立刻前往地拉那，那裡的皇宮已替他準備妥當。雖然由於事出倉促，宮中尚無百官，但是阿爾巴尼亞人設法連夜替國王準備了十一位後宮佳麗。由於本書自然談的是愛情，來自柏林潘考夫區的奧圖．威特至少盡情享受了一千零一夜中的四個夜晚。然而在第五天的黎明，一封自君士坦丁堡發出的電報送達地拉那，哈林．埃丁王子本尊在電報裡痛稱有騙子冒了他的名假扮國王，說他將在當天抵達，把那個冒牌貨趕下王座。於是國王奧圖．威特在二月十九日拂曉逃離他的後宮和皇宮，從一個農夫那裡偷來一件樸素的罩衫，把那套冒牌制服扔進河裡，連租金也沒付。就這樣，在即位五天之後，他抄捷徑抵達了王國的海岸，在都拉斯（Durazzo）逃上一艘奧地利船隻，認為那艘船將能帶他到安全之地。有點一廂情願。因為到了奧地利，由於他所說的故事，別人認為他精神失常，把他關進了精神病院。但是不久之後報紙上刊登了奧圖．威特入主地拉那時的照片，於是這名病患立刻被視為病癒而被釋放出院。他要求在他的德國護照上註記：「阿爾巴尼亞前國王」。凡事都得按照規矩來。一九二五年，他在總統艾伯特[27]去世後參選德國總統，但是這一次沒有成功。

✷

二月初在里斯本，詩人費爾南多・佩索亞[28]在傍晚回家途中遇上一場突如其來的暴雨。在暮色中他衝回位在帕索斯・曼努埃爾路（Rua de Passos Manuel）二十四號四樓左側的公寓，在奔跑時，〈遜位〉那首詩的詩句在他腦中成形。他脫掉淋濕的衣物，坐在書桌前寫下：「我把馬刺留在冷冷的樓梯間，那噹啷響聲欺騙了我，我的鎧甲毫無用處。我拋下了王國、肉體和靈魂，回家迎向那古老安靜的夜晚，如同白日將盡時的一片風景。」如同白日將盡時的一片風景……多美的詩句。

✷

理查・德梅爾[29]，一九一三年前後德國最知名的詩人，受到湯瑪斯・曼、赫曼・赫塞和阿諾・荀白克的推崇，他出版了新詩集，題為《美麗狂野的世界》（*Schöne wilde*

Welt）。這是替一九一三年所下的完美標題。我們之後還會再談到他和他美麗的妻子伊妲。請拭目以待。我還有故事非說不可！

*

且讓我們先暫時跳到維也納，這個美麗狂野世界的震央之一。二月十五日星期六晚上，在維也納第九區伯格巷十九號，弗洛伊德醫生的講座討論的是「雙性戀／精神官能症與性慾／夢的解析」，亦即那整部綱要。在週間，弗洛伊德每天上午八點到九點以及下午五點到七點替病人看診，週三和週六晚上聚集他的信眾做心理學的深度研究。自從一九一二年底以來，有一位特別的女性來賓加入了維也納這群知名心理學家和理論家的男性圈子，她就是露・安德烈亞斯・莎樂美。她的腰帶上繫著兩張引人注意的帶髮頭皮：尼采和里爾克的。兩人都曾經為她傾倒，為她的才華洋溢、獨立不羈、桀傲不馴著迷。如今偉大的弗洛伊德也將拜倒在她裙下。她在二月十五日說了這般不尋常的話：「因此，基本上只有男性才可能是禁慾者或敗德者，女性（其心智和性別密不可分）只有在不再是女性時才可能是禁慾者或敗德者。」弗洛伊德誇她是「精神分析的女詩人」，說他自己只能寫散文。莎樂美在二月十五日下午先去觀賞弗蘭克・魏德金[30]新劇作《潘朵拉的盒子》（*Die Büchse der Pandora*）的綵排，鄰座坐著亞瑟・施尼茨勒，晚上她則去參加弗洛伊德的講座。夜裡她在日記上興奮地寫下：「弗洛伊德十分贊同地談到雙性戀中可能蘊藏的豐富內涵。」看哪。

✷

二月，馬格努斯・赫希菲爾德[31]在柏林成立了「性醫學和優生學會」（Ärzliche Gesellschaft für Sexualwissenschaft und Eugenik）。身為專家證人，赫希菲爾德成功說服了柏林刑事警察局，表明同性戀並非「後天染上的惡習」，而是「無法根除」。為了支持這個論點，赫希菲爾德每年都會在嚴謹的科學著作《中間性別年鑑》（*Jahrbüchern für sexuelle Zwischenstufen*）（！）中發表幾千頁的統計資料，來證明在整個德意志帝國不是只有「純男性」和「純女性」，在雙性戀這個中間國度可以有無邊無際的想像。

✷

二月十七日，軍火庫藝術博覽會（Armory）在紐約美國國民警衛隊六十九軍團的禮堂開幕。這一刻，現代藝術有如一波滔滔巨浪湧向美國。年輕攝影師曼・雷[32]在這一年年底時將會說：「有六個月的時間我啥也沒做——需要這麼長的時間來消化我看見的東西。」相較之下，大攝影師阿弗列・史蒂格利茲[33]的反應比較快，他是《攝影作品》雜誌（*Camera Work*）的發行人兼「前衛畫廊二九一」的經營者。他一看就消化了，在開幕當天就用一千兩百六十美元買下了康丁斯基的抽象畫《即興二十七號》（*Improvisation 27*）。

✷

費茲傑羅沒有拿到哈佛大學的入學許可（只好去讀普林斯頓）。艾略特（T. S. Eliot）則獲准自一九一三年夏天起在哈佛就讀。

注釋

1. 奧斯卡・巴奈克（Oskar Barnack, 1879-1936），德國精密機械工程師，攝影愛好者，喜歡拍攝自然風景，因早年大型攝影器材攜帶不便而發明了最早的小型照相機。
2. 拉斯普丁（Grigori Yefimovich Rasputin, 1869-1916），俄國神祕主義者，自稱為聖徒，批評者蔑稱為妖僧，與沙皇尼古拉二世的家庭關係密切，頗具影響力，引起一些保守貴族不滿而遭到暗殺。

3. 羅曼．羅蘭（Romain Rolland, 1866-1944），法國作家、樂評家，一九一五年諾貝爾文學獎得主，終身提倡和平主義與人道精神，曾替印度聖雄甘地作傳，知名作品包括小說《約翰．克利斯朵夫》（*Jean-Christophe*）。

4. 妮儂．奧斯連德（Ninon Ausländer, 1895-1966）出生於當時屬於奧匈帝國的切諾維茲（Czernowitz，現屬烏克蘭），曾在維也納攻讀考古學、藝術史與醫學，第一任丈夫為奧地利插畫家多爾賓（B. F. Dolbin, 1883-1971），兩人後來離婚，一九三一年成為赫曼．赫塞的第三任妻子。

5. 馬塞爾．杜象（Marcel Duchamp, 1887-1968），法國達達主義畫家、雕刻家。出身喜愛藝術音樂的家庭，早年受到家族成員影響，作品有印象主義風格。一次大戰後，對戰爭殺戮感到失望，開始傾向非理性的達達主義；他利用日常生活中常見物品，以不同的觀點來啟發藝術概念，最著名的為一九一七年的《噴泉》（Fountain），把小便斗倒過來，使其脫離實用目的，創造新的概念。他認為藝術不該只是視覺上的效果和美感，而應轉移至心靈、語言與視覺的交互感受。杜象所涉及的藝術領域及使用的媒材非常廣泛，被認為是二十世紀的藝術大師，影響了戰後西方藝術的發展。

6. 海因利希．霍夫曼（Heinrich Hoffmann, 1885-1957），德國攝影師，希特勒的親信，在納粹的宣傳工作上扮演重要角色，二次戰後因此被判處四年徒刑，財產充公。

7. 紀堯姆．阿波里奈爾（Guillaume Appolinaire, 1880-1918），法國詩人，生於義大利，二十世紀初最重要的詩人、劇作家和小說家。他被認為是創造「超現實主義」字彙的人，也是第一個寫出超現實主義詩作的作家。一次大戰時從軍，被流彈擊傷太陽穴，後來死於西班牙流感。

8. 費雪出版社（S. Fischer Verlag），一八八六年由薩姆埃爾．費雪（Samuel Fischer）創立，迅速成為現代文學重鎮。豪普特曼、湯瑪斯．曼、赫曼．赫塞幾位諾貝爾文學獎得主均為其旗下作家，至今仍是德語世界的重要出版社。

9. 奧斯瓦爾德．史賓格勒（Oswald Spengler, 1880-1936），德國歷史哲學家、文化理論家。取得哲學博士學位後曾擔任小學校長，因世界史《西方的沒落》而知名，出版於一九一八、一九二二年，屬於歷史哲學研究著作。不同於線性歷史書寫將人類歷史發展視為進步的歷程，他支持周期理論，認為每個文化都會歷經新生、繁榮與沒落的循環，因此歷史學家可以重建過去並預言未來。他認為西方文化經過了創造階段，接下來就是無可挽回的沒落。觀點備受爭議，有人讚揚也有人視其為納粹同路人，儘管其論點與種族主義無關，他個人也與納粹畫清界線。在當時世人眼中他準確預言了時代的發展，就今天來看對於歷史學科未有太大影響力。

10. 恩斯特．路德維希．克爾希納（Ernst Ludwig Kirchner, 1880-1938），德國表現主義畫家。大學完成建築師養成教育，之後放棄成為建築師。一九〇五年在德勒斯登與多位畫家創立藝術家團體「橋社」。他認為藝術是將內心衝突轉化為視覺形象最有力的方式。作品表現人的邪惡心理與情色，或諷刺當時社會，如知名的《柏林街景》（Berliner Straßenszene）。之後橋社成員遷往柏林，曾為當時的先鋒刊物《風暴》製作木刻版畫，或為作家、詩人的作品繪製插畫。納粹當局在一九三七年宣布其作品為「頹廢」，六百多件創作遭到變賣與銷毀。一年後他舉槍自盡。

11. 艾米琳．潘克斯特（Emmeline Pankhurst, 1858-1928），英國女權運動代表人物，成長於開明的中產階級家庭，少女時就開始參與為婦女爭取投票權的活動。一九〇三年成立「婦女社會政治聯盟」，揭露當時英國社會兩性不平等的現況，採取激進手段替婦女爭取權利。一九二八年，在她去世三週後，全體英國婦女終於獲得選舉權。

12. 庫普卡（František Kupka, 1871-1957），早年醉心象徵和譬喻主題，後來畫作轉為抽象，注重色彩與聲音、光影的互動，不以真實主體為描繪基礎，而重傳達心靈與情緒的面向，被認為是奧菲主義藝術家。創立「抽象創作協會」。

13. 蒙德里安（Piet Mondrian, 1872-1944），荷蘭畫家。早期多為風景畫，後轉為立體主義，創作純粹抽象畫，有四幅以樹為主題的系列畫作，呈現從寫實到抽象的轉變。稱自己的風格稱為「新造型主義」，將藝術和自然形象完全分離。藝術雜誌《風格》（*De Stij*）創始人，在藝術、建築和工業設計上發揮影響力。

14. 卡薩米爾．馬列維奇（Kasimir Malewitsch, 1879-1935），俄羅斯畫家。當時俄羅斯以構成主義為主流，亦即藝術有實用目的，其純粹抽象風格在俄羅斯引起軒然大波並發揮影響力。後來發展「至上主義」（Supretism），以幾何圖案呈現世間萬物，是他心目中最理想的繪畫形式。

15. 庫特．沃爾夫（Kurt Wolff, 1887-1963）建立經營同名出版社，是第一個出版並推廣卡夫卡作品的人。一九三八年，猶太裔的沃爾夫和妻子移民美國，在一九四八年創立萬神殿出版社（Pantheon Books），後又離美返歐。

16. 奧登瓦爾德中學（Odenwaldschule，或譯為奧登森林學校）是一所鄉村寄宿學校，成立於一九一〇年，曾經是實施改革教育的模範學校，一九九八年爆出性侵醜聞，二〇一五年宣布破產，旋即關閉。

17. 卡爾．克勞斯（Karl Kraus, 1874-1936），出生於奧地利猶太商人家庭，二十世紀初重要奧地利作家，也是語言與文化評論家、記者、詩人、諷刺作家。文學與政論雜誌《火炬》的創辦人，一九一一年起為唯一撰稿人。這份刊物評批奧地利中產階級的自由主義以及自由派報刊，認為其應對歐洲傳統文化精華的衰落負責。一九三六年《火炬》發行最後一期後，他在黑暗中遭腳踏車撞成重傷，最後心臟病發過世。

18. 法蘭茲．芬費特（Franz Pfemfert, 1879-1954）德國出版人、文學評論家，《行動》（*Die Aktion*）雜誌發行人，該雜誌在一九一一年至一九三二年之間發行，是表現主義文學的重要刊物。

19. 埃貢．埃爾溫．基希（Egon Erwin Kisch, 1885-1948），捷克作家、記者，多以德文寫作，以促進報導文學的發展聞名，反對納粹政權。

20. 馬克斯．布洛德（Max Brod, 1884-1968），猶太裔捷克作家、記者。最為人知的是作家卡夫卡的好友、傳記作者，也是其遺囑執行人。布洛德自己創作豐富，也不吝於提拔其他作家。一九〇二年於大學進修法律時認識卡夫卡，直到卡夫卡過世，兩人都是親密好友。卡夫卡始終懷疑自己是否有寫作才能，布洛德不斷鼓勵他創作；身為卡夫卡遺囑執行人，並沒有依照遺囑在他死後將手稿全數燒毀，反而將卡夫卡作品出版。後世對卡夫卡的評價證實了布洛德是正確的。

21. 傑哈特．豪普特曼（Gerhart Hauptmann, 1862-1946），德國作家、劇作家，被視為德國自然主義重要代表人物，一九一二年諾貝爾文學獎得主。

22. 克萊斯特（Heinrich von Kleist, 1777-1811），德國詩人、劇作家及小說家，出身古老的貴族世家，十五歲遵循家族傳統從軍，但嚮往和平的他不適應軍中生活，在二十二歲時獲准退役，唯此舉始終未獲諒解。後來他四處遊歷，嘗試過不同的工作，從事文學創作，但其作品在生前並未獲得重視，數十年後才得到肯定。如今德國著名的「克萊斯特文學獎」就是以他為名。

23. 萊比錫大會戰（Völkerschlacht）發生於一八一三年十月，由普魯士、俄國、奧地利、英國、瑞典的聯軍與拿破崙率領的法軍決戰。

24. 奧古斯特二世（August der Starke, 1670-1733），神聖羅馬帝國薩克森選帝侯兼波蘭國王，外號「強力王」。他以法國國王路易十四為榜樣，締造了薩克森侯國的盛世。「無酒不歡協會」（Gesellschaft zur Bekämpfung der Nüchternheit）是他成立的一個祕密會社，成員為薩克森及普魯士高階貴族，名單由他親自擬定，成員聚集在德勒斯登一地下室的大圓桌旁，盡情飲酒並隨興交談，普魯士國王腓特烈．威廉一世也曾是座上賓。

25. 奧圖．威特（Otto Witte, 1872-1958）的故事在一九五八年曾經登上《時代》雜誌（*Time*），標題是 *The Man Who Was King*。

26. 尼克．凱夫（Nick Cave）澳洲音樂人、創作型歌手，壞種子樂團（Bad Seeds）主唱。

27. 弗里德里希．艾伯特（Friedrich Ebert, 1871-1925），德國威瑪共和國時期首任總統，在任期內因病去世。

28. 費爾南多．佩索亞（Fernando Pessoa, 1888-1935），葡萄牙詩人與作家，被視為二十世紀最偉大的葡語作家。幼年隨母親和繼父移民南非，十七歲時隻身返回里斯本求學，但並未完成大學學業。他白天在貿易公司擔任職員，翻譯英文書信，晚上的時間用來寫作。知名作品包括在他死後才出版的《惶然錄》（*Livros do*

Desassossego）。

29. 理查．德梅爾（Richard Dehmel, 1863-1920），德國抒情詩人，作品主題常和「愛與性」有關，兩度被指控內容猥褻和褻瀆，但均無罪開釋。

30. 弗蘭克．魏德金（Frank Wedekind, 1864-1918），德國作家、劇作家、演員。因其劇作帶有社會批評的色彩，在當時經常被搬上舞台。

31. 馬格努斯．赫希菲爾德（Magnus Hirschfeld, 1868-1935），猶太裔德國內科醫生兼性學家，公開承認自己為同性戀者，為同性戀者爭取權利，並創辦了「性學研究所」。

32. 曼．雷（Man Ray, 1890-1976），美國現代主義藝術家，身兼畫家、攝影師及導演，被視為達達主義和超現實主義的重要人物，也是現代攝影與電影史上的先驅。

33. 阿弗列．史蒂格利茲（Alfred Stieglitz, 1864-1946），美國攝影師。在五十年職業攝影師的生涯中，致力將攝影納入藝術領域，並贊助許多現代藝術活動和展覽。他在紐約的藝廊舉辦許多二十世紀藝術展，將歐洲前衛藝術引介入美國。他不僅是傑出攝影師，也挖掘並支持有才華的攝影師和畫家，在美國視覺藝術史上占有重要地位。

三月

三月五日，赫爾瓦特．華爾登自柏林搭火車前往慕尼黑。他是個衝勁十足的企業家，額頭很高，聲音低沉，身為以拮据聞名之《暴風》雜誌發行人與艾爾莎．拉斯克許勒的前夫，他已充分證明了自己的抗壓性。到月台上來接他的有康丁斯基和他同為畫家的伴侶佳布莉兒．明特[1]，另外還有法蘭茲．馬克夫妻，他們是從附近的辛德斯多夫前來。華爾登是現代主義藝術的傑出經紀人，在柏林畫廊的小小空間裡展出義大利未來主義、藍騎士、巴黎與維也納的現代主義作品。他對於新事物具有準確的鑒別力，也懂得如何策展。他到慕尼黑來，是為了和「藍騎士」成員法蘭茲．馬克和奧古斯特．馬克[2]共同籌畫秋季的一場大型展覽，「第一屆德國秋季沙龍」。這次展出應該要成為現代主義的烽火，一如軍火庫藝術博覽會之於紐約。僅只兩週之後，住在波昂的「藍騎士」成員奧古斯特．馬克就寫信給華爾登，說他說服了他慷慨的叔叔科勒（Bernhard Koehler）捐出四千馬克支持這次展覽，科勒是現代主義作品的重要收藏家。接下來他又寫道：「也許請您立刻和阿波里奈爾與德洛涅[3]談談能代表巴黎藝術的作品。我認為和馬諦斯與畢卡索協商尤其重要，凡是在這場秋季沙龍裡展出作品的人就不准在卡西勒那裡展出。最重要的是立刻讓所有主力都站在我們這一邊。您會設法辦到的。」華爾登辦到了，把所有人都拉到他那一邊。他在柏林的頭號競爭對手卡西勒在一九一三年秋天將首度顯出疲態，而現在才剛要入春。

✷

是啊，春天，也就只是個名稱罷了。在北方，在格陵蘭島終年不化的冰天雪地，阿弗列・韋格納[4]坐在極地探險隊的冬季營地裡寫作，戶外氣溫零下三十度。十一月時，在馬堡大學擔任物理學、氣象學和天文學講師的他發表了「大陸漂移說」，為此飽受嘲弄。沒有人相信他的理論，說地球各大洲在兩億年前是一塊相連的大陸。當時的人還無法理解這一點，甚至連彼此之間的關聯都不明白。韋格納沮喪之餘加入了丹麥探險家約翰・彼得・科赫[5]的探險隊。四名男子、十六匹冰島馬和一條狗打算從東到西橫越格陵蘭島，穿過一望無垠、不曾有人見過的冰原。但此時繼續前進實在太冷，冷到他根本無法把臉伸出營帳外，要等到四月才能往前走。於是馬兒嚼著乾草，狗兒啃著骨頭，韋格納和科赫在下棋。之後他點亮黯淡的油燈，繼續寫他那篇大陸漂移的偉大論文。他知道世人總有一天會相信他，哪怕是在兩億年後。

✷

普魯斯特終究沒有等太久，就替《追憶逝水年華》找到了出版商。遭到三家出版商拒絕之後，有一家答應了。三月十一日，他與出版商伯納．葛拉瑟（Bernard Grasset）簽了合約，他自己出了一千七百五十法郎的印刷費，以求書能在九月出版。聽起來還不錯，但是不久之後，葛拉瑟的惡夢開始接連出現。他把校樣寄去給普魯斯特校對，幾天後對方寄回來的東西更像是屍橫遍野的戰場而非校樣。普魯斯特支解了全篇，用墨水把印出來的整篇稿子重寫一次、兩次、三次，還把從別張校樣裡剪下的段落貼在旁邊，並且大幅刪節。就連已成為傳奇的第一句，那句「很久以來，我都是早早就躺下了」，也先被他整句劃掉，後來又反悔，把那句話再寫在被劃掉的那一句旁邊，並且加上驚嘆號。隨著每一次收到校對稿，出版商漸漸失控。書變得愈來愈厚，不斷冒出新的印刷錯誤，全新的人物登場，另一些人物消失。為了保險起見，葛拉瑟寫信給印刷廠，要對方把出版日期訂在一九一四年，說這本書絕無可能在今年完成。在這個春天，飽受梅毒折磨的艾德華・馮・蓋沙令[6]沉浸在回憶中，輕輕喟嘆：「假如人生也有校樣——是叫做校樣沒錯吧？——那就好了……」

✷

這話就連我們的老友萊納・瑪利亞・里爾克也不可能說得更好。一九一三年三月二十五日，他坐在巴黎首戰街（Rue Campagne-Première）的書桌前，雖然沒有感冒，卻還是覺得身體不適。可以說他不停地在忙著處理人生的校樣。其間他短暫地往上看，在手鏡中看見自己柔軟的鬍髭，想起刮鬍膏快用完了。於是他寫信給位於慕尼黑音樂廳廣場的宮廷理髮洪塞爾（Honsell）：「順帶一提，如果您能馬上再寄一罐『紫羅蘭泡沫』乳霜到這兒來給我，我會很感謝，我已經用慣了這種乳霜。」很可能就在這幾天裡，在巴黎幾條街外的地方，普魯斯特在《追憶逝水年華》的校樣上寫下了那句雋語，說有時候當一個人滿懷愁緒，至少「還能被他的習慣擁進懷裡」。

✷

奧斯卡・柯克西卡和阿爾瑪・馬勒大概是這一年最瘋狂的愛侶。他們於一九一三年三月二十日在維也納登上火車，準備經由波扎諾和維洛那前往義大利。

西格蒙德・弗洛伊德和安娜・弗洛伊德大概是這一年最安靜的愛侶。他們於一九一三年三月二十一日在維也納登上火車，準備經由波扎諾和維洛那前往義大利。

理查・史特勞斯[7]和胡戈・馮・霍夫曼斯塔是這一年最不尋常的藝術家雙人組。他們於一九一三年三月三十日在維也納登上火車，準備經由波扎諾和維洛那前往義大利。

也就是說，「世界精神」（Weltgeist）出門旅行了。維也納得暫時休息一下。你會這樣想。

＊

雖然柯克西卡和阿爾瑪、弗洛伊德、理查・史特勞斯和霍夫曼斯塔在三月三十一日那天都不在，「世界精神」還是暫時回到了維也納音樂協會大廳。阿諾・荀白克指揮（或者應該說試圖去指揮）一首他自己譜寫的室內樂交響曲，還有馬勒和荀白克弟子奧本・伯格與安東・馮・魏本[8]的作品。聽眾暴怒，覺得這麼多現代感震耳欲聾。結果是：全場譁然，罵聲連連，噓聲不斷，大喝倒采。末了，偉大的荀白克被一個無足輕重的輕歌劇作曲家甩了一巴掌。隔天報紙上稱之為「耳光音樂會」。那麼，基本上這是新音樂戰勝了舊品味的勝利？非也。「當今的聽眾和樂評家全都失去了理智，在各方面都無法再訂出標準，」荀白克抱怨，「如今甚至無法再從失敗中獲得自信。」也就是說，激進的現代主義作曲家荀白克在告訴我們：從前的一切都比較好。

注釋

1. 佳布莉兒．明特（Gabriele Münter, 1877-1962），德國女畫家，慕尼黑新美術家協會成員，與「藍騎士」有密切關聯。當年女性無法進入藝術學院，她在慕尼黑的繪畫學校學習，成為康丁斯基的學生與伴侶（儘管對方已婚，且至一九一一年）。作品表現藍騎士派風格特徵，色彩強烈，線條有力。一次大戰期間與康丁斯基逃往瑞士，他被視為敵人，只能返回俄國。明特前往北歐，一九一六年兩人最後一次見面，後來康丁斯基拒絕聯繫，一年後明特才知他已再婚，兩人結束關係。其後創作風格經歷變化，納粹期間被禁展出畫作，仍祕密創作。八十歲時將珍貴收藏贈與慕尼黑市，包括自己的畫作、八十多幅康丁斯基的作品，以及藍騎士社其他成員的畫作。
2. 奧古斯特．馬克（August Macke, 1887-1914），德國畫家，表現主義團體「藍騎士」領袖人物。其風格是透過純粹、亮且和諧的顏色來表現光線效果。畫作開朗而輕快，悲劇東西對他都是陌生的。一次大戰爆發，自願參軍前往前線，後來在西線戰場上陣亡，當時二十七歲。從戰地所寫的信充滿對於戰爭殘忍與驚恐的印象。

3. 羅伯特·德洛涅（Robert Delaunay, 1885-1941），法國畫家，與妻子蘇妮亞創奧菲主義（Orphism）流派。以他為首的奧菲主義融合聲音、光、影、色彩的技巧，但他並不認為奧菲主義一詞能代表自己，而稱自己的畫作為「純粹繪畫」。

4. 阿弗列·韋格納（Alfred Wegener, 1880-1930），德國地質學家、氣象學家兼天文學家，首創「大陸漂移說」，認為遠古時代的地球只有一塊被海水包圍的龐大陸地，該大陸後來破裂，才形成如今的七大洲。他曾四度前往格陵蘭研究，在第四次探險中遇難。

5. 約翰·彼得·科赫（Johan Peter Koch, 1870-1928），丹麥軍官、地圖繪製者兼極地研究者，曾三度前往格陵蘭島探險，在一九一二年末至一九一三年初成為第一個在格陵蘭島冰蓋上度過冬季的人。

6. 艾德華·馮·蓋沙令（Eduard von Keyserling, 1855-1918），德國印象派作家、劇作家，出生於波羅的海的德國貴族家庭。

7. 理查·史特勞斯（Richard Strauss, 1864-1949），德國作曲家、指揮家，與維也納史特勞斯家族無關。早期風格傾向浪漫派，後逐漸創立自己的風格。歌劇《莎樂美》取材自王爾德作品，音樂節奏感強烈，情節混合《聖經》故事、情慾、暴力等元素，給當時的觀眾帶來震撼，最後莎樂美親吻施洗者約翰斷頭的嘴唇引起爭議，但劇作也獲得成功。納粹時期曾擔任音樂部長，後因與茨威格的信件往來以及保護猶太兒媳而辭去職務。二次大戰後經過審查並獲得平反。

8. 安東·馮·魏本（Anton von Webern, 1883-1945），奧地利作曲家，師事荀白克，和奧本·伯格都是第二維也納樂派的代表人物。

Frühling
春

天氣總算漸漸暖和。可是世上最英俊的飛行員不幸墜機——最美麗的女飛行員不幸閃神。而各位曉得楚浮的《夏日之戀》是在何時發生的故事嗎？當然是在一九一三年春天，在巴黎，當栗樹開花時。《春之祭》果真完成了並且得到讚譽，但是偉大的史特拉汶斯基在那之後生病了，他的母親得來探望他。偉大的革命家羅莎．盧森堡走過一片野花盛開的草地，採了一朵蒲公英，做成了可長存的乾燥花。算是一件「春天的祭品」吧。里爾克呢？沒錯，他又感冒了，這一次是在巴特里波爾曹。

四月

四月一日，沒在開玩笑，卡夫卡決定每天下午去農人德沃斯基（Dvorsky）在布拉格城郊的甘藍菜園裡拔草。他想要挖掘土地，藉此忍受他腦袋裡的壕溝戰，如他所說，他想要「治療神經衰弱」。「神經衰弱」是一九一三這一年的魔咒，大約介於過動症與過勞之間，是個沒有明確定義的神奇名詞，用來表示任何一種心因性不適與精神官能症，不僅卡夫卡和里爾克在自己身上做出這種診斷，還有羅伯特・穆齊爾和埃貢・席勒——當然還包括這一年裡所有受苦受難的偉大女性。這種新疾病在一九一三年兩度受到抬舉：被收進十一卷的經典著作《心理疾病的特殊病理和治療》（*Spezielle Pathologie und Therapie innerer Krankheit*），也被當代嘲諷文學重鎮《傻大哥》週刊（*Simplicissimus*）澆鑄成不朽詩句：「別匆忙也別休息，否則神經衰弱就會找上你。」

於是，當神經衰弱的卡夫卡替已成為傳奇的德沃斯基甘藍菜掘土（手持鐵鍬的卡夫卡，這是個超現實的畫面），並且自豪地寫信給在柏林的愛人菲莉絲，說他的確只穿著汗衫在細雨中翻掘泥濘的土地，她則在法蘭克福的辦公室用品商展上認識了日後成為閨中好友的葛莉特・布洛赫（Grete Bloch）。這一年歲末，當卡夫卡早已辭去菜農的粗活，而菲莉絲眼看就要靠他太近，屆時卡夫卡寫給葛莉特的信比寫給菲莉絲的更親暱，向她抱怨他柏林未婚妻疏於照顧的一口爛牙，並且幻想著三人行的愛情。他的日記裡曾記載著「作了與Bl.有關的夢」。葛莉特把這些奇怪的信拿給菲莉絲看，於是菲莉絲取消了和卡夫卡的婚約，可以說是「作了與Ka.有關的惡夢」。九個月後，葛莉特・布洛赫生下了一個私生子。卡夫卡在布拉格的摯友馬克斯・布洛德聲稱孩子的父親可能是卡夫卡，這話直到如今都無人相信。當卡夫卡最後一次見到菲莉絲，他不顧一切地放聲大哭，那是他一生中頭一次。這也是布洛德說的，而人人都相信他這句話。

✷

四月一日，這也不是開玩笑，馬塞爾・杜象停止繪畫，開始在聖吉納維夫（Sainte-Geneviève）圖書館擔任館員。戶外陽光和煦，塞納河畔的法國梧桐長出新葉，而杜象坐在陰暗的辦公桌前，如果沒有人要借書，他就接連幾個小時閱讀皮浪[1]的作品，皮浪是亞歷山大大帝宮廷中的思想家，是杜象新近喜歡上的哲學家。皮浪是古代懷疑派的創始者，自近代早期以來，他的名字經常被當作懷疑的同義詞使用。而自近代晚期以來，馬塞爾・杜象的名字經常被當作懷疑的同義詞使用。

*

四月五日，在哥本哈根的尼爾斯・波耳[2]走去郵筒寄信，提交《論原子和分子的構造》（*On the Constitution of Atoms and Molecules*）論文給英國的《哲學雜誌與科學期刊》（*Philosophical Magazine and Journal of Science*）發表，並將在下一期刊出。這篇論文是現代主義的起源神話之一。「波耳原子模型」徹底改變了世人對微觀世界的看法，他用獨一無二的陳述使世人得以理解那看不見的東西。他提出的疑問是：原子如何使我們周遭的物質成為可能，原子自身如何保持穩定？波耳與同時代的普魯斯特把世界分解成最小的組成部分——兩人都是藉此解釋物質的穩定性。只不過波耳是以自然科學的方式，同時帶有哲學意味：他指出，我們必須先發明出原子，才能夠理解原子。在多年的實驗中，波耳驚愕地發現，原子的形狀不符合已知的物理法則。因此他大膽推論：那麼物理法則必須改變。波耳料想一個原子要進入活躍狀態只能吸收能量而無法釋放出能量，要從這種狀態回到原始狀態只能藉由「量子躍遷」。於是，原子時代就在這活躍狀態中於一九一三年四月五日發軔。

✷

四月五日，艾瑞克・薩提[3]的作品《給狗狗的三首軟趴趴前奏曲》（*Véritables préludes flasques pour un chien*）首演。為了讓大家都能有正確反應，在首演當天，這位作曲家在「音樂會導聆」上刊出了給觀眾的指示：「在我的新作品中，我完全沉浸於幻想的甜蜜愉悅裡。凡是不願意理解這一點的人，我懇請他們以莊嚴的靜默來聆聽鋼琴的演奏。請各位絕對順從臣服於音樂之下，這是各位的恰當角色。」也就是說，前衛作曲家拜託庸俗的聽眾別來打擾，一如兩週前的荀白克。

✷

四月六日，露・安德烈亞斯・莎樂美獲准最後一次打擾弗洛伊德在維也納的講座聚會。說是打擾，其實更像是為其增光。告別時弗洛伊德送她一束新鮮玫瑰。那些中年男士都著迷於這位前來旁聽的聰慧女士，晚上她在日記中寫道，她知道在維也納弗洛伊德家裡度過的時光是她人生的轉捩點。夏天時，她將在柏林的「精神分析大會」上做一場出色的演講，不久之後她自己的診所將在哥廷根（Göttingen）開幕。但是在夏末，里爾克將再度出現在她家門口，現在她還不知道（但我們知道）。她也曾意味深長地寫信給他，說他的拖鞋還擺在她家門廳，等待著再被他的雙腳填滿。這雖然不是弗洛伊德式的「說溜嘴」，卻是弗洛伊德式的承諾。而里爾克，我們偉大的「拖鞋英雄」（在德文中意指懼內的男人），以他的情況來說算是很快就明白了。

✷

且讓我們把目光轉向巴黎的可可．香奈兒。她和鮑伊．卡柏（Boy Capel）同居，他是英國人，殷勤周到，事業有成，她衷心熱愛著他。有一天她對他說她想要製作帽子，而且是那種能戴的帽子，而非在他帶她去看賽馬的時候，她偶爾在賽馬場上看見的那種狀似車輪的帽子。香奈兒在康朋街（Rue Cambon）租下兩個房間，位在二樓，門邊的牌子上寫著「香奈兒時尚」。關心她的卡柏替她在勞埃德銀行繳了一筆保證金。過了一年，在賣掉許多頂帽子後，香奈兒償還了那筆保證金。卡柏捻著他的小鬍子，略帶惆悵地說：「我以為送給妳一件玩具，但卻送給妳自由。」一九一三年六月，可可．香奈兒開設了她的第一家精品專賣店，在奢華的濱海度假小城杜維埃[4]。起初那些女士只是來看一看，說說閒話，後來有第一位女士買下一件式樣簡單的針織洋裝和一頂式樣簡單的帽子，顯然喜歡那份輕盈和簡單。林蔭步道上的女性馬上羨慕起那種結合了舒適與優雅的嶄新風格，隔天早晨就來店門口按鈴。到了夏季結束時，這家時裝店裡的商品銷售一空。而可可·香奈兒說話了：「我讓女性的身體重新獲得自由。」

✷

德國貴族家族名錄《哥達》（*Der Gotha*）[5]的編輯部在一九一三年即將發行第八十六版時，認為有必要向訂戶發出緊急聲明：「有一點必須再次強調，我們不可能不公布會使某個家族或個人難堪的家譜新聞（結婚日期或出生日期，但尤其是離婚）。」有時候，民族心態史上的最大轉移就藏在括號裡。

✷

普契尼於年初令人不齒地拒絕決鬥之後，阿諾·馮·史登格男爵改用現代化的武器，於四月九日在慕尼黑地方法院正式訴請離婚，理由是「女方過失」。無人反駁這個理由，就連上述的女方也沒有反駁。約瑟芬·馮·史登格（Josephine von Stengel）比普契尼年輕三十歲，大約在一九一二年迷戀上這位作曲家。當她遭到普契尼引誘時，她結婚五年，有兩個女兒。普契尼則是個惡名昭彰的花花公子，有著可觀的風流史，還有一個常被氣得半死的太座名叫艾維拉（Elvira），女僕朵莉雅・曼佛迪（Doria Manfredi）因被她錯怪與她丈夫有染而自殺身亡，而朵莉雅很可能是普契尼身邊的女性當中唯一不曾和他有任何瓜葛的女人。

但是這並未阻止普契尼熱烈地愛上約瑟芬・馮・史登格。他帶著她前往拜魯特（Bayreuth）、卡爾斯巴德[6]、維亞雷吉歐（Viareggio），一趟經典的「愛之旅」，不經典之處只在於這兩個旅人都另有配偶。當約瑟芬終於離婚（普契尼認為自己沒有必要離婚），他立刻去到她那兒，並且在不久之後把她介紹給他的朋友加布里埃爾・鄧南遮[7]。他想在維亞雷吉歐替她建一棟房子，可是之後他又另結新歡，於是約瑟芬就可憐了，在十三年後死於維亞雷吉歐。可惜她的兩個女兒遵照母親的遺囑，把普契尼寫給她們母親的信全銷毀了。留給後世的只有普契尼那艘能在遠洋航行的遊艇，取了美麗的船名「蝴蝶夫人」（Cio-Cio-San），還有安裝在甲板上的那架鋼琴，那是他獻給她的，這些作為證物保存了下來，見證這段不尋常的愛情。

✷

伊斯蘭是德國的一部分。「穆斯林」這款「問題香菸」（香菸公司名）是一九一三年德國最暢銷的香菸（沒錯，的確如此，各位可以相信我）。

✷

四月十一日，阿弗列．柯爾在《潘》（*Pan*）雜誌裡取笑湯瑪斯．曼的哥哥亨利希和他妻子的外婆。[8]替《魂斷威尼斯》發表了正面書評。在這篇雜誌文章裡，柯爾讓一個虛構的湯瑪斯．曼侃侃而談「由親戚撰寫書評」的好處，並且把《魂斷威尼斯》的主旨總結如下：「至少使得有教養的中產階級能夠接受孌童這件事。」在這幾天裡，柯爾也滿懷嘲諷和怒氣地寫了〈湯瑪斯．波登布魯赫〉（*Thomas Bodenbruch*）那首詩，用兩行詩句替湯瑪斯．曼寫出了虛構的自傳：「總是自豪地大談特談，談我祖先的蕩盡家產。我不是寫作——我支吾其詞；我不作夢——我下苦工。」

✷

巴黎四月，哈利・凱斯勒伯爵[9]的日記裡冠蓋雲集，名流氾濫。他一再記錄在午夜時分和米希亞・塞特在拉呂餐廳共進晚餐，她曾是印象派畫家的出色模特兒，如今是現代主義藝術的贊助者。凱斯勒共餐的對象還包括賈吉列夫、其情人尼金斯基和半個俄羅斯芭蕾舞團、尚・考克多[10]、安德烈・紀德，偶爾還有普魯斯特，在他三度寫信婉拒，然後又兩度模稜兩可地答應之後。凱斯勒簡直被巴黎這股顫動的能量吸了進去，無心去構思他計畫要寫的那篇關於理查・德梅爾的文章。他寫信給他妹妹：「我每天從上午十一點一直到凌晨三點都有活動。我完全無法有條有理地向妳描述這段時光。」由於凱斯勒在多采多姿的生活裡應接不暇，完全寫不出一篇有條理的文章，他就專心寫日記。這是我們的幸運。

✷

四月十二日，德拉克羅瓦[11]的巨幅畫作《撕咬一匹馬的獅子》（*Lion dévorant un cheval*）掛進了朱利葉斯・邁耶格列菲位在柏林尼科拉斯湖區（Berlin-Nikolassee）的豪宅，此公竭心盡力，試圖讓德國人學會欣賞法國藝術，學會欣賞這個死對頭國家的通達世故和生活態度；除了他以外，同樣賣力的就只有哈利・凱斯勒伯爵。邁耶格列菲每天向他心存疑慮的同胞發出的訊息是：我們應該慶幸這世上有法國人。吼得好，獅子！但是這有用嗎？

✷

在布魯諾．卡西勒[12]的藝廊裡展出了來自烏帕塔市巴爾門區（Wuppertal-Barmen）戈特利布．瑞伯爾[13]的驚人私人收藏，那可說是法國藝術在法國境外最重要的收藏，包括塞尚的十二幅畫作，還有馬奈、雷諾瓦、庫爾貝[14]、竇加、柯洛[15]、杜米埃[16]的作品，如今的市價上看五億。知名藝評家馬克斯．歐斯朋（Max Osborn）在《柏林午間報》（*BZ am Mittag*）上言簡意賅地談及這場展覽：「老實說，我不能忍受的是一個德國收藏家用可觀的資金購置了一批幾乎不包含德國畫作的收藏。我強烈抗議這種欠缺考量。」弗里茲．史達（Fritz Stahl）則在《柏林日報》（*Berliner Tagblatt*）上寫道：「瑞伯爾先生身為德國人，但他的收藏中幾乎沒有一件比較現代的德國畫家作品，我並不想以這件怵目的事實指責瑞伯爾先生。然而，倘若此舉並非他個人的問題，而是『新』收藏家的典型作風，那麼我們不僅感到遺憾，而且必須嚴加譴責。」讀到這兩段話，就會愕然看出一九一三年初的整軍經武並非只在軍事上全速進行。

社會民主黨的耆老奧古斯特・貝倍爾[17]召集了柏林和巴黎的同志，在聖靈降臨節時到中立的伯恩參加「德法和解會議」。在那裡，他做了最後一次偉大的演說，重申他的懇切呼籲：「各國將會整軍備戰，終有一天有一方會說：寧可恐懼而終，勝過無盡的恐懼。屆時災難就會降臨。於是行軍的鼓聲將在歐洲響起，來自各國的一千六百萬至一千八百萬名青壯男子，配備了精良的殺人工具，將走上戰場彼此為敵。」

✷

在這個初春時節，一名法國青年和一名德國青年沿著塞納河散步。他們走到一家咖啡館，坐在戶外的陽光下，先喝了一杯玫瑰紅葡萄酒，喝了一杯又一杯。他們分享一切，包括他們的女友，像是巴黎女畫家瑪莉・羅蘭珊[18]或是慕尼黑的狂野伯爵小姐法蘭西斯卡・馮・麗雯特羅[19]。他們自然也分享經歷。但是這一次，來自柏林的法蘭茲・黑瑟爾[20]請求他的巴黎朋友亨利—皮耶・侯榭[21]別染指他的新女友。黑瑟爾說這一次情況不同，這一次，欸，是愛情吧，這個來自柏林的女畫家海倫・古倫德[22]，他打算和她結婚，「你懂嗎？」於是侯樹說「懂，懂」，點燃了一根香菸，吐出漂亮的煙圈，只有從他嘴裡吐出的煙圈像是道地的洛可可藝術。幾天後，陽光普照，他們倆在蒙帕納斯（Montparnasse）和共同的朋友湯克瑪・馮・孟希豪森（Thankmar von Münchhausen）慶祝告別單身。幾年之後，那兩人自然都和黑瑟爾的妻子有染，先是侯樹，後來是孟希豪森。

✷

方才仍是藍天，此刻雲朵從遠方飄來。地平線上出現了第一批小小使者，它們逐漸接近，數量愈來愈多，並且從人們頭頂上飄過。一朵雲停住不動，沒有再飄走。人們抬起頭來看，先是好奇，然後不安。那朵雲起初是白色，現在漸漸變成灰色，而且一動也不動。聚集的人愈來愈多，抬頭仰望那朵靜止不動、令人緊張的雲。然後馬丁・布蘭登堡[23]來了，他是湯瑪斯・曼唯一欣賞的畫家，他畫下了這朵雲，還有雲朵下方的人群。「大家都在同一朵雲的壓力下，按照各自的性情以不同的方式承受這股壓力：渾沌天真、淡漠認命、譴責、反抗」，如同《藝術與藝術家》雜誌（*Kunst und Künstler*）上的描述。布蘭登堡把這幅奇特的畫命名為《雲朵下的人群》（*Die Menschen unter der Wolke*）。而當他抬頭望去，那朵雲已消散在風中。

在德屬東非，來自柏林的「敦達古魯（Tendaguru）古生物學探險隊」發現了世界上最大的恐龍骨骼。一隻高達十二公尺、長二十三公尺的布氏腕龍（Brachiosaurus brancai）以柏林博物館館長威廉・馮・布蘭卡[24]的姓氏命名，在大約一億五千萬年前壽終正寢。喔，當然是那隻恐龍，不是布蘭卡教授，布蘭卡教授在一九一三年還活得好好的。腕龍是草食性動物，每天大約要吃掉一噸的綠色植物，因此脖子特別長，能直接達到樹冠。挖掘出來後，必須由協助挖掘的非洲人在烈日下步行數日，走完長達六十公里的路程，把恐龍的數千塊骸骨搬運至林迪港（Lindi）。這就叫做「骨頭活兒」。從林迪港上船，途經三蘭港（Daressalam）先抵達漢堡，再用火車運至柏林，必須在「柏林自然科學博物館」重新組裝，像個超大型拼圖遊戲。這件工作將在一九三七年完成。不過，對一隻死了一億五千萬年的動物來說，二十四年算什麼？反正柏林的博物館一向就認為趕工有失尊嚴。

✷　✷

這年四月，紀堯姆．阿波里奈爾的詩集《醇酒集》（*Alcools*）在巴黎出版。他完全棄用標點符號，但並非為了表達感受或存心挑釁。評論者大肆叫罵。阿波里奈爾也予以回敬。遭受抨擊的評論者自覺榮譽受損要求決鬥，但是阿波里奈爾沒有空。他得要寫詩。

✷

四月初，瓦西里．康丁斯基的媽媽來看他。自從相貌堂堂的兒子變得這麼抽象，她很擔心他。她很確定這和他身邊的新女人有關，於是從敖德薩到慕尼黑來看看一切是否妥當。康丁斯基在火車站迎接母親莉蒂雅，隨後就和情人明特與母親繼續搭車前往穆爾瑙（Murnau），前往他們位在山丘上的夢幻小屋。母親坐在室外的沙發椅上，康丁斯基則穿著皮褲和民俗上衣用鐵鍬在花園裡鬆土。他種下向日葵，至少太陽展露了歡顏。這年四月這幾天留下了照片，照片上的康丁斯基直挺挺地站在母親身旁，她穿著黑色衣裳，悶悶不樂地縮著身子坐在椅子上。我們不知道她是否總是這副表情，還是說那是因為她不得不直視拍照的女人，也就是佳布莉兒．明特，她成年兒子的伴侶。等他們回到慕尼黑，四月十二日又拍了照：康丁斯基留著鬍子，目光嚴肅，站在放著小擺飾的壁架和一具醜陋的壁鐘前面，然後康丁斯基接過相機替明特拍照，她總是哭喪著臉。他要她站在一個架子旁邊，架上擺著一枝緞帶花和一個俗氣的瓷盤，深色牆壁上掛滿了十字架和民俗藝品。那間公寓位在艾因米勒街（Ainmillerstraße）三十六號，空間狹小，幾近庸俗，光線陰暗——抽象藝術最耀眼的黎明就是在這間公寓拉開帷幕。他母親在這些照片上仍舊縮著身子坐著，仍舊身穿黑衣，仍舊目光嚴肅，表情嚴厲，端詳打量，用俄語在心裡嘀咕：「我在這裡幹嘛？」然後他母親也堅持不能只見到康丁斯基的情人，也得要見到他的前妻安雅。於是他們一行三人步行穿過幾條街去拜訪安雅，她也是康丁斯基的表妹（在一九〇四年離婚）。夠嗆的是，佳布莉兒．明特在那裡也拍了照片：現在每個人看起來都悶悶不樂，心煩意亂，也就是母親（也是安雅的阿姨）和兒子。只有站在中間的安雅俏皮地摸著衣領，對於自家客廳裡這超現實的一幕幾乎忍俊不住，對於自己擺脫了這對母子，她顯然鬆了一口氣，而且她也並不真的嫉妒那個愁眉苦臉的女攝影師。康丁斯基摸著鬍子，有點無措，也有點緊張。鏡頭切換。

✷

自從太太艾妲和那個下流的司機羅馬提（Cesare Romati）私奔以後，世紀男高音恩里科．卡羅素[25]變得很胖很胖。去年秋天在米蘭的那場離婚官司令卡羅素備受煎熬，世界各地的媒體都報導了那一百名證人的證詞，這些證人在四天裡散播出有關卡羅素婚姻生活最瘋狂的說法。艾妲堅稱她為了保護卡羅素而不得不引誘這名司機，因為此人其實是黑手黨派來殺他的，她只能用濃情烈愛才能阻止。這番說詞實在是太扯了，就連義大利的法官都無法相信，而以誹謗罪、偽證罪和叫唆偽證罪判處艾妲和她的司機一年徒刑。

在那之後，卡羅素剃掉小鬍子，每天外出用餐好幾次，一頭栽進一樁又一樁的緋聞。例如芳華正盛的艾爾莎·葛內里（Elsa Gannelli），一個來自米蘭的售貨小姐，他是在購買領帶時認識她的（弗洛伊德若知道了會很感興趣）。他帶著她去柏林做巡迴演唱，讓她闊綽地住進布里斯托飯店，然後在某個夜晚，在一場備受讚譽的歌劇演出之後，他酒喝多了，和她訂了婚。等到兩天後他在不來梅登台演出，他驚慌失措地拍了一封電報給她：「結婚不可能，不斷旅行使我不得不解除婚約，讓我們把之前發生的事全忘了吧。」唉，他很希望事情能這樣解決，但是當然行不通。艾爾莎·葛內里也把他拽上法庭，想替她破碎的心索取賠償。而卡羅素呢？他付錢了事。他再也受不了刺激。大家偏偏還老是想聽他唱卡尼歐[26]！那個被拋棄的老情人出自作曲家萊翁卡瓦洛[27]的想像。卡羅素沒好氣地告訴《紐約時報》記者：「這不是我最喜歡的角色。」

在他去紐約巡迴演出的那幾個星期裡他變得愈來愈胖，他去del Pezzo義大利餐廳[28]的次數略嫌頻繁，不僅是為了提拉米蘇，也為了沉浸在廚師和服務生的義大利哼唱之中。身為道地的那不勒斯人，卡羅素當然生性浪漫。在這幾個月裡，他發瘋似地在世界各地巡演，唯恐會失去他的嗓音，儘管如此，卻幾乎每個晚上都把嗓子用到極限。他從紐約接著前往倫敦，演唱歌劇《阿依達》、《托斯卡》、《波希米亞人》中的詠歎調，博得觀眾的喝采。由於英國人凡事都喜歡追根究底，英國科學家威廉．洛伊德（William Lloyd）檢查了卡羅素的心臟和腎臟，想要揭開他嗓音的祕密。檢查結果是：他骨頭振動的頻率比一般人更高，而且他牙齒與聲帶之間的距離特別大。一九一三年十二月二十三日在費城演出時，他將展現這些生理特質使他有能力唱出什麼樣的聲音。與他在歌劇《波希米亞人》中同台演出的男低音安德瑞．德．塞古羅拉[29]由於感冒而失聲，卡羅素在第四幕中代替他上場，男高音唱起了男低音，觀眾不但沒有察覺，反而給予熱烈掌聲。也許在這個晚上，他牙齒與聲帶之間的距離又再擴大了一些些。

✷

四月十四日，一九一三年精神最錯亂的人物卡爾．侯夫（Karl Hopf）在法蘭克福被捕。他給妻子瓦莉喝了好幾個月的含砷飲料，還把致命毒藥塗在她的內衣上，然後充滿奉獻精神地照顧她，當她一身冷汗地在床上輾轉反側時替她準備敷布。可是瓦莉活了下來。她是唯一活下來的一個。因為在那之前，卡爾．侯夫已經用同一手法把他的父母、子女和前妻送上西天，卻不曾有人懷疑過他。因為卡爾．侯夫是個受人敬重的市民，他買賣飼料，飼養聖伯納犬，是個雜耍藝人，也是軍刀擊劍冠軍，還是個科學家。由於一再有聖伯納幼犬死亡，他在實驗室裡研發出一種治療犬熱病的藥劑。他印製了有「侯夫細菌學實驗室」字樣的信紙，聽起來很像回事。於是他收到維也納一所機構寄來具有高度傳染性的霍亂菌種和傷寒菌種。侯夫甚至曾經向寄件者抱怨「在人類身上效果很差」，但是無人起疑。該機構的工作人員把「人類」（Menschen）看成了「天竺鼠」（Meerschweinchen）。當他的第二任妻子和第三個孩子忽然暴斃，開始有人起了疑心，但是受人尊重的市民侯夫得以消除所有懷疑，於是威斯巴登的檢察機構中止了審理。侯夫把他收集的犬頭骨捐贈給法蘭克福的森肯堡自然博物館（Senckenberg-Museum），因此在一場慶祝會上受到表揚。

在那之後，侯夫就專注於軍刀擊劍（他養的狗已經全死了，幾任妻子和幾個小孩也都死了，所以他又有了時間）。不過，這不是什麼好的商業點子。他破產了。不久之後，他母親剛好去世，留給他一大筆遺產。一九一二年侯夫第三度結婚，對象是瓦莉．席維奇（Wally Siewic），她是奧地利人。婚後不久她就病了，女傭、清潔婦和看護也都由於忽然而起的痙攣而臥病在床。家庭醫師很感動地看著侯夫照顧所有女性，充滿了無私奉獻的精神。可是那位醫生隨即也生病了，來了一位代班醫師，由於瓦莉有中毒現象，他立刻把她送進醫院。善良又邪惡的侯夫當然每天都送花到醫院去，後來法醫將證實在每一朵花上都有傷寒病菌。但是瓦莉也挺住了病菌的侵襲。當侯夫第二任妻子的律師聽說侯夫的第三任妻子也因為中毒而住院，就去報了警。四月十四日，侯夫在家中被警察逮捕，就在他熱氣蒸騰的實驗室裡。不久之後，他父親、母親、前兩任妻子和他所有小孩的屍體都被挖掘出來，法醫在屍體上發現了大量的砷。卡爾．侯夫被判處死刑，因為他是個致命的人。在行刑日，他把牧師罵了一頓之後也把他趕走了，並且抱怨行刑前的最後一餐飯不夠熱。然後，法蘭克福市普因格斯海姆區（Preungesheim）監獄裡的斷頭臺利刀落下。喀嚓。

✷

一九一三年四月十三日，萊納．瑪利亞．里爾克坐在巴黎首戰街的書桌前，今天當然也不太舒服。他用小鏡子照照自己，照了很久。深陷的眼窩嚇到他自己了。然後他拿起蘸水鋼筆，在墨水瓶裡浸了一下，寫下〈納西瑟斯〉（*Narziss*）那首詩的最後幾句：「因為，當我在我的目光中失去自己：我會以為我是致命的。」

✷

隔天，德國救生協會（Deutsche Lebens-Rettungs-Gesellschaft，簡稱DLRG）在柏林成立。

✷

一九一三年四月十九日卻還是發生了一樁可怕的不幸：當代最知名的舞蹈家伊莎朵拉・鄧肯[30]想在沙發上小憩一會兒（至少在我們想像中是這樣），於是叫褓姆帶著兩個孩子去公園玩耍。他們全都得穿上外套，雖然他們不情願地嘟囔，但是媽媽不希望他們著涼。左臉親一下，右臉親一下，掰掰，晚點見！然後他們出門了。司機讓他們上了車，可是引擎轉動不順，他下車去檢查，卻忘了拉上手煞車。車子滑動起來，撞斷了塞納河畔的圍欄，墜入滔滔河水中。兩個孩子都沒能獲救：快滿三歲的派崔克，鄧肯和美國勝家牌縫紉機少東帕里斯・辛格（Paris Singer）的兒子，還有六歲的狄德莉，鄧肯和艾德華・戈登・克雷格[31]生的女兒。在這一天，鄧肯的人生永遠陷入了淚水中。

✷

阿爾瑪・馬勒和奧斯卡・柯克西卡在逃離維也納之後來到那不勒斯，只有這座城市與他們倆的關係相稱：生氣蓬勃、性感、混亂、處於合法邊緣。他們坐上一艘小船，搭乘渡輪前往卡布里島，登上這座嚮往之島。到藍洞去，去到高爾基流放之處，去到瘋狂的狄芬巴赫[32]及其後宮佳麗所在之處。他們住進修士別墅（Villa Monacone），一棟奇特的房子，那裡一向住著幻想家和革命家，正適合他們入住。他們相愛，在島上行走，摘採檸檬，躺在草地上，海鷗在他們上方飛。柯克西卡這個粗漢在碼頭邊的小館裡用餐，只有那裡餐點的分量對他來說夠多。當紅色落日沉入大海，阿爾瑪半裸著在小路上跳舞。夜裡，當阿爾瑪睡了，他就把明亮的房間畫滿壁畫，給她驚喜，那是狂野的想像，美妙的夢境，大膽的色彩。當阿爾瑪早晨披著薄縷和赤裸且自豪的柯克西卡一起欣賞他在夜裡畫的作品，她總是很開心。然而這個南方夢境終將結束，他們必須回到維也納的瘋狂裡。這對來自奧地利的古怪男女離開之後，漁夫西羅・斯帕達羅（Ciro Spadaro），那棟房子的屋主，刮掉了全部的壁畫，重新塗上白漆。他只是不怎麼欣賞表現主義。不過幾十年後，斯帕達羅的一個兒子安東尼歐成了湯瑪斯．曼女兒莫妮卡的情人，後來她就住在牆壁漆成白色的修士別墅裡。

✷

五歲的阿斯特麗德．林格倫[33]在位於維默比（Vimmerby）附近的納斯莊園（Hof Näs），爸媽家的後院裡玩耍。「在那裡當小孩很棒，既安全又自由，」日後她將如此回憶。

✷

一九一三年四月，傳奇舞者暨交際花瑪塔．哈里[34]搭車前往柏林，日後她將替德國情報機構擔任間諜，即使光著身子也還披著一點也不性感的代號H21。她在巴黎的全盛時期已經過去，正著急地尋找新的演出機會或是新的情人。她在柏林菩提樹大道看見皇太子騎馬經過，立刻迷上了他。她寄了正式信函，請求「出身高貴」的殿下准許她在柏林城市宮為他表演爪哇的街舞和印度的神廟舞蹈。洪堡論壇[35]的誕生時刻似乎伸手可及：世界各地文化差一點就可以在一九一三年相遇！可惜瑪塔．哈里未能如願，於是一無所獲地再度啟程。

✷

阿斯特呂克[36]滿心驕傲地帶著史特拉汶斯基參觀剛完工的香榭麗舍劇院富麗堂皇的新建築。史特拉汶斯基說：「不，這樣不行。」眼睛在厚厚的鏡片後面眨動。阿斯特呂克問：「哪裡不行？」史特拉汶斯基用手指撫過用髮膠往後梳的頭髮，嘟囔著：「樂池太小了，如果不把樂池擴大，《春之祭》無法在這裡首演，我需要能容納八十四名樂師的地方。」阿斯特呂克抗議了，他呼吸沉重，說這是鋼筋混凝土建築，這幾天才剛剛完工，足可容納八十名樂師。但是史特拉汶斯基對此不感興趣。他需要能容納八十四名樂師的地方。工人在當天被叫了回來，要用氣錘和焊嘴化不可能為可能，在一個過於窄小的樂池裡弄出能容納八十四名樂師的位置。震耳欲聾的噪音響徹觀眾席。距離預訂的首演日期五月二十九日還有四週，而史特拉汶斯基和阿斯特呂克已經快要精神崩潰了。

✷

四月二十日，阿爾弗雷德・韋格納參加的格陵蘭島探險隊離開了在斯托爾史托姆（Storstrommen）冰川[37]上的營地，準備橫越這座島。暴風雪仍在怒嚎，四名研究人員還是出發了，把所有實驗設備和食糧裝載在剩下五匹冰島馬身上（另外十一匹馬有幾匹跑掉了，有幾匹在過冬時被宰了）。一條狗狺狺吠叫，繞著這支小小隊伍跑來跑去。他們勇敢穿過一千兩百公里的冰原，艱辛地朝西方前進，在五月七日抵達冰蓋邊緣。夜裡，偉大的極地探險家韋格納疲憊受凍、氣力用盡，在帳篷裡成了大詩人，他於日記寫下：「我們進入這片廣大的白色荒漠，地表上最道地、最死寂的荒漠，銀白的平地在我們面前延伸如大海，四周幾乎與天際相接。風在雪地表面鑿出溝槽，宛如海浪般排列成行，綿延無盡。有彈性的長雪橇在上面舞動，猶如一艘乘風破浪的快艇。極目所見只有藍天和白雪，其餘景觀像是雲朵，此地的大自然似乎負擔不起。」

此地的大自然似乎忙著讓這支奇特的探險隊伍穿越它最神聖的地帶。這顯然不在雪神的計畫中。五月二十一日，夜間氣溫是零下三十一度，中午時分，在日正當中的午後兩點，氣溫是零下二十度。那裡是永凍冰原。韋格納哀嘆他的鼻尖凍僵了，臉上皮膚一片片脫落。晚上他筋疲力盡地在日記上寫道，他其實只能思考兩件事：一是如何和遠方的未婚妻艾爾莎一起生活，二是今天晚上有什麼東西可吃：「要補充說明的是，第一個念頭主要是在飯後浮現，第二個則是在飯前。我只是缺少勇氣，否則可以針對這兩件事寫出兩篇論文，相較之下，《大陸起源論》會像是國一學生的作文。」到了五月二十八日，語氣更加絕望：「我們仍然不知道我們當中是否有人能活著抵達西岸。」馬兒太過虛弱，他們不得不一再開槍，讓馬兒安樂死，之後把行李放在沉重的雪橇上自己拖著走過冰原，每天走上十二、十三公里。多餘的東西都扔掉了，工具、木箱、備用菸斗、反正菸草也已用罄。六月四日，在高度兩千七百公尺處，心愛的冰島馬「女士」力竭倒地，只好也將牠射殺。不過一隻白斑翅雪雀彷彿憑空出現，吱吱喳喳地繞著這支疲憊的隊伍飛來飛去。

✷

一九一三年把十九世紀與二十世紀牢牢相扣。難怪吉迪昂・森貝克[38]在一九一三年四月二十九日取得了拉鍊的專利。兩條柔韌的布條，一側有細齒，加上一個讓兩排鍊齒互相扣住的鍊頭。庫爾特・圖霍斯基指出：「沒有人能理解一條拉鍊為什麼能起作用，但是它起了作用。」

✷

一九一三年有好多美麗而狂野的女性，而籠罩在神祕中的尤金妮・夏可夫斯考侯爵夫人[39]是其中最美麗、最狂野的一位。她是沙皇尼古拉二世的遠親，確實的關係我們不清楚，但我們很清楚她是個熱愛生活、喜歡冒險的女子。一九〇七年，還不滿十八歲的她離開了侯爵丈夫和孩子，加入了性愛大師拉斯普丁身邊的圈子，喬裝成護士。男人一看見她就成排暈倒，或是去撞門框，希望她施行急救使他們甦醒。她有一頭深棕色短鬈髮，一雙濃眉，尤其雙眼目光炯炯，在每一張黑白照片上像兩粒突出的黑點。還在聖彼得堡時，侯爵夫人覺得駕駛賽車和她十分擅長的射擊漸漸索然無味，於是注意到了飛行。不久之後她就到了柏林，於一九一二年八月十六日在約翰內斯塔爾[40]取得了德國的飛行執照，證號二七四，那是德國在那個時候發出的唯一一張飛行執照。她以她的無所畏懼（和她對生活的興味）吸引了這座城市和城裡的男人。有一次在飛行時，飛機的油箱爆炸，引擎熄火，飛機成了一團火球，儘管如此，她仍然設法飛回了地面，沒有受傷，只在臉上留下幾道煙燻的痕跡。接下來她需要新的挑戰。在義大利和土耳其交戰時，她自願替義大利軍方做偵查飛行，但是在一九一三年，義大利尚未考量讓婦女從事這種工作。於是她在約翰內斯塔爾飛機場上愛上了阿布拉莫維奇（Wsewolod Michailowitsch Abramowitsch），他當時二十三歲，來自敖德薩，有一頭短髮和一個很長的名字，替萊特兄弟在德國的分公司「萊特飛機」（Flugmaschinen Wright）擔任試飛駕駛員。阿布拉莫維奇個性大膽、憂鬱而沉默，是約翰內斯塔爾公認的飛行之王。他很快就建造出自己的飛機，駕駛這些飛機一直飛到聖彼得堡，而且他喜歡在空中盤旋上升，飛得愈來愈高。他創下了兩項新紀錄：一項飛抵兩千一百公尺高空的高度紀錄，和一項載運四名乘客的飛行時間紀錄，待在空中四十六分鐘又五十七秒。這樣一個不會墜落的男子會出什麼事呢？他會墜入情網。

四月二十四日，清晨大約六點四十三分，阿布拉莫維奇和他的情人尤金妮・夏可夫斯考侯爵夫人登上了她的飛機。太陽剛剛升起，那將是個晴朗無風的春日。一條攤開的手帕被舉起在半空中，唯有當手帕落下時不曾飄動，飛機才准起飛。而那條手帕紋風不動，躺在他們腳邊。

他們互相親吻，展開飛行。他們再度親吻，阿布拉莫維奇讓情人駕駛這架雙翼飛機，他撫摸她的臉頰，也許她有一剎那不夠留神，飛機就被捲進飛過她上方的一架飛機的渦流。她的飛機開始劇烈搖晃，侯爵夫人無法使飛機恢復平衡，阿布拉莫維奇試圖插手，但他們還是墜落地面。飛機場上的人震驚地目睹他們從空中墜落，猛烈碰撞，眾人發出驚呼，急忙趕過去。阿布拉莫維奇躺在飛機殘骸中，渾身是血。他傷勢太重，沒能活下來。但是侯爵夫人又一次逃過一劫，身上只有幾處擦傷。當她在隔天聽到情人的死訊，她試圖自殺。這是她一生中唯一沒有成功的事。

順帶一提，飛越這對愛侶上方，捲起那股致命渦流的飛機屬於另一位叱吒約翰內斯塔爾的奇女子：剛成為布塔夫人的阿美莉・貝瑟，各位還記得吧。她的航空公司名叫 Ad astra，意思是「飛向星辰」。但是在這樁事故中，傳奇人物阿布拉莫維奇不得不體悟，身為飛行員只能 per aspera 而飛向星辰[41]——透過墜毀。

✷

四月二十五日，年輕的帝國議會議員古斯塔夫・施特雷澤曼[42]在柏林成立了「生產階層聯盟」（Kartell der schaffenden Stände），由工業總會和中小企業聯盟合併而成。柏林的媒體從第一天起就稱之為「斂財聯盟」（Kartell der raffenden Hände）。

同樣在四月二十五日這一天，社會主義理論家羅莎・盧森堡[43]的戰帖《資本積累論》（*Die Akkumulation des Kapitals*）於前進出版社（Vorwärts-Verlag）出版。誰說上帝沒有幽默感？

✷

四月三十日，慕尼黑的審查機關以道德理由禁止弗蘭克·魏德金的劇作《露露》（*Lulu*）上演。慕尼黑審查諮詢委員會的新成員湯瑪斯·曼對此一禁令表達了抗議。

✷

才二十三歲的埃貢·席勒仍舊著迷於瓦莉·諾伊齊，這位紅髮伴侶現在終於年滿十八歲了。五月初，他們一同前往堯爾靈山麓的瑪利亞拉赫（Maria Laach am Jauerling），一同在白玫瑰旅店的住客登記簿上登記。席勒用鉛筆速寫了一幅出色的自畫像，在畫像頭部下面身體所在之處寫著瓦莉·諾伊齊。也算是一種愛的宣言。不久之後回到維也納，席勒親筆替瓦莉填寫了戶口登記表，簽名證實她現在住在十三區的菲特慕爾巷（Feldmühlgasse）三號。這個嘛，她只是戶口登記在該處，事實上她當然跟他住在一起，在他位於赫岑大道（Hietzinger Hauptstraße）一百零一號的畫室裡。

✷

上帝創造了夏娃。畢卡索心想，這我也辦得到，於是一再創造出他的伊娃。雖然這位美麗的女士原本叫做瑪塞兒・漢伯特（Marcelle Humbert），但是畢卡索想讓她明白，她是他真正愛上的第一個女人（雖然她大概是第一百零一個）。畢卡索自己則身兼亞當、蛇和造物主角色，一種極不尋常的另類「三位一體」，讓「伊娃」有了生命（也犯下罪過）。不過畢卡索替她改名還有另一個理由，因為在立體派中針對現實的扭曲或破壞老是與他競爭的喬治・布拉克[44]不巧就在同一時間也愛上了一個名叫瑪塞兒的女人（這女子在幾年前自然也曾是畢卡索的情人）。所以畢卡索的現任情人就得叫伊娃。為了讓她與世人不要忘了這一點，畢卡索把他在一九一三年這個熱情的春夏所畫的作品命名為：《我愛伊娃》（*J'aime Eva*）、《可愛的伊娃》（*Jolie Eva*）或是《我可愛的伊娃》（*Ma jolie Eva*）。可惜這位伊娃運氣欠佳，她剛好在畢卡索嘗試「綜合立體主義」的階段進入他的生命。也就是說：從這些圖畫裡根本認不出伊娃。在綜合立體主義中，各種形狀四分五裂，還把報紙、木片或其他東西黏在畫布上，作品是用現實生活中的各種碎片拼貼而成。畢卡索和伊娃一起前往庇里牛斯山的賽荷（Céret），在這裡度過一九一三年的春天，八月時也將再度回到此地。這裡如此寧靜美好，從山上吹來涼爽的風，巴黎及其可笑的繁忙都在遠方。可是五月二日在賽荷，在畢卡索和伊娃的世外桃源，傳來了畢卡索父親病重的消息，不久前畢卡索才把他的新女友介紹給父親認識。畢卡索匆匆打包了行李，趕回巴塞隆納，但是他遲了一步。當他在隔天抵達，父親唐・賀塞（Don José）已經臨終。

這時畢卡索已經簽下了位在緒舍街（Rue Schoelcher）五號的公寓租約，那間公寓所有的窗戶都面向蒙帕納斯一望無際的墓園。這對心愛的伊娃來說是片恐怖的景色。她在賽荷染患了肺結核，有生命危險。她咳了又咳，把吐滿鮮血的手帕藏起來不讓畢卡索看見，她認為假如他得知她的病情，他就會把伊娃再變回平凡的瑪塞兒，然後再去尋找新歡（她這樣想可能沒錯）。她從她的情人大師那裡學到了一些東西。他的信條是：「一個人必須要能使世人相信他謊言的真誠。」於是她繼續撒謊了幾星期，直到不得不住進醫院。畢卡索每天都去探望她。等他回到家裡，就和鄰居女子佳比暗通款曲。男人啊！

*

在美因河畔洛爾鎮（Lohr）附近的陡坡上，負責督導葡萄栽種的官員奧古斯特・鄧恩（August Dern）在這一年春天首次在德國栽種三百株米勒—圖高[45]品種的葡萄藤。他想看看此地的氣候對於這種葡萄是否夠暖。那時他還不知道世紀之夏即將來臨。

✷

「自我未來主義」（Ego-Futurismus）究竟是什麼？那是來自聖彼得堡的伊凡．伊格納提耶夫（Iwan Ignatjew）的個人發明。他屬於俄國那些數不清的精神革命家，喜歡炫目的深淵和閃亮的早晨。他首先是個紈袴子弟，其次是個詩人，而且很早就知道他的創作唯有在一場形式完美的自殺中才會達到顛峰。可惜在一九一三年他還沒有合適的機會，要到下一年年初才找到一個夠勇敢的新娘。他在婚禮上穿著最漂亮的燕尾服，給了新娘最後一吻，然後在旁邊臥室裡用刮鬍刀割斷了自己的咽喉。於是「自我未來主義」就這樣悲慘地流血而死。

✷

希爾瑪．克林特[46]四月在斯德哥爾摩的神智學學會做了一場演講。她談起她仔細地描摹水果、畫出葉脈和蘋果皮的藝術創作開端，再談起她後來的發展，藉由人智學和神智學的幫助、藉由宇宙而回到源頭。希爾瑪．克林特說起她在作畫時從「更高的力量」那裡收到的訊息，說重點不可能在於描繪大自然，而在於生長本身。同時很重要的是：男性與女性的力量終於再度達到平衡。因此她在一九一三年開始畫她的《知善惡樹》系列抽象畫。這些作品的重點不再在於偷吃禁果的原罪，而在於各種形式在「知善惡樹」樹蔭下的流動，線條的軌跡化為小鳥，又再化為線條或樹枝。色彩鮮活，形狀具有動感。希爾瑪·克林特強調這一切都來自天啟。斯德哥爾摩的聽眾於是驚訝地得知：就連宇宙如今都偏愛抽象。這個堅定的瑞典女子顯然早就明白了這一點，比蒙德里安、康丁斯基、庫普卡和德洛涅都更早。

注釋

1. 皮浪（Pyrrho, ca. 360-270 BC.），古希臘懷疑派哲學家，被視為懷疑論鼻祖。
2. 尼爾斯·波耳（Niels Bohr, 1885-1962），丹麥物理學家，一九二二年的諾貝爾物理學獎得主。
3. 艾瑞克·薩提（Erik Satie, 1866-1925），法國作曲家，二十世紀法國前衛音樂的先驅。
4. 杜維埃（Deauville，或譯為多維爾）位於法國西北諾曼地大區，濱臨英吉利海峽，自十九世紀以來就是貴族與藝術家喜愛的知名度假勝地。
5. 以發行地哥達（Gotha）為名，首版於一七六三年出版，記錄德國貴族的家譜、家徽、成員等資料，透過發行新版而持續更新。

6. 卡爾斯巴德（Karlsbad），著名的溫泉城市，位於現在的捷克境內，捷克語稱為卡羅維瓦利（Karlovy Vary），卡爾斯巴德係德語名稱。

7. 加布里埃爾．鄧南遮（Gabriele d'Annunzio, 1863-1938），義大利作家、詩人、劇作家、記者。一次大戰時支持義大利參戰，發表影響群眾的演說，並投筆從戎。大戰接近尾聲時，搭機進入敵方維也納的上空，投下大量戰爭文宣，包括他所撰寫的文章。想法影響了義大利的法西斯主義，也被視為墨索里尼的先驅者。

8. 湯瑪斯．曼妻子的外婆黑德薇希．多姆（Hedwig Dohm, 1831-1919）是位作家，也是知名的女權運動人士，早在一八七〇年代就著書提倡兩性平權並爭取婦女投票的權利。她也是和平主義者，屬於少數在一次大戰爆發之前就公開反對戰爭的知識分子。

9. 哈利．凱斯勒伯爵（Harry Graf Kessler, 1868-1937），德國作家、外交官、藝術活動贊助者。年輕時在歐洲各地遊歷對藝術產生興趣，在藝術雜誌工作，也與藝術家和作曲家合作寫劇本。他和英國設計師艾德華．戈登．克雷格（Edward Gordon Graig）合作，在德文版《哈姆雷特》上做的木刻插畫和內頁設計獲得好評，被認為是二十世紀做得最好的版本，至今仍有藏書家在尋找該版本的《哈姆雷特》。

10. 尚．考克多（Jean Cocteau, 1889-1963），法國作家、劇場導演、畫家。

11. 德拉克羅瓦（Delacroixs, 1798-1863），法國浪漫主義畫家。一八二五年至英國，深受英國畫風的鮮明色彩與技巧感動，一八三二年至北非旅行，又開啟了另一種主題。畫作構圖嚴謹，注重色彩的明暗對比，奔放的色塊予人強烈視覺印象。最著名的畫作是目前收藏在羅浮宮的《領導民眾的自由女神》。

12. 布魯諾．卡西勒（Bruno Cassirer, 1872-1941），德國出版商兼藝術經紀人，曾與堂哥保羅．卡西勒在柏林共同開設了一家藝術及出版機構，後因兩人的個性差異而拆夥。

13. 戈特利布．瑞伯爾（Gottlieb Friedrich Reber, 1880-1959），德國藝術收藏家兼藝品商，收藏了大批十九世紀的法國藝術品。

14. 庫爾貝（Gustave Courbet, 1819-1877），法國畫家，寫實主義畫派的代表人物，反對遵循傳統，影響了後來的印象派及立體派畫家。

15. 柯洛（Jean-Baptiste Camille Corot, 1796-1875），法國畫家，以風景畫聞名，其作畫技巧為新古典主義，也被認為是印象主義先驅。二十六歲才由商人轉為畫家，五十四歲發展出羽毛狀畫法，讓物體有蓬鬆感，營造出迷濛空間。畫作數量豐富，且為人友善，常讓朋友模仿他的畫風然後簽上自己的名字，結果導致偽作充斥市場。

16. 杜米埃（Honoré-Victorin Daumier, 1808-1879）法國畫家、諷刺畫家、雕塑家，寫實主義畫派的代表人物，許多畫作反映出當時法國的政治與社會情況。

17. 奧古斯特·貝倍爾（August Bebel, 1840-1913），國際工人運動領袖之一，擅於演說，極具號召力，有「工人皇帝」之稱，也是德國社會民主黨創黨元老，自一八九二年起擔任該黨主席，直到去世。

18. 瑪莉·羅蘭珊（Marie Laurencin, 1883-1956），法國女畫家，活躍於二十世紀初巴黎的前衛藝術圈，曾與詩人阿波里奈爾相戀。喜用柔和的粉彩色調作畫，呈現抒情唯美的氛圍。

19. 法蘭西斯卡·馮·麗雯特羅（Franziska von Reventlow, 1871-1918），德國女作家。出身於普魯士貴族世家，從小個性強烈，離家至漢堡，再到慕尼黑唸書。離婚後靠寫作和翻譯謀生，並與以慕尼黑為根據地的幾位作家交好。早期的女權主義者，致力於爭取女性在社會、政治和經濟上的平等地位。

20. 法蘭茲·黑瑟爾（Franz Hessel, 1880-1941），德國作家，寫過許多半自傳作品，也是優秀的翻譯家，曾和華特·班雅明合作，把普魯斯特的《追憶逝水年華》譯成德文。

21. 亨利—皮耶·侯榭（Henri-Pierre Roché, 1879-1959），法國作家與藝術收藏家，其半自傳體小說《夏日之戀》（*Jules et Jim*）後來被法國導演楚浮拍成電影。

22. 海倫·古倫德（Helen Grund, 1886-1982），曾在柏林「女藝術家協會」所創設的「女子美術學院」習畫，一九一二年赴巴黎深造，在巴黎與後來的丈夫法蘭茲·黑瑟爾相識。兩次大戰之間曾擔任時尚記者。

23. 馬丁·布蘭登堡（Martin Brandenburg, 1870-1919），德國印象派及象徵派畫家，以童話般的風景畫著名。

24. 威廉．馮．布蘭卡（Wilhelm von Branca, 1844-1928），德國地質學家、古生物學家，一九〇九年至一九一二年曾隨著敦達古魯探險隊前往德屬東非（現在的坦尚尼亞），是當時規模最大的一場挖掘脊椎動物化石行動。

25. 恩里科．卡羅素（Enrico Caruso, 1873-1921），義大利歌劇演唱家，二十世紀上半葉最知名的男高音，也是歌劇界的重要人物。一生灌錄了將近五百張唱片，史上第一張銷售破百萬的唱片就是由他錄製的。

26. 卡尼歐（Canio）是歌劇《丑角》中的男主角，該劇敘述一個丑角演員因妻子紅杏出牆，憤而刺死妻子與其情夫。

27. 萊翁卡瓦洛（Ruggero Leoncavallo，1857-1919），義大利歌劇作曲家，《丑角》為其著名作品。

28. Ristorante del Pezzo 位於紐約市，是大都會歌劇院的歌唱家常去光顧的餐廳，也是卡羅素最喜歡的餐廳，曾光顧該餐廳的名流還包括普契尼和柯比意。

29. 安德瑞．德．塞古羅拉（Andrés de Segurola , 1874-1953），西班牙歌劇男低音，二十世紀初曾在歐美各大歌劇院獻唱，包括紐約的大都會歌劇院和米蘭的斯卡拉大劇院。

30. 伊莎朵拉．鄧肯（Isadora Duncan, 1877-1927），美國舞蹈家及編舞家，反對傳統的芭蕾，師法古希臘舞蹈，發展出新的舞蹈風格，被視為現代舞的創始人。

31. 艾德華．戈登．克雷格（Edward Gordon Craig, 1872-1966），英國劇場工作者，身兼演員、導演、舞臺設計，也寫過許多與劇場有關的著作，被視為二十世紀劇場改革的重要人物。

32. 卡爾．狄芬巴赫（Karl Wilhelm Diefenbach, 1851-1913），德國象徵主義畫家及社會改革者，被視為裸體文化與和平運動的先驅，瑞士的「真理山」聚落就是以他在維也納建立的鄉村公社為典範。

33. 阿斯特麗德．林格倫（Astrid Lindgren, 1907-2002），瑞典著名繪本作家及繪本編輯，替女兒所寫的《長襪子皮皮》是她最受歡迎的作品，受到世界各地讀者喜愛。

34. 瑪塔．哈里（Mata Hari, 1876-1917），荷蘭人，原名瑪格麗特．策勒（Margaretha Zelle），曾隨擔任海軍軍

官的丈夫旅居爪哇，離婚後返回歐洲，移居巴黎，以表演東方風情的豔舞漸漸出名，取了瑪塔·哈里這個藝名。後於一次大戰時遭法國政府以間諜罪名處決。

35. 洪堡論壇（Humboldt-Forum）係一大型博物館計畫，將以目前尚在重建的柏林城市宮為總部，成立宗旨在於與歐洲以外的世界文化交流，展出世界各地的藝術與文化，預計將於二〇二〇年開幕。

36. 阿斯特呂克（Gabriel Astruc, 1864-1938），法國記者、劇作家兼劇院經理，曾擔任香榭麗舍劇院的第一任總監，在其職業生涯中與巴黎「美好年代」的許多藝術界人士均有交集。

37. 斯托爾史托姆（Storstrommen）冰川位在格陵蘭東北，是格陵蘭島上的主要冰川之一，Storstrommen在丹麥文裡的意思是「大溪流」。

38. 吉迪昂·森貝克（Gideon Sundback, 1880-1954），出生於瑞典的電機工程師，後移民美國，他並不是首先發明拉鍊的人，但是將拉鍊改良為如今常見的樣式，並取得專利。

39. 尤金妮·夏可夫斯考侯爵夫人（Eugénie Schakowskoy, 1889-1920）後來在一次大戰時親筆寫信給沙皇，自願為俄國飛行部隊效命，成為史上第一個女性軍機飛行員。但她服役僅數週就被指控叛國，原本要被處死，但經由沙皇特赦，後來在俄國內戰中身亡。

40. 約翰內斯塔爾（Johannisthal）是柏林的一個地區，如今屬於行政區特雷普托—克珀尼克（Treptow-Köpenick），德國的第一座飛機場於一九〇九年在此地啟用。

41. Per aspera ad astra是一句常被引用的拉丁諺語，意思是歷經艱辛而飛向星辰。

42. 古斯塔夫·施特雷澤曼（Gustav Stresemann, 1878-1929），德國帝國時期及威瑪共和時期的政治人物，後來曾任威瑪共和國總理及外交部長。在一次大戰後主張與英、法、俄等國談判和解，因此於一九二六年獲頒諾貝爾和平獎。

43. 羅莎·盧森堡（Rosa Luxemburg, 1871-1919），波蘭猶太裔德國馬克斯主義理論家、哲學家。支持馬克斯主義和社會革命，一九一五年與卡爾·李卜克內西（Karl Liebknecht）共同成立革命團體「斯巴達克同盟」

（Spartakusbund）。一九一九年，李卜克內西發起斯巴達克起義，後來被鎮壓，盧森堡與李卜克內西等人被捕，並遭到殺害。

44. 喬治．布拉克（Georges Braque, 1882-1963），法國立體主義畫家和雕塑家，「立體派」一詞即由他的作品得名。早年畫風接近印象派，接觸野獸派畫作開始轉變；一九〇九年以後與畢卡索密切合作，開啟立體派的發展。以抽象手法用多重角度描繪物體，發明拼貼技巧，在繪畫中引入字母與數字，風格創新，被譽為法國繪畫和現代藝術的代表。

45. 米勒—圖高（Müller-Thurgau）是一種用來釀製白葡萄酒的葡萄品種，由瑞士植物學家赫曼．米勒—圖高（Hermann Müller-Thurgau, 1850-1927）所培育出來，是如今全世界栽種面積最廣的白葡萄品種。

46. 希爾瑪．克林特（Hilma af Klint, 1862-1944），瑞典藝術家，抽象畫的先驅，作品受到靈界、宗教、科學的影響，將幾何圖案、象徵符號融入畫作，以表達複雜的精神概念。她在世時以風景畫和肖像畫知名，但要求在她去世二十年後才能公開她的抽象作品，所以這些作品直到一九八六年才公諸於世。

五月

五月五日星期一，皇帝暨國王陛下弗蘭茨．約瑟夫在維也納享用午餐，端上桌的是肝泥丸子湯、小牛肉排、煎蛋捲、馬鈴薯泥和四季豆。儘管他已高齡八十三，儘管巴爾幹半島的戰事仍在進行，他仍然沒有失去好胃口。飯後他接見了亨利希．費迪南大公爵（Heinrich Ferdinand），系出哈布斯堡—洛林—托斯卡尼家族費迪南四世哈布斯堡次子繼承之最後一位托斯卡尼大公爵之子（拜託各位不要叫我解釋這一串頭銜）。這位大公爵想為了自己被任名為輕騎兵第六軍團的少校而向皇帝致謝。接著這位年輕少校繼續前往格拉茨（Graz），去普赫車廠（Puch Werke）買一輛新車。弗蘭茨．約瑟夫皇帝的晚餐吃的是麥糊粥、肉餡餅、烤牛肉、綠蘆筍、煎鷸肉，甜點是一個草莓塔和一塊巧克力蛋糕。塞爾維亞的燉豆雜燴不在菜單上。

✷

五月九日，栗樹和丁香紛紛綻放出繽紛色彩。年輕的革命家羅莎・盧森堡步行前往保羅・法蘭克（Paul Frank）位於史迪格里茲路（Steglitzer Straße）二十八號的文具行，買了一本藍灰色的八開筆記本。她年少時曾夢想成為植物學家，而此刻，在這繁花盛開、花香瀰漫、充滿爆發力的一九一三年春天，這個為了共和體制新國家而奮鬥的偉大理論家忽然被一股她稱之為「瘋癲」的情緒攫住。五月十日，她首次走出戶外到原野上採集葉片，首先採集的是紅醋栗和白醋栗灌木的葉子，五月十一日採集的是榆樹和梣樹的葉子，之後則是接骨木、丁香和山毛櫸。她把葉子壓平，貼在筆記本頁面上，在上面題字，描述葉子的形狀，再寫下其拉丁學名。她向閨中好友承認「我用全副的熱情、全部的自我投入植物採集，讓我忘了世界、政黨和工作，日日夜夜只懷著一種熱情：走出戶外，在春天的原野上閒逛，雙臂抱滿採集的植物，然後回家整理、辨識，記在筆記本裡。」五月十四日，第一本筆記本已經貼滿了，她又去位於柏林—敘登德（Berlin-Südende）的文具行，一口氣買了五本八開筆記本。五月十五日在第二本首先貼上了日本榲桲的豔麗花朵和纖長葉片。五月二十日加上了「採於自家陽台」的附註，貼的是三色堇。

✷

藝術家團體「橋社」（Die Brücke）在五月二十七日轟轟烈烈解散了。恩斯特・路德維希・克爾希納、埃里希・黑克爾[1]、馬克斯・佩希斯坦[2]、卡爾・施密特—羅特盧夫[3]自即刻起分道揚鑣。克爾希納筋疲力盡卻又鬆了一口氣，和伴侶娥娜・徐林（Erna Schilling）搭車前往費馬恩島（Fehmarn），躍入海中戲水。兩人再次住進斯塔伯胡克（Staberhuk）燈塔管理員家中那間漆成藍色的燈塔房，從那裡看得見一艘艘帆船經過下面的海邊。克爾希納坐在桌前，抽著菸斗，穿著薄薄的長褲和上衣，娥娜站在他面前，光著身子，一如她被上帝創造出來時的模樣。他們聊天，隨便聊聊，興致盎然，房間的牆壁是藍色的，家具以立體派風格傾斜，娥娜向後望，望出窗外，望向大海，克爾希納看著她，一再為她的身體著迷。正是這一刻被他畫了下來。那幅畫名叫《燈塔房，與娥娜的自畫像》（*Turmzimmer, Selbstbildnis mit Erna*），呈現出這對熱情男女人生中最平靜美好的一刻。家居生活中的表現主義。下午，太陽略已西斜，他們出門到海灘上，娥娜披上一件輕盈的夏季洋裝，克爾希納帶著相機。他想拍下海灣、海浪和沙丘上的野草。柏林很遙遠。在一九一三年出版的旅遊指南《內行人遊柏林》（*Berlin für Kenner*）裡提出了「柏林十誡」。最重要的是「晚點睡」，第二誡是「不要把你在柏林的時間浪費在拜訪親友上」，但卻一字未提「不可貪戀鄰人的妻子」。

✷

史特拉汶斯基成了當紅作曲家。他的《火鳥》已經大為成功，現在《春之祭》該成為顛峰之作。俄羅斯芭蕾舞團的經紀人賈吉列夫付給他八千盧布來編寫這支曲子，這是一筆鉅款。為了完成這部作品，史特拉汶斯基偕家人前往瑞士法語區的克拉倫斯（Clarens），住進夏特拉飯店（Châtelard hotel），就住在莫里斯・拉威爾（Maurice Ravel）隔壁。接著拉威爾替史特拉汶斯基一家人找到了更好的住處斯普萊迪德飯店（Hotel Splendide），兩個房間加一間浴室，每晚五十二瑞士法郎。史特拉汶斯基搬過去了。這年春天，來自柏林的革命家羅莎・盧森堡將在克拉倫斯度假。她將漫步穿過草地，採集花卉，透過飯店敞開的窗戶，將一再聽見令人難以置信的樂音，宛如來自另一個星球的鋼琴音樂。她比所有人都更早聽見史特拉汶斯基那首革命性的《春之祭》。

史特拉汶斯基是個奇怪的傢伙。西裝筆挺的他原本並不起眼，一雙眼睛從小小的眼鏡後面望出來，但是一旦涉及音樂，他就成了凶猛鬥士。他在編寫《火鳥》時就已經對

《春之祭》有了最初想像：「一群有智慧的長者圍坐成一圈，觀看一個將被獻祭的少女跳著死亡之舞。」曲名暫訂為「大獻祭」。他在家鄉收集有關「異教俄羅斯」的資料，和畫家尼古拉斯・洛里奇[4]合作，洛里奇在一九一三年春天正在畫《春之祭》首演的舞台布景。一九一三年四月初，史特拉汶斯基終於完成謄好的清稿，四十九頁純粹的書法藝術，那時排練早已開始。俄羅斯芭蕾舞團巡演到哪裡，就在哪裡排練，經常是和史特拉汶斯基一起。在布達佩斯，一名女舞者憶及「史特拉汶斯基把那個被賈吉列夫稱為『大塊頭』的肥胖德國鋼琴家推到一邊，自己接下去彈奏，速度比我們平常聽到的快兩倍，也比我們能夠跳舞的速度快兩倍。他跺著腳，用拳頭敲鍵盤，又唱又叫，讓我們明白樂團的節奏和音色。」《春之祭》始於一聲高音域的巴松管獨奏，以三倍強度的合奏嘎然而止。史特拉汶斯基這首曲子似乎超越了他自己。當德布西在一個朋友家聽到用鋼琴彈奏的史特拉汶斯基最新作品的第一段，他大受震撼，並且對其中的新意感到興奮。那份新意來自遠古的深處，來自祖先的儀式、歌唱和舞蹈，同時採用了一種新的速度，應和著機器的節奏、飛機的螺旋槳、未來主義作家的詩作。史特拉汶斯基用樂音發現了同一時期弗洛伊德在人心發現的東西，在他這幾天正在撰寫的劃時代著作《圖騰與禁忌》（*Totem und Tabu*）中寫著：「野蠻人與精神官能症患者的心靈世界相符。」

在巴黎，俄羅斯芭蕾舞團每天都在排練尼金斯基編的舞，這個牧神同時也是賈吉列夫的情人，在史特拉汶斯基的大膽樂曲中如魚得水。整座城市都洋溢著興奮，震波從香榭麗舍劇院的排練室傳至各個沙龍和畫室。五月二十八日的綵排只邀請了藝術家和樂評家參加，過程出奇平靜。哈利・凱斯勒伯爵在日記裡寫下：「和賈吉列夫、尼金斯基、史特拉汶斯基、拉威爾、維爾特[5]、艾德華斯夫人（Mme Edwards）、紀德、巴克斯特等人前往拉呂餐廳，在那裡大家都有共識，認為明晚的首演將會引起軒然大波。」

✷

五月二十九日，也就是明晚，現代主義最大膽的創作首次演出。史特拉汶斯基的《春之祭》全球首演，由賈吉列夫的俄羅斯芭蕾舞團表演尼金斯基所編的舞。觀眾席上坐著香奈兒、鄧南遮、考克多、杜象、里爾克、畢卡索，還有普魯斯特（他穿著毛皮大衣前來，儘管氣溫是二十四度，而且他在整場演出中都沒脫下，他害怕會著涼）。另外還有五百名觀眾，全巴黎的仕紳名媛，大家都沒穿毛皮大衣。在第一小節之後：全然的混亂，全然的陶醉，全然的傾倒，由於史特拉汶斯基驅魔的節奏，由於二十四歲尼金斯基儀式性的古老動作，成功替那令人屏息的音樂找到了相稱的舞蹈。晚上，在那場嘈雜騷亂的演出之後，史特拉汶斯基、賈吉列夫和尼金斯基一起去吃飯。觀眾的反應激烈使得尼金斯基心煩意亂，趁著史特拉汶斯基去洗手間的時候，賈吉列夫在尼金斯基耳邊輕聲安慰他：《春之祭》其實是他倆愛的結晶。嗯，要這樣說也可以。

或是說，如同《費加洛報》（*Le Figaro*）的樂評家在隔天報上所寫：「試想一群人穿上最鮮豔刺眼的顏色，戴著尖頂帽子，裹著浴袍、毛皮大衣或紫色長袍，動作像瘋子一樣，一再重複同樣的手勢，重複上百次，在原地踏步再踏步。」然而，進步顯然看起來就是這樣，就在這種原地踏步之中。這一點《費加洛報》也有所察覺：「我們很想知道，胸無成見的獨立樂評家對這場當代群眾心理的小小實驗有什麼看法。」

✷

在這個五月二十九日，在巴黎（以及柏林）預告了第二樁重大事件：法蘭茲．黑瑟爾和海倫．古倫德的婚禮。戶政機關的公務人員在公告中言明：「若要提出異議，請於十四天內至柏林—舍恩貝格（Berlin-Schöneberg）第二戶政事務所通報。」但無人提出異議。這對新人搬進黑瑟爾位於巴黎緒舍街四號的公寓，剛好和畢卡索比鄰而居，這很有趣。但是黑瑟爾夫婦才不在乎畢卡索，他們一心忙著過自己的生活。海倫一頭金髮，不易親近，身手矯健；法蘭茲正好相反：禿頭，圓滾滾的身材，深思熟慮，目光有點陰沉。然而就在這年春天，黑瑟爾的摯友亨利—皮耶．侯榭總是和他們一起三人行。侯榭是作家、譯者兼記者，是穹頂咖啡館[6]的中心人物，收藏了杜象、畢卡索和布拉克的畫作。侯榭也打拳擊，甚至打得相當不錯，週日晚上和他對打的經常是喬治．布拉克。他尚未染指他最好朋友的妻子。他們還不是《夏日之戀》（*Jules et Jim*）裡的朱爾和吉姆。

✷

五月三十一日，傑哈特．豪普特曼那齣《以德國韻腳寫成的節慶劇》在布列斯勞新建的世紀表演廳（Jahrhunderthalle）首演，為了紀念一八一三年至一八一五年推翻拿破崙的戰爭，也是針對當代德國群眾心理的一場小小實驗。導演是馬克斯．萊因哈特[7]，因此情況再理想不過：由諾貝爾文學獎新科得主編寫劇本，由國內最富盛名的導演執導。但是那次演出是一場災難。觀眾沒能接受用木偶戲敘述德國歷史的主意。保羅．恩斯特[8]在六月一日的《科隆日報》（*Kölnische Zeitung*）上寫道：「地位崇高的來賓也許偶爾會覺得世事有如一齣木偶戲。他若是把一整部作品建立在這個想法上，而且是一齣為了慶典而寫的舞台劇，他就是做了傻事。這個評價並非出於愛國主義或政治因素，而是基於美學不得不為的評價。」

原本打算演出十五場，藉以鼓舞德國人的愛國情操，但是在六月十八日的第十一場表演之後就收場了。德國人的愛國情操自覺受到嚴重的侮辱。德國的戰士團體強烈抗議，因為豪普特曼想在這部劇作中證明德國的國際地位並非建立在軍事優勢上，而是建立在精神思想的優勢上。精神思想一點也不優越的皇儲要求立刻中止演出，他認為德國這位諾貝爾獎得主不甚愛國的詩句，削弱了德國的軍事力量。

✶

這時瑪塔．哈里仍在努力用女人的武器來說服皇儲。她再度從巴黎前往柏林，再度下榻於布里斯托飯店，再度設法接近德國皇儲。她前往大都會劇院（Metropoltheater），因為她聽說皇儲在這天晚上也會在場。他的確在。當舞台上進行到一幕特別動人的愛情戲，她抬起頭來望向王室的包廂，於是他們的眼神相遇了。他看著她的時間稍微長了百分之一秒。她這麼認為。

注釋

1. 埃里希．黑克爾（Erich Heckel, 1883-1970），德國表現主義畫家，藝術家團體「橋社」創立者之一。早年作品有強烈色彩，注重內在需求的表現，喜歡描繪病人、小丑等飽受折磨的人物形象，亦經常使用方塊等幾何圖案，傳達出人物內心的苦難與焦慮。
2. 馬克斯．佩希斯坦（Max Pechstein, 1881-1955），德國畫家，德國表現主義代表人物。
3. 卡爾．施密特—羅特盧夫（Karl Schmidt-Rottluff, 1884-1976），德國表現主義畫家，「橋社」創立者之一。作品風格狂野奔放，構圖奇特，用色大膽，常以強烈的色塊製造出視覺上的衝突性，在不和諧中產生出生氣勃勃的印象。
4. 尼古拉斯．洛里奇（Nicholas Roerich, 1874-1947），俄國畫家、作家、考古學家、旅行家兼哲學家。他在二十世紀初就呼籲各國保護世界文化遺產不受戰火波及，一九三五年各國簽署生效的「洛里奇協定」（Roerich Pact）就是他努力的成果。
5. 維爾特（Léon Werth, 1878-1955），法國作家、藝評家，他的小說《白房子》（*La Maison blanche*）曾入圍一九一三年的龔固爾獎。他也是作家聖修伯里（Antoine de Saint-Exupéry, 1900-1944）的摯友，聖修伯里在《小王子》的前言裡把這本書獻給了他。
6. 穹頂咖啡館（Le Dôme Café）位於巴黎蒙帕納斯，一八九八年開張，在二十世紀初成為當地文藝界人士流連聚集之處，如今已成觀光景點。
7. 馬克斯．萊因哈特（Max Reinhardt, 1873-1943），奧地利劇場及電影導演，曾任柏林德意志劇院總監，採用多種創新的舞台設計，並創立了附屬劇院的戲劇學校，被視為二十世紀初德語戲劇界的重要人物，納粹掌權後逃往美國，後卒於紐約。

8. 保羅．恩斯特（Paul Ernst, 1866-1933），德國作家、記者，留下相當多作品，包括小說、劇作、散文，晚年曾獲頒德國總統頒發的「歌德藝術和科學獎章」。

六月

深夜一點，剛剛進入六月一日，阿弗雷德．史蒂格利茲家中的電話響起，他是知名攝影家、《攝影作品》雜誌的發行人，也是前衛藝術作品收藏家。消防隊通知他，在他位於第五大道二九一號的畫廊樓下的公寓失火了，火勢即將席捲整棟房子。史蒂格利茲非常激動。他知道在畫廊裡不僅存放著他所有的底片，也存放著他驚人的攝影作品收藏，亦即他的全部財產。妻子艾美在深夜裡替他泡了杯茶，他對她說，最蝕心的念頭是想到他畫廊裡正在展出的那些年輕畫家作品將會付之一炬。那場火在第五大道肆虐，史蒂格利茲待在自家公寓裡，心中和所有作品訣別，深深哀悼。等到破曉時分，他出門去面對可怕的損失。然而當他抵達，消防隊告訴他一個令人開心的消息：他的畫廊沒有受損。他不可置信地走進樓梯間，樓梯間裡還有積水和冷冷的煙霧，他打開畫廊的門——所有畫作都還掛在牆上，跟昨晚一樣，所有底片均未受損，所有的照片也一樣。然而史蒂格利茲一言不發。他所有的情緒都已在深夜的訣別時刻消耗殆盡。

✷

化學家T. L. 威廉斯（T. L. Williams）[1]無法再袖手旁觀，他姊姊梅寶（Mabel）暗戀著上司，她的上司卻看都不看她一眼。於是他把煤灰和凡士林一起攪拌，發明了睫毛膏。他姊姊征服了上司，他的公司「媚比琳」（Maybelline）則征服了世界市場。

✷

馬克西姆．高爾基繼續在卡布里島上轉圈子。豔陽高照，他卻想念起俄國那無處可逃的寒冷。傳聞俄國皇室計畫施行大赦，他將獲准回到將他驅逐出境的國家。他兒子馬克西姆二世想要見他，但他沒空，他必須要籌畫故鄉的革命。他給兒子寫了封拒絕信：「這是對祖國的義務，去問媽媽。」剛被爸爸拋棄的媽媽將會敬謝不敏。

高爾基用心維護他那把革命家大鬍子，那是他的招牌標誌。他絕對不會想到要刮掉鬍子。唇上那撇小鬍子鬍尖下垂，使他的面容顯得格外慍怒和堅決。

通常他都在寫東西，寫書或寫信，一天要寫上十二封到二十封。如今郵差每天過來兩趟：上午把信件帶來給他，下午，當碼頭沒入陰影，郵差會再來收他剛寫好的信。當列寧到卡布里島來探望高爾基，兩人在那棵高大的無花果樹下下棋，列寧曾要他警惕：這座島上的陽光和美景會讓他忘了俄國的貧窮。但是高爾基沒有忘記。他先是試圖把這座島變成俄國工人階級英雄的幹部訓練場，後來則在此地寫他那幾部革命性大作。有時他會搭渡輪去那不勒斯購買來自俄國的最新報紙，然後一次次走上維蘇威大酒店（Grande Albergo Vesuvio）的陽台，就在濱海林蔭道旁，當年他在那裡第一次看見卡布里島的輪廓在藍色大海中閃現。下午漫步經過基艾亞濱海路（Riviera di Chiaia）的古董商店，他習慣蒐購古老的武器，刀劍、箭、斧頭。晚上就帶著這些古老武器搭乘最後一班渡輪回到皮耶里娜別墅（Villa Pierina），找幾個想掙點外快的小伙子替他把東西扛上山。他置身在偌大兵器庫裡，於流亡中琢磨著故鄉的革命大計。他在一九一三年寫道：「這裡的人失去了熱情，而我們擁有足夠的精神力量。在不久的未來，俄國人將在歐洲居領導地位，擁有智性上的霸權。」

自從情婦瑪莉亞離開了他，他就能肆無忌憚地投入武器收藏。她曾經每天問他：「你為什麼抽這麼多菸？」有一次他反問了她一個問題，把她趕跑了：「為什麼妳想活這麼久？」也許就在那一刻，她察覺人生不與他共度或許會更快樂。

✷

在《春之祭》（巴黎樂評家戲稱為《春之屠殺》）演出第二場之後，史特拉汶斯基大概是在拉呂餐廳吃了一粒不甚新鮮的生蠔，結果因為急性蛋白質中毒而被送進塞納河畔納伊鎮（Neuilly-sur-Seine）的醫院。他發著高燒，溫度計測出的體溫是四十一度，醫生擔心他有生命危險。他剛又懷孕的妻子卡蒂雅倉皇地帶著三個孩子從克拉倫斯趕來，他的母親安娜甚至從聖彼得堡搭火車來握住兒子的手。拉威爾和普契尼也匆匆趕到病床邊。難道當代最偉大的作曲家在三十一歲盛年，在剛剛完成傑作之後果真得要與世長辭？

不。到了六月底，史特拉汶斯基雖然臉色還有點蒼白，但除此之外已經康復，獲准出院回家。這個春天沒有要求以活人獻祭。

✷

六月四日，艾蜜莉·戴維森[2]前往在埃普森（Epsom）舉行的著名賽馬會。她是知名的英國女權運動者，為了爭取婦女選舉權已經八度入獄。當參賽馬匹轉入最後一個彎道，她忽然翻過圍欄，撲向國王喬治五世的坐騎前方。由於頭部受傷，她在不久之後身故，從此被奉為英國女權運動的烈士。在混亂中，大家幾乎忘了那場比賽由一匹名叫肯尼莫（Kenymore）的馬贏得勝利。這尤其令保羅・卓瑞普（Paul Draper）欣喜，他下注數百英鎊賭這匹馬會贏。卓瑞普是個玩世不恭的賭徒，喜歡享受生活，讓鋼琴家魯賓斯坦住在他位於倫敦的豪宅。拿到這筆贏來的彩金，他不僅能夠在薩伏伊飯店（Savoy Hotel）的烤肉廳享用幾頓晚餐，還能在家中舉辦兩場由魯賓斯坦和世紀大提琴家卡薩爾斯[3]合奏的音樂會。

✷

俄國母親的探望大有好處。她們療癒了兒子，一如史特拉汶斯基。康丁斯基才把母親送上回敖德薩的火車，在六月五日終於刮掉了他的鬍子。他寫信給奧古斯特・馬克：「我刮了鬍子，現在看起來像個牧師。」

✷

這年春天，現代藝術最緊密的一段兄妹關係走到了盡頭。葛楚德・史坦因[4]和她哥哥李奧[5]決裂了。他們把收藏的藝術品分為二份，李奧移居義大利，兩人從此不曾再說過一句話。葛楚德很高興終於能和情人艾莉絲・托克拉斯[6]共同主持每週六晚上的沙龍，在她位於花街（Rue de Fleurus）二十七號、如今已成傳奇的公寓。那裡是當代藝術的中心，客人在沙龍裡喝茶，周圍掛滿塞尚、畢卡索、雷諾瓦、布拉克和馬諦斯的畫作。艾莉絲和李奧自然是水火不容。葛楚德不會為了想念哥哥落淚，卻會為了想念塞尚那幅《五顆蘋果》而流下許多眼淚。那是塞尚一八七七年所畫的一小幅靜物畫，由這對兄妹於一九〇七年購得，在兩人分配藝術品時被李奧占有。李奧著迷於這幅小畫，曾說沒有什麼「比塞尚這幾顆蘋果更接近米開朗基羅替西斯汀教堂所畫之壁畫那種純粹形式的表現」。他寫信給妹妹，請她把失去這幅蘋果靜物畫視為天意。但是葛楚德向一位女性友人承認，比起失去哥哥，她更常想起她失去了塞尚的蘋果。她是那麼傷心，乃至於畢卡索為了安慰她而替她畫了一顆蘋果，在背後寫上「葛楚德和艾莉絲留念」。讓她們在早晨還能用力咬上一口。

✷

一個大哉問當然是：萊納・瑪利亞・里爾克是否在巴特里波爾曹[7]也染上了傷風？

我們可以這樣假定。但是這一次情況更糟。「我像是冰雹過後的青草」，他抑鬱地從小小的黑森林山谷寫信到杜英諾（Duino），向他母親般的告解對象和贊助者圖恩暨塔克西侯爵夫人[8]述說。為了恢復元氣，他於一九一三年六月六日抵達該地的夏山別墅（Villa Sommerberg）。這幾個月與幾年來，他都在歐洲東奔西跑，渴望著平靜，五月很要命，「充滿了討厭的事，如今回想起來，我只記得我在說話，說了三十一天的話」。此外，他在巴黎又和他崇拜的羅丹鬧翻了，他愈來愈惹羅丹心煩，再加上他朋友楊・納德尼（Jan Nádherný）自殺，那是他心愛的席多妮[9]的兄弟。這件事終於把一直以來只駕著獨輪行駛的里爾克徹底拋出了軌道。現年三十七歲的他陷入此生最大的危機，一如他所抱怨的陷入了「乾旱」之中，而巴特里波爾曹的「水療」應該會有幫助，這樣想也很合理。可是先是接連下了好幾天的雨，「以一種可悲可惱的固執」。也就是說極可能有傷風的危險！里爾克請求旅館老闆給他一條毛毯，好在夜裡也把雙腳裹住。里爾克想要「在大自然中獲得新生」，而他挑選了歌德為修復的助手，口袋裡帶著歌德歌詠大自然的詩歌，散步穿過沉默的無盡森林。他的外出服是深色西裝和背心、白襯衫、淺色襪子、繫著黑絲帶的淺色帽子和一支有銀製把手的手杖。他就這樣登上雲杉林高處，去到那張「潘朵拉長椅」，黑德薇希・伯恩哈德（Hedwig Bernhard）曾拍下他坐在那裡看書的照片。里爾克在那裡把歌德未完成的劇作《潘朵拉》讀了三遍，大概希望這樣一來，潘朵拉的盒子不會為他打開，他能免於不幸和罪過。在歌德筆下，潘朵拉成了贈予一切的人，她贈予了世人對美、對夢想的喜悅：「凡是在世間贏得美的人，就能始終與神仙為伴。」這令里爾克著迷。

一九一三年春天，里爾克認清了杜英諾城堡那樣「慷慨的庇護所」耗費他太多精力去適應，「我寧願不要寄居在別人家中」。對於身為客人必須承擔的所有煩人義務，里爾克感到驚慌恐懼，他想在一家旅店當個無名旅人，除了最後要付帳之外，對他別無所求。也可以這樣說：里爾克比較喜歡只有他能對自己和身邊的人提出過分要求。六月十四日他就已經能夠寫信給他在萊比錫的出版商安東．基朋伯格[10]，說他「今天和昨天有點疲乏」。喉嚨有點癢。「療養令我虛弱，使我提不起勁，我完全筋疲力盡」，這是他在巴特里波爾曹停留三週之後的結論。「我太疲倦了，無法寫作」，而在這樣說過之後，同一天裡又寫了十一封信。於是情況一直持續下去：太過疲倦，無法保持清醒，太過筋疲力盡，無法創作，傷風太嚴重，無法呼吸。可憐的傢伙。

✷

六月，布蘭琪・艾伯特[11]所寫的《丈夫不該做的幾件事》（*Don'ts for Husbands*）在美國出版。她最重要的忠告：「別再老是擔心你的健康。如果真的生病了，就請去看醫生，不要一直用關於你哪裡可能有毛病的種種揣測把身邊的妻子弄得發瘋。」

✷

一九一三年六月十三日是那年唯一一個十三號星期五。容易驚恐的荀白克從幾個月前就害怕這一天的到來。而這一天發生了什麼事呢？什麼也沒發生。

✷

這年年底，理查・華格納去世整整三十年，他的著作權即將終止。遺孀柯西瑪[12]主要擔心財務上會有損失。於是她想出一個笨主意，要減少給女兒伊索德・拜德勒（Isolde Beidler）的津貼。伊索德雖然是在柯西瑪與漢斯・馮・畢羅[13]的婚姻尚未結束時出生的，卻無疑是理查・華格納的骨肉。六月時，她收到母親寄來的信，收件人是「伊索德・拜德勒夫人，娘家姓氏為馮・畢羅」。儘管華格納曾在歌劇《萊茵的黃金》（*Rheingold*）的樂譜上寫下「完成於我女兒伊索德出生之日」也無濟於事。理查・華格納訃聞上列出的子女為：伊索德、伊娃、齊格菲。可是，當被告是拜魯特市的榮譽市民，這些證據全然無用。柯西瑪說這一切她都不記得了。於是在一九一三年春天，伊索德必須在拜魯特地方法院對她母親提起訴訟，打一場遺產官司。然而做母親的無論如何也想不起她的女兒，跟法官倒是很熟，於是打贏了那場官司。伊索德必須支付訴訟費用，因為她無法確實證明自己是理查．華格納的女兒。因為她出生時登記為漢斯與柯西瑪．馮．畢羅的孩子，理查．華格納在文件資料上只登記為教父。很遺憾，這個私生女伊索德嫁給作曲家丈夫法蘭茲．拜德勒[14]之後運氣也不太好：在他們的婚姻中，他與兩個情婦生了三個孩子。

✷

六月二十日，電影《幸福的權利》（*Recht auf Glück*）在柏林首映。這部片是春天時在菩提樹街（Lindenstraße）三十二至三十四號的「維太映畫製片廠」（Vitascope Studios）製作完成。底片最後長達六百九十五公尺，儘管如此，影片傳達的訊息卻是：幸福往往是短暫的。

✷

普魯斯特一點時間也不浪費。他關心那本有朝一日或許會以《追憶逝水年華》為名而出版的書，每一件事他都要管：尺寸、紙張、字體大小、排版、定價。他繼續用校樣上的注釋折磨出版商和排字工人，那些注釋其實不是補充說明，而是一本新書。為了保險起見，他已經預先寫信給出版社：「我提議替每一頁都再預留一頁，因為我在訂正校樣時，有可能會做些更改，而使文章稍微變長，尤其是開頭部分。」稍微變長！到最後他讓那本書的篇幅大約加倍。新的校樣一送到，他就又刪又改，到處貼上小紙條，寫上新的句子和措辭。在六月，普魯斯特收到了第一批九十五份校樣中的最後一份。五月時，他才把前四十五份訂正過的校樣寄回去。他有預感將無法維持原本和出版商葛拉瑟談妥的價錢（沒錯，普魯斯特幾乎等於自費出版），於是他問出版商，這本書每增加一頁要加多少錢。關於書名，他在寫給朋友和出版商的信裡說，目前他在九種不同的書名之間搖擺不定。「我不得不放棄《心靈的間歇》（*Les intermittences du coeur*）」他寫道，雖然這當然也會是個不錯的書名。現在他考慮著《受傷的白鴿》（*Les Colombes poignardées*）或是《永恆的仰慕》（*L'Adoration Perpetuelle*）。除了斟酌書名，從六月起又出現了新的混亂：普魯斯特在亂七八糟的紙條和草稿中發現自己面對兩疊有待訂正的稿子，一疊是原校樣，另一疊是修改過的校樣。他把修改過的校樣副本分寄給幾個朋友，他們又再寄回來，而普魯斯特誤把朋友的意見註記在第一批校樣上。這是一場大混亂。再也沒有人弄得清楚，再也沒有人相信普魯斯特這本書會有完成的一天。

＊

六月十五日，為了慶祝德皇威廉二世執政二十五週年，《紐約時報》稱讚他為「世上最偉大的和平君主」。

＊

德皇威廉二世受到這樣的恭維，隔天上午就頒布了一道「特赦令」，赦免「所有由於迫不得已、輕率魯莽、欠缺考慮或受到引誘而犯下的罪行」。這番話還能說得更漂亮、更體貼、更寬容嗎？難道這位德國皇帝是上帝？

＊

法國大畫家皮耶・波納爾[15]常在下午去拜訪另一位更偉大的法國畫家，而他只需要走一小段路。波納爾在春天時搬進韋爾農（Vernon）一座可以眺望河谷的鄉間別墅，而這裡與大名鼎鼎的吉維尼（Giverny）只相隔一小段路，那裡住著莫內，他把他的花園變成一件整體藝術，由六名園丁負責照顧園圃和蓮花池。當莫內吃完早餐，就走到戶外作畫，一直畫到太陽下山，日落後不久就上床睡覺，「太陽下山之後，我還能做什麼呢？」莫內訝然問道。

✷

柏林天氣溫暖，在普倫茨勞貝格（Prenzlauer Berg）新建的街區，熱氣在夜深之際依舊不散，行道樹才長到一人高，街角的酒館把桌子擺在戶外，玻璃杯叮咚碰撞，歡聲笑語不斷，一隻不知疲倦的烏鶇對著升起的月亮唱著甜蜜的歌曲。菲莉絲・包爾正坐在以馬內利教堂街上的房間裡，夢想著和遠方的未婚夫法蘭茲・卡夫卡共同生活，或至少是共度一夜。她敢於寫信告訴他這個念頭。然而他想像中的夜晚（和生活）卻不一樣，他在一九一三年六月二十六日的信中寫道：「為了寫作，我需要像個死人一樣與世隔絕。寫作在這層意義上來說是一種深沉的睡眠，亦即死亡。一如旁人不會也不能把死者從墳墓裡拽出來，人們也無法在夜裡把我從書桌旁拉開。」

✷

克爾希納？康丁斯基？畢卡索？杜象？「我認為那些表現主義畫家根本沒有才華，」畫家馬克斯．利伯曼在一九一三年六月二十六日寫道，「就跟立體派畫家和未來派畫家一樣，而我相信這種愚蠢的時尚很快就會山窮水盡：這我其實無所謂。隨他們想做什麼就做什麼，我做我想做的。」

✷

這一年的環法自行車大賽於六月二十八日展開。在起跑線上有一百四十位自行車騎士。在五千三百八十八公里之後，只有二十五位抵達終點，其中一位是尤金．克里斯托夫[16]。在圖爾馬萊山口（Col du Tourmalet）的坡道上，他的自行車分叉桿斷裂，於是他扛著自行車跑了十四公里，就近找了個鐵匠鋪用鐵鎚把車修好。儘管有了這番耽擱，他在整體排名中還拿了第七名。

✷

第一次巴爾幹戰爭於五月三十日正式結束，第二次巴爾幹戰爭在六月二十九日星期天展開。之後還會有第三次，但是那場戰爭將會有另一個名字，很遺憾，那個名字不再只涉及區域，而囊括了全球。

✷

六月三十日，德意志帝國議會決議通過軍費預算，這是德國史上最大幅提高的軍事支出：擴充軍員十三萬五千名。在那之後，俄國和法國也決定大幅擴充兵力。

注釋

1. T. L. 威廉斯（Thomas Lyle Williams, 1896-1976），美國企業家，化妝品牌「媚比琳」（Maybelline）的創始人，品牌名稱係由他姊姊的名字（Mabel）和凡士林（Vaseline）結合而成。
2. 艾蜜莉．戴維森（Emily Davison, 1872-1913），二十世紀初英國女權運動者，出身中產階級，大學畢業後曾擔任教師。一九〇六年參加了「婦女社會政治聯盟」，選擇採取激烈手段來爭取婦女選舉權，因此八度入獄，在獄中並曾多次絕食抗議。

3. 卡薩爾斯（Pablo Casals, 1876-1973），出身加泰隆尼亞的西班牙大提琴家、作曲家、指揮家，在西班牙內戰時因力挺共和而流亡海外，一生致力於提倡和平、民主與自由。他另一為樂迷津津樂道的事蹟是重新發現了巴哈的六首無伴奏大提琴組曲。

4. 葛楚德．史坦因（Gertrude Stein, 1874-1946），美國女作家、詩人。一九〇三年後移居巴黎，在法國終老一生。喜愛現代藝術，她在巴黎居所的沙龍成為前衛藝術家和作家的聚集地，包括畢卡索和海明威都是座上常客。作品有強烈、獨特的實驗風格，經常使用重複句子，呈現出早期意識流的元素。在拉德克利夫學院（Redcliffe College）唸書時曾師事心理學家威廉．詹姆斯（William James），在其指導下做了「自動書寫」（normal automatic writing）的實驗，但是當心理學家史金納（B.F. Skinner）認為她的一些作品為「自動書寫」時，其回應是從未接受過相關理論。實驗性作品獲得前衛藝術家及評論家的好評，但難以為大眾所接受，直到《艾莉絲．B．托克拉斯的自傳》（*The Autobiography of Alice B. Toklas*）才有一本真正的暢銷書。這本書是以她的伴侶托克拉斯的語氣寫成的傳記。

5. 李奧．史坦因（Leo Stein, 1872-1947），美國藝術收藏家和藝評家。對二十世紀繪畫藝術的推動有很大影響力，曾與妹妹葛楚德一起住在巴黎，後來與妻子移居義大利佛羅倫斯，因癌症過世。

6. 艾莉絲．托克拉斯（Alice Toklas, 1877-1967），美國作家。一九〇七年抵達巴黎，遇見葛楚德．史坦因，之後和她一起主持當代藝術家和作家群集的沙龍。兩人一直維持伴侶關係，直到葛楚德過世。雖然繼承了葛楚德留下的房子跟收藏畫作，但因兩人之間沒有法定關係，史坦因家人趁其出門時，將家中畫作全數搬出。晚年窮困，靠朋友接濟與替雜誌撰文維生。後出版《艾莉絲．B．托克拉斯的食譜》（*Alice B. Toklas Cookbook*），成為暢銷書籍，翻譯成多國語言。

7. 巴特里波爾曹（Bad Rippoldsau）係一溫泉療養地，位於德國西南的巴登符騰堡州。

8. 瑪麗．馮．圖恩暨塔克西（Marie von Thurn und Taxis, 1855-1934），出身德國霍恩洛厄（Hohenlohe）貴族家庭，一八七五年嫁給遠親圖恩暨塔克西侯爵。自小接受皇室貴族教育，精通德文、法文和義大利文，是個熱誠的讀者，也創作詩文，更是個音樂愛好者。一九〇九年時在巴黎遇見里爾克，年長他二十歲的侯爵夫人成為詩人如母親般的存在，也是他的主要贊助者。一九一一年至一九一二年里爾克至侯爵夫人的杜英諾城堡作客，十年後完成代表作，里爾克並將它獻給侯爵夫人。侯爵夫人也著有關於里爾克的回憶錄。

9. 席多妮．納德尼（Sidonie Nádherný, 1885-1950），捷克貴族，文學家的贊助者。她是里爾克的朋友，和他長期通信，後來與作家卡爾．克勞斯相戀。

10. 安東．基朋伯格（Anton Kippenberg, 1874-1950），德國知名出版人，一九〇五至一九五〇年為島嶼出版社（Insel Verlag）負責人。

11. 布蘭琪．艾伯特（Blanche Ebbutt, 1866-1946），二十世紀初英國暢銷書作者，除了《丈夫不該做的幾件事》，她也寫了《妻子不該做的幾件事》（*Don'ts for Wives*），這兩本婚姻指南均於一九一三年出版，在二〇〇八年重新印行，如今仍買得到。

12. 柯西瑪．華格納（Cosima Wagner, 1837-1930），作曲家李斯特之女，第一任丈夫是李斯特的學生漢斯．馮．畢羅，第二任丈夫則是理查．華格納。在華格納去世後接替他指導「拜魯特音樂節」二十餘年。

13. 漢斯．馮．畢羅（Hans von Bülow, 1830-1894），德國鋼琴家兼指揮家，曾是李斯特的學生，也是華格納的好友，在一八八七至一八九三年間擔任「柏林愛樂交響樂團」的第一任首席指揮，奠定了該樂團在世界樂壇的頂尖地位。

14. 法蘭茲．拜德勒（Franz Beidler, 1872-1930），瑞士指揮家，年輕時即擔任拜魯特音樂節音樂助理，後來也曾在該音樂節中擔任指揮，於一九〇〇年與伊索德結婚。

15. 皮耶．波納爾（Pierre Bonnard, 1867-1947），法國後印象派畫家，畫作以裝飾性質與用色大膽知名，是「那比派」（Les Nabis）的創始成員。

16. 尤金·克里斯托夫（Eugène Christophe, 1885-1970），法國公路自行車賽運動員，職業賽車生涯長達二十年，曾參加過十一屆「環法自行車大賽」。

Sommer
夏

普魯斯特愛上了他的司機，和他一起私奔了。舞蹈天才尼金斯基也私奔了，卻是和一個女人，多令人驚訝。海明威開始打拳擊，請求母親寄大一號的襯衫給他，胸膛才不會太緊繃。貝爾托·布萊希特心臟有毛病，克爾希納去海邊戲水。儘管如此，第一具測謊機在格拉茨問世。

七月

一九一三年名氣最大的鋼琴家魯賓斯坦於一八八七年出生於波蘭的羅茲（Lodz），在這年七月的夜晚，他坐在倫敦歌劇院觀賞俄羅斯芭蕾舞團的演出，該舞團在歐洲各地演出都大獲成功。他觀賞了史特拉汶斯基四週前在巴黎震驚樂壇的《春之祭》，事後在日記裡忿忿地寫下：「吵鬧而單調的總譜和舞台上令人費解的演出使我生氣。」

＊

一九一三年名氣最大的化妝品企業家赫蓮娜．魯賓斯坦（Helena Rubinstein）於一八七〇年出生於波蘭的克拉科夫（Krakau），她和鋼琴家魯賓斯坦沒有血親或姻親關係。她從波蘭進口用草藥、杏仁油和牛脂製成的乳霜，先後說服了澳洲和美國的女性，要想擁有真正細緻的皮膚唯有在她開設的美容院才能辦到，也唯有使用赫蓮娜．魯賓斯坦的護膚產品才能辦到。如今在一九一三年，她甚至也說服了巴黎和倫敦的女性。

✷

一九一三年名氣最大的西洋棋手阿基瓦·魯賓斯坦（Akiwa Rubinstein）於一八八〇年出生於波蘭的斯塔維斯基（Stawiski），他和鋼琴家魯賓斯坦以及赫蓮娜·魯賓斯坦都沒有血親或姻親關係。他在一九一三年七月達到他生涯中最高的ELO等級分[1]兩千七百八十九分，甚至超越了德國籍的西洋棋世界冠軍伊曼紐·拉斯克[2]，但是他們未能對戰，因為阿基瓦·魯賓斯坦財務困窘，付不出參賽必須繳交的費用。其他對手激不起拉斯克的興致，於是他想在布蘭登堡的特雷賓（Trebbin）務農，但沒有成功，他也試圖當個哲學家，一九一三年夏天出版了《對世界的理解》（*Über das Begreifen der Welt*）一書，但是這本書無人能夠理解。於是他主要的職業仍然是西洋棋世界冠軍。最後這個冠軍頭銜保持了二十七年，從一八九四年至一九二一年，真是不可思議。阿基瓦·魯賓斯坦在一九一三年之後再也不敢向他挑戰，而且很不幸地變得有點瘋狂。但無論如何，他有一盤傳奇棋局將以「魯賓斯坦之不朽棋局」流傳下來。

✷

七月初，十五歲的布萊希特[3]和媽媽一起搭車前往上法蘭肯地區的巴特斯特本（Bad Steben）療養，這個少年有心痛的毛病，後來他才發現這是抒情詩人的通病。在巴特斯特本，他還像年輕的里爾克一樣，憂心忡忡地在日記裡仔細記錄血壓和神經過敏的變化。寫詩還無法解救他。他寫的詩還像這樣：「昨天，午夜前七小時，我們抵達此地——天空晴朗，太陽燦笑。」可是不久之後，在這個夏天，巴特斯特本就像巴特里波爾曹和德意志帝國各地一樣開始下雨，一直下個不停。那布萊希特呢？「吃了飯，無事可做。」無論如何，他開始長鬍子了。

✷

里爾克也一樣。他從巴特里波爾曹得意地述說他「能日日夜夜讓鬍子生長」。不過，這不是他的主要活動。他的主要活動仍然是吟唱哀歌。在七月頭幾天，他送給全體女性粉絲一番描述為禮物，描述他的困境、他的疲倦、他的精疲力竭：每天下午五點左右，由婁茨（Lotz）所指揮的療養地小型樂隊終於安靜下來，而他又有勇氣出門，他就從漂亮的夏山別墅帶了一小疊信件到郵局去——寄給席多妮．納德尼男爵小姐，寄給杜英諾城堡的圖恩暨塔克西侯爵夫人，寄給萊比錫的卡塔琳娜．基朋伯格[4]，寄給伊娃．卡西勒，寄給威尼斯的阿格琵雅·瓦馬拉納伯爵小姐[5]，寄給露·安德烈亞斯·莎樂美，寄給海倫·馮·諾斯提茲[6]，寄給他所有的女性贊助人、紅粉知己和繆斯。可是，待他完成了每日寫信給遠方眾貴婦的義務，寄出了他鬱悶的病情報告，里爾克豁然痊癒，並且生氣蓬勃地把時間獻給真真實實的黑德薇希·伯恩哈德，她是來自柏林的年輕演員，在夏山別墅裡湊巧住在里爾克的隔壁房間。六月二十八日，她就已經在日記裡寫下：「我剛認識一個對我來說十分珍貴的人，他占據了我的情感：萊納·瑪利亞·里爾克在這裡，那個詩人。」她是否在不久之後就得以占有這個珍貴的人？我們不得而知。我們只知道，他們在下午一起走上旅館後面那條短短的林間小路，就只他們倆，起初默默無語，然後熱烈交談，她聽，他說，說起卡布里島和杜英諾城堡的夏季美景。黑德薇希·伯恩哈德興奮地寫道：「他的思想堅定有力，聲音高亢優美，一雙眼睛就像兩座又大又清澈的藍色湖泊，而且臉上沒有一絲皺紋。」而其實只愛上了自身病痛的里爾克也愛上了這個年輕女子。他們走過山谷和草地，她用心傾聽，他說話，她則專心聆聽他唇邊吐出的每一句話。當她在七月五日啟程離去，里爾克送了他的詩集《影像之書》（*Buch der Bilder*）給她，在扉頁上寫著：「不是妳呼喚他的方式使妳心情激動。愛中的妳：妳心動的方式才將他塑造成形。萊納，一九一三年七月四日夜晚於巴特里波爾曹」。不管這幾句話是什麼意思，她心醉了。七月八日，他就已經寫信去柏林給她：「黑德薇希，我多麼想念妳。我們曾在雨中走過的後面那些小徑果真還在嗎？妳是否把它們一起帶走了？當我望向我們曾經走過的路：我們當時是在行走嗎？不是在飛翔、飛奔、奔流？」因此我們要感謝黑德薇希·伯恩哈德，感謝她把這個受苦的人又變成了詩人。同時我們也要為了一組照片而感謝她，照片上是那幾天在巴特里波爾曹和她一起散步的里爾克，雖然扣子扣得嚴嚴實實，但畢竟面向著鏡頭。他坐在一張長椅上閱讀歌德，他站在一條小溪旁，總是一絲不苟地穿著西裝、打著領帶，但感覺得出這段美好而短暫的夏日戀情使他激動，鼓舞了他，在安詳黑森林山谷裡的這段戀情有如旋風，帶著他脫離了憂鬱。

✷

馬克斯·舍勒[7]的著作《論現象學與同情感理論，兼論愛與恨》（*Zur Phänomenologie und Theorie der Sympathiegefühle und von Liebe und Hass*）出版了。他在書中寫道：「愛使被愛之人的價值閃現，亦即被愛者的本質。愛使人能夠看見。愛得愈多，世界就變得愈有價值。」這不是很美嗎？

✷

七月八日，馬克斯．雷格[8]啟程去巡迴演奏之前，從邁寧根（Meiningen）寫信說：「此外，關於我個人的部分請如此付印：由音樂總監馬克斯．雷格博士指揮（我必須擔任音樂總監）。」特別強調每一個演奏廳都必須替他在舞台上擺一架伊巴哈三角鋼琴，說他只能用這個牌子的鋼琴演奏。真相是：鋼琴製造商魯道夫．伊巴哈（Rudolf Ibach）每週都提供他俄國製的無濾嘴捲菸，條件是要求他必須忠於這個鋼琴品牌。抽菸成癮的雷格乖乖從命。

✷

馬諦斯夫人忍不住哭了。她來到丈夫的畫室，看著他重新畫她那幅漂亮肖像，原本細緻真實的面容不見了，現在她只戴著一副灰色面具，眼睛和嘴巴只剩下黑色的線條。抽象是無情的，尤其對那些被抽象化的人。馬諦斯夫人看見那幅畫像完成時傷心地哭了。畢卡索卻很有騎士風度地發出讚嘆，全然被這幅《馬諦斯夫人的肖像》迷住，隨即動手畫他自己的女子肖像。他替這幅畫像命名為《穿著襯衫坐在扶手椅上的女子》。但是畫上看不見伊娃，只看得見她的性器官。伊娃尖尖翹起的美麗乳房令人想起原始部落的雕像，而畢卡索將之放大了兩倍。於是伊娃也哭了。草圖上原本還認得出她來，但現在她等於是消失了。身為立體派畫家的女人不是什麼賞心樂事。

✷

一九一三年畢竟是世紀之夏。七月十日，在加州死谷測得自有氣象站紀錄以來的世界最高溫：火爐溪（Furnace Creek）格陵蘭農場的溫度計顯示的氣溫是攝氏五十六點七度。

✷

七月十二日星期六傍晚，母牛剛擠過奶，太陽遠遠躲在一片乳白色雲牆後面。在西發利亞的索斯特（Soest）附近，瑪威克（Mawicke）的威里農莊響起一聲槍聲。當救護人員和警方抵達，農莊主人提奧．威里躺在農莊二樓的一灘血泊裡。他驚慌失措的妻子則在樓下的起居室。提奧．威里在送往醫院途中死亡。《索斯特日報》（*Soester Anzeiger*）在七月十六日報導：「警方仍在調查威氏的槍傷從何而來。據說醫生已經確定排除了自殺的可能。」而這個可能顯然很快就得以排除，因為在七月十八日，該份報紙宣告：「上週六晚上在自家農莊遭到槍擊後傷重而亡的瑪威克村農民威里，其妻於昨日在檢方要求下遭到逮捕。」二十九歲的特瑞莎．威里遭到待審拘留。她的律師申請釋放，只可惜這時已知，她由於多次瞄準路過的摩托車騎士開槍而有好幾樁官司在身。她必須在牢裡待上半年。不過，她不完全是獨自坐牢。十二月二十八日，《索斯特日報》終於得以報導她被釋放的消息：「在繳交一筆高額保釋金之後，農民威里即將分娩的妻子暫時從待審拘留中獲釋。指控她槍殺丈夫的司法程序仍繼續進行。」她暫時重獲自由，於一月三日生下第三個兒子法蘭茲，審判在不久之後展開。那份報紙把審判過程總結如下：「審理程序顯示出其家庭生活不甚理想。」講白一點就是：丈夫總是喝醉酒，每天對她拳打腳踢、虐待她、毆打她。一九一三年七月十二日的情況也是如此。當特瑞莎拒絕和丈夫一起去參加射擊比賽，這個一家之主就發飆了。她聲稱他是在暴怒和發酒瘋的情況下自己開槍擊中自己，但專家的鑑定報告認為，那一槍至少是從三公尺外發射的。誰也沒有這麼長的手臂，自殺的可能性自動被排除。特瑞莎．威里深深吸了一口氣，仍舊堅持她的說法。

✷

其實，重點始終只在於呼吸。這話並非出自發明正念的人，而是出自發明測謊機的維多里歐・貝努西[9]。貝努西是個矛盾的天才、科學家和藝術家，高度敏感而且喜歡追根究底，一再試圖用新機器來了解靈魂。他想弄清楚人類的時間感是怎麼回事，想了解我們如何判別顏色、如何估計物體的重量。他尤其感興趣的是我們如何洩露真情。這個聰明過人的哲學家兼心理學家來自第里雅斯特（Triest），任職於格拉茨的「心理學實驗室」（這名字取得多好）。一九一三年七月，貝努西在那裡研發出最早一代的測謊機，這具儀器只專注於受試者的呼吸，而忽略像脈搏或血壓這類數值。他那篇論文的標題有如小說：《謊言的呼吸特徵》，在文中他證明說謊的人在說謊之前吸氣的時間相對較長。因此他發展出所謂的「貝努西準則」：真相的回聲是長長的吐氣，謊言的前奏則是長長的吸氣。

＊

在這年七月初，用英文寫作的兩位重量級作家差點在倫敦附近相遇。一位是波蘭裔的約瑟夫・康拉德[10]，另一位則是美國人亨利・詹姆斯[11]。康拉德剛剛買下一部新的凱迪拉克，試圖用好車來彌補他在叢林歲月所受的精神創傷。六月底時，亨利・詹姆斯寫信給住在幾英里外鄉間別墅的康拉德，說他聽說了這部新車，這部「雖不能拯救生命但足以創造人生的神奇汽車」，禮貌地請問康拉德能否在七月哪個晴朗午後驅車前往他的藍姆宅[12]，和他一起喝杯茶？過了幾天，康拉德果然驅車前往，按了鈴，請僕人通報。但是僕人轉告他，亨利．詹姆斯不巧出門去了。於是康拉德悵然歸去，繼續沉浸在憂鬱中。他在聖誕節時將會送自己一部更新、更大的汽車，一輛四人座的亨伯[13]。而他也將總是獨自搭乘這部車。

✷

阿爾伯特．愛因斯坦在七月十三日必須做決定。他穿著正式服裝在蘇黎世火車站迎接馬克斯．普朗克[14]和瓦爾特．能斯特[15]，這兩位自柏林搭火車前來招徠他去德國。他們提供他在普魯士科學院的教授頭銜，但無須授課。愛因斯坦深深吸了一口氣，答應了——這個深呼吸既是真相也是謊言的回聲。他之所以答應，不僅是因為他在那裡可以免受任何義務約束，專心琢磨他的相對論，並推進量子力學。還因為他的表姊兼情人艾爾莎．洛文塔[16]也住在柏林。

✷

七月十三日在瑞士另有一場高空飛行。清晨四點零七分，太陽剛升起，奧斯卡・畢德[17]在伯恩登上他用梣木製造的飛行器，準備成為第一個飛越阿爾卑斯山的人。他打算從伯恩一路直飛米蘭。他和他的單人座飛機所選擇的航線要飛越高達三千五百公尺的少女峰。整整兩小時後，在早晨六點零七分，畢德成功飛越了頂峰。他在上午抵達米蘭時受到盛大歡迎。就技術上而言，那是自漢尼拔以來意義最重大的越過阿爾卑斯山之旅。

✷

七月十三日，亞瑟・施尼茨勒打算在午休時間去拜訪幾天前在咖啡館結識的一位年輕女士。她有副調皮的笑容。他按了門鈴，沒有人來開門。他掏出名片，抽出筆來寫一段簡短問候。於是這位女士在晚上回家時能讀到：「亞瑟・施尼茨勒醫師曾數度按鈴均無人回應，下次有機會時將再冒昧來訪。」

✷

阿爾弗雷德．韋格納的橫越格陵蘭島之旅漸漸成為一段沒完沒了的故事，這時誰也不知道，這個故事會是意義重大還是會失敗。冰冷的風迎著探險隊伍吹來，全體人員都已筋疲力盡，每天只能走上幾英里，休息次數愈來愈頻繁。七月初，他們必須射殺葛勞尼，那是撐過之前艱辛路途的最後一匹冰島馬。再走三小時，在舉目盡是冰漠長達半年之後，他們即將看見第一根綠草，這使得殺馬一事格外悲慘。韋格納寫道：「感受非常奇特，在那麼多的冰雪之後再度腳踩真正的土地，看見飽滿的花朵在風中搖曳，丸花蜂和蝴蝶翩翩飛舞，傾聽鳥兒啁啾。這片位於冰層邊緣的冰磧平原在我們眼中有如天堂（在一般人眼中肯定相當荒涼）。」但是天氣又再變冷，下起雪來，探險隊已經沒有食物可吃，韋格納在日記裡寫下：「總不可能有人在七月初凍死吧！」七月十一日，那四個人把狗殺來吃掉了。他們在海邊搭建一座棚屋，天上降下冰霰，他們感到絕望，身上到處在發炎，起了水泡，放眼望去看不見一個人影，能夠殺來吃的動物也一隻不剩。韋格納害怕死亡將至。然而在七月十五日，他們忽然看見一艘帆船經過這片被遺忘的海岸，那是來自格陵蘭西海岸小鎮烏佩納維克（Upernavik）的肯尼茲（Chemnitz）牧師，他駕著帆船前來冰原，打算把要接受堅信禮的男童接去上堅信禮課程。他們大聲呼救，叫喊著衝向岸邊——他們獲救了。

✷

就在七月十五日晚上同一時刻的巴黎，法蘭茲．黑瑟爾偕新婚妻子海倫前往第七區的一間小餐館，同行的還有他的摯友，答應過不會染指海倫的亨利—皮耶．侯榭。在用餐時，法蘭茲只和皮耶交談，一如在那之前的七年友誼，而他冷落了妻子。在用餐快結束之前，他問她是否還想再要一份甜點，這就是他和她的全部對話。她說不要，然後決定以自己的方式結束這個屈辱的夜晚。在回家途中，他們在十點半經過塞納河的鑄幣水壩閘門（Ecluse de la Monnaie），那兩個男人仍舊旁若無人地繼續閒聊，娘家姓氏為古倫德的海倫．黑瑟爾一躍而下。她頭朝下越過鐵柵，沉入塞納河的滔滔洪流。兩個男子發出驚呼，衝向河邊，但只見海倫的帽子飄浮在河面，那是頂綴有很多裝飾的漂亮帽子，是她婆婆送的。然而海倫不見蹤影。這時法蘭茲也慌了。但是海倫潛得更遠，直到閘門邊的一道梯子旁，從那裡爬出水面。是侯榭把大衣伸下去遞給她抓住，再把她拉上來，而不是黑瑟爾。她冷得打顫，河水從頭髮滴落，這個情況、這股新動能讓三個人都有點不知所措。他們搭車回到緒舍街，法蘭茲燒水泡茶，認為這是身為丈夫的義務。在其他方面，他對自己所扮演之新角色的詮釋也頗不尋常。不久之後，在他和海倫前往法國南部度蜜月時，他還邀了另一位客人同行：他母親芳妮。他們三個人共度了幾週不愉快的時光。現在法蘭茲只跟母親交談，她取代了侯榭——在蜜月中把海倫晾在一旁。她在日記裡敘述她如何第一次對丈夫不忠：在土魯斯（Toulouse）的博物館裡愛上羅馬皇帝路奇烏斯．維魯斯（Lucius Verus）的一尊胸像。他是個粗壯結實、渾身肌肉的漢子。當法蘭茲．黑瑟爾和母親在隔壁的展覽廳裡欣賞畫作，海倫在路奇烏斯．維魯斯的耳邊輕聲地說「我愛你」。

多年之後，楚浮[18]把侯榭寫法蘭茲、海倫和他自己的那部小說拍成電影，並且取名為《夏日之戀》（*Jules et Jim*），他捨棄與婆婆的那一段，專注於跳進塞納河那一躍。當然也專注於侯榭想當然耳不會永遠遵守不去染指海倫的誓言。在他獨自留在巴黎的這段夏日時光裡，他提筆寫他的自傳，取了《唐璜》這個漂亮標題。法蘭茲當然不會真的怪他。他們太習慣分享愛人。起初是慕尼黑藝術家圈裡那位美麗的伯爵小姐法蘭西斯卡．馮．麗雯特羅，由黑瑟爾交到侯榭手中；後來在巴黎是侯榭把女畫家羅蘭珊讓給了黑瑟爾，在她改投向詩人阿波里奈爾的懷抱之前。日後在紐約，侯榭將和另一個朋友——馬塞爾．杜象——把這種「三人行」原則繼續發揚光大。所以海倫．黑瑟爾後來把杜象的西洋棋書[19]譯成德文真是再恰當不過（另外還翻譯了納博可夫的《羅麗塔》）。

✷

在這個七月，皮耶．蒙德里安畫出了兩幅重要畫作：《作品一號》（*Tableau no. 1*）和《作品二號》（*Tableau no. 2*）。對他來說，一個新紀元就此開始：抽象畫。冬季時他還畫過的樹木化為重重疊疊的立體圖形。蒙德里安徹底找到了自己。

他替《神智學》雜誌（*Teosofia*）寫了一篇談〈藝術與神智學〉的文章，文中明白闡述藝術中的進化與神智學中的進化相同。可惜雜誌編輯認為這篇文章「過於激進」而拒絕刊登，後來這篇文章佚失了。

✷

一九一三年的夏天，柏林有兩百萬居民、七千九百部轎車、三千三百輛出租馬車和一千兩百輛出租汽車。但只有一位皇帝。

✷

七月十七日，羅伯．佛洛斯特[20]在倫敦附近的比肯斯菲爾德（Beaconsfield）思索該選擇哪一條路，不該選擇哪一條路。他現年三十九歲，從美國移居至英國，帶著妻子和四個孩子。他認識了艾茲拉．龐德[21]，但是對方令他害怕。他曾經務農，但沒有成功，他放棄了教職，但還不敢以詩人自居。然而〈未擇之路〉（*The Road Not Taken*）的美妙詩句已經在他腦中成形：「林間有兩條岔路，而我選擇了人跡罕至的那一條，一切從此截然不同。」於是他在七月十七日不敢置信地寫信給一位朋友：「我想我作了詩。」

✷

瑞典醫師阿克塞．蒙特[22]的妻子名叫烏蒂瑪（Ultima），意思是「最後一個」，雖然她其實是此人的第一任妻子。烏蒂瑪喜歡雨天。因為在雨天，當雨水在街道上四竄奔流，就連巴黎林蔭道上最高貴的仕女也可以稍稍掀起裙子。烏蒂瑪喜歡露出足踝，哪怕涉水而行總是會毀掉她的漂亮鞋子。不過烏蒂瑪被叫做「最後一個」也稱得上合理，因為那是阿克塞．蒙特最後一次試圖遵循市民階層的傳統。事實上這樁婚姻始終有名無實，如同他寫的：「那只是一種婚姻結合的假象，我的天性抗拒這種結合，我無法改變。這意味著天性要比法律更貞潔。」蒙特從巴黎移居卡布里島，此後再也不曾離開。此地總是吹著微風，就連在七月也一樣，把他淡黃色的頭髮拂到臉上，他把頭髮撥到耳後，這個動作他重複過千萬次。愛一個女人，連同她的皮膚和頭髮，因此甚至有了婚姻義務這種東西，這不在蒙特醫師的人生計畫裡。他寧可一再閱讀叔本華那本《作為意志和表象的世界》（*Die Welt als Wille und Vorstellung*），那完全合他脾味，如同這一段話：「倘若檢視性愛在各種強烈程度和細微差別中所扮演的重要角色，就會使我們忍不住大聲發問：為何這般喧嘩和忙亂？這些渴望、吵鬧、恐懼和困境究竟所為何來？不就是每個漢斯都要找到他的葛蕾特嗎？（漢斯和葛蕾特是常見的德文男子名和女子名）」阿克塞．蒙特找到卡布里島來代替性愛。當他在那不勒斯前方這座小島定居下來，他承認他只需要一個刷成白色的房間，裡面有一張床、一張桌子、幾把椅子和一架鋼琴，窗前有鳥兒啁啾，同時「濤聲自遠方傳來」，這是唯一的條件，他這樣寫道。在山上的安納卡布里（Anacapri），他發現了羅馬皇帝提貝里烏斯（Tiberius）一座別墅的廢墟，使馬賽克鑲嵌的地面重見天日（陰沉的老皇帝疲倦的雙腳曾在上面踱步），然後就地蓋起了他的聖米歇爾別墅[23]。明亮潔白，可以眺望無垠的藍色大海，鳥兒啁啾聲不絕於耳，即使在冬天也一樣，他如願以償。蒙特將成為瑞典太子妃維多利亞的御醫，她出身巴登，從那以後他就往返於倫敦、瑞典、羅馬和卡布里島之間。大多數時候都是獨自一人，身邊偶爾有一隻狗（他的短腿小獵犬名叫瓦德曼），有時是兩、三隻，間或還有他養的猴子。在他長長的一生中，他養過大丹狗、牧羊犬、柯利牧羊犬、㹴犬和混種狗，在卡布里島上和他一起生活的狗兒愈來愈多，牠們是他唯一能夠長期忍受的生物。他能忍受的人類就只有病患，看完診之後就可以叫他們回家。

他在安納卡布里的診所和聖米歇爾別墅成了多病的歐洲上流階層的麥加：奧地利皇儲魯道夫在這裡被治癒，還有尤金妮皇后[24]、亨利・詹姆斯、奧斯卡・王爾德、杜絲[25]、里爾克，當然還有阿加汗三世[26]，他的遊艇停泊在大港（Marina Grande），因為吃了不新鮮的生蠔而弄壞了腸胃。蒙特每週行醫六天，週日則在卡布里島上那座小教堂裡彈奏管風琴。後來蒙特也吸引了馬拉帕爾泰[27]來到這座小島，此人跟他一樣是個渾然忘我又處處自我指涉的仕紳，他所建造的馬拉帕爾泰別墅[28]將是繼蒙特的聖米歇爾別墅之後贈予這座小島的第二棟建築，其美感將歷經二十世紀而不衰。

✷

奧斯卡・柯克西卡和阿爾瑪・馬勒四月在卡布里島上度過了最快樂的時光。他們沒有必要去找蒙特醫師求診。如今，他們原本打算七月十九日在維也納德布靈區（Döbling）的市政廳結婚。他們已經預先做了登記，但是阿爾瑪打了退堂鼓。她在信中愈來愈常稱呼柯克西卡為「窩囊廢」。結婚日期就這樣過去了。幾天後，為了保險起見，阿爾瑪前往柏林奧古斯塔皇后街（Kaiserin-Augusta-Straße）六十八號探問沃爾特．格羅佩斯[29]，問這位老情人到底還愛不愛她。他們相識於阿爾瑪需要暫時離開馬勒療養之際，療養地那位高瞻遠矚的醫師建議她去跳舞。在那些跳舞的男士當中有一位「出奇英俊的德國人，足可充當歌劇《紐倫堡名歌手》[30]中騎士華爾特的原型」，阿爾瑪這樣寫道。她墜入情網。馬勒感到絕望，求助於弗洛伊德。弗洛伊德也幫不上忙，卻開立了一張昂貴的帳單。後來馬勒就死了。阿爾瑪哀悼了一陣子，然後柯克西卡如風一般進入她的生活。而如今，一九一三年七月，她逃離了柯克西卡前往法蘭茲巴德[31]，在那裡她不無惆悵地忽然憶起了那位德國名歌手。和柯克西卡共度了那段瘋狂時光之後，現在她又想要冷靜一下。於是她繼續實現少女時代的夢想，「在我的園中遍植天才」。不同於柯克西卡，格羅佩斯後來果真和她登記結婚，但也沒能讓她冠上他的姓氏。日後要等到法蘭茲．魏菲爾[32]才能成功讓她冠上夫姓。當阿爾瑪．馬勒在一九一三年夏天拋下柯克西卡，改投向格羅佩斯的懷抱，魏菲爾才剛滿二十三歲，在萊比錫的庫特．沃爾夫出版社出版了第一本詩集，書名充滿希望：《我們存在》（*Wir sind*）。

✷

七月二十一日，當代一名奇女子的生命在蒙地卡羅結束：艾瑪．佛塞斯—柯埃（Emma Forsayth-Coe），人稱「艾瑪女王」。她的死因不明，十分可信的報紙報導說起一樁不幸的車禍，另一些同樣具有說服力的報導說她死於心肌梗塞。第三個消息來源則聲稱她是被射殺身亡，一如她的德國商人丈夫卡爾．保羅．科爾伯（Carl Paul Kolbe），七天前同樣在蒙地卡羅意外喪生。這些新聞全都轟動一時，但確鑿的事實只有一件，亦即有個來自柏林的年輕女演員至少和艾瑪丈夫的猝死有點關係。因為在他死前，忽然有位女士到摩納哥飯店來拜訪他。這位女士信誓旦旦地說她其實是科爾伯的未婚妻，甚至應該說是他的妻子。她在一本雜誌裡看見她所嫁的科爾伯的照片，而他原本據說已在太平洋失蹤。這名年輕女子和科爾伯先是在飯店的酒吧碰面，然後有人看見他們坐上一輛等在門口的汽車，駛向海岸。不久之後他就死了，她消失了，艾瑪女王則在七天後身故。整件事十分離奇。他們一年前才在柏林結婚，五月時旅行至蔚藍海岸，在尼斯、坎城和蒙地卡羅享受人生。歐洲的八卦小報登滿了這對夫婦奢華亮相的報導，因為艾瑪女王是個傳奇人物，顯然是十九世紀末的大美人，而且肯定是個精明的企業家。

她出生於太平洋小島，母親是薩摩亞群島的一位公主，父親是美籍捕鯨人。她從十二歲起就被公認為絕代美人，而在她前往舊金山求學之後，就被公認為頭腦聰明、具有國際經驗的絕代美人。返鄉之後，她在父親的貿易公司工作，後來和第一任丈夫前往屬於巴布亞新幾內亞約克公爵群島的米奧科島（Mioko）。那時移居該島的人只剩下十一個，另外兩個剛剛被食人族吃掉。艾瑪也曾經被食人族綁起來準備運走，但她丈夫隨即帶著保鏢趕來。從此以後，那些原住民就撤至難以抵達的山區，而艾瑪和丈夫開墾那片土地，只烹調無肉料理。五年後，這座小島忽然成了德國殖民地，被命名為新勞恩堡（Neulauenburg），德方全權代表古斯塔夫·馮·厄爾岑[33]驚訝地發現這片肥沃土地大部分都屬於一個名叫艾瑪·佛塞斯—柯埃的女人，亦即「艾瑪女王」，由於她威風凜凜的舉止，新幾內亞島民給了她這個稱號。她買下的土地愈來愈多，經營椰子果園，再以豐厚的利潤賣出，變得更美麗、更富有、更有影響力。等她在德國殖民地行政中心赫伯特山丘[34]附近建造了一座宏偉的莊園，在那裡舉辦奢華的派對，她就被視為太平洋的祕密女王。她像男人一樣愛抽菸，也一樣愛享受，每天要喝掉兩瓶香檳。她彈奏鋼琴，朗誦歌德的作品，把想要的每一個男人都弄到手。她在一九一二年嫁給了小她十五歲、金髮高大、俊秀非凡的保羅·科爾伯，他是「德國新幾內亞公司」的高級職員。當她在婚後和他一起移居柏林，她把田產賣給了「漢堡太平洋股份公司」（Hamburgische Südsee Aktien Gesellschaft），賺進了大筆財富。她用這筆錢在蒙地卡羅買了房子，而在一九一三年的悶熱七月，艾瑪女王和保羅國王的王國在該地驟然終結。

✷

七月二十六日，黑森林地區梅斯基希鎮（Meßkirch）的《人民日報》（*Volksblatt*）登出下述報導：「週六從弗萊堡傳來一個可喜可賀的消息。馬丁．海德格[35]，本地海德格家族之子，以優異的成績榮獲哲學與數學博士學位。據聞海德格先生接下來將致力於編纂一部大規模的學術著作。祝順利平安。」

✷

人人當然都努力想創作出這一年的代表作：畢卡索創作出貼滿現實的拼貼畫，馬諦斯畫出了渴望的色彩。奧古斯特．馬克畫出了永恆的和平，法蘭茲．馬克畫出堆疊成塔的馬兒，蒙德里安、庫普卡、馬列維奇則畫出抽象作品。不過，一九一三年的年度畫面終究還是由現實創造。過程如下：在七月二十六日跨至二十七日的深夜裡，伊爾霍夫（Ihrhove）至諾伊尚茨（Neuschanz）路段上最後一班載客火車駛離埃姆斯蘭（Emsland）的希肯伯格（Hilkenborg）車站。橫跨在埃姆斯河上的弗里森鐵橋（一座平轉橋）讓一艘船穿越之後尚未閉攏，而鐵橋前方的號誌明白顯示「停止前進」。火車司機在裂口前大約一百公尺處發現了錯誤——他看見眼前那裂開的深淵和一段通往空無的橋面。他趕緊拚命剎車，結果火車頭和第一節主動軸從埃姆斯河上方裂開的橋面滑落，列車其餘部分仍牢牢懸掛在橋上。由於連接火車頭和煤水車的掛鉤是德國製的優良產品，撐住了，從而阻止火車墜落河中。火車司機和司爐從火車頭跳到後面那節車廂。火車頭搖晃地向前猛衝，懸掛在深淵之上，一個相信進步與技術的時代在安全的軌道與必死無疑之間超現實地榫接：這就是一九一三年的年度畫面。

注釋

1. ELO等級分係由匈牙利裔美籍物理學家埃羅（Arpad Elo, 1903-1992）所創的一種評分方法，用來評估圍棋、西洋棋等各種對弈活動的水準。以西洋棋來說，等級分在兩千五百以上就屬於國際特級大師。
2. 伊曼紐．拉斯克（Emanuel Lasker, 1868-1941），德國西洋棋大師、數學家及哲學家，曾蟬聯西洋棋世界冠軍二十七年，這個紀錄至今未被打破。

3. 貝爾托．布萊希特（Bertolt Brecht, 1898-1959），德國劇作家、詩人，現代劇場改革者，提倡「史詩劇場」，主張藉由戲劇來改造社會，影響了現代劇壇的美學觀，重要作品包括《勇氣媽媽》（*Mutter Courage und ihre Kinder*）、《伽利略》（*Leben des Galilei*）、《四川好人》（*Der gute Mensch von Sezuan*）等。

4. 卡塔琳娜．基朋伯格（Katharina Kippenberg, 1876-1947），萊比錫島嶼出版社創辦人安東．基朋伯格之妻，本身也投入出版事業，參與編輯、編纂的工作，積極贊助青年作家，和旗下作家（包括里爾克）維持長年友誼，並曾替里爾克寫過一本傳記。

5. 阿格琵雅．瓦馬拉納伯爵小姐（Contessa Agapia Valmarana, 1881-1948），威尼斯貴族，一九一二年里爾克造訪威尼斯時就住在該家族的宅邸，後來和里爾克以法文通信多年。

6. 海倫．馮．諾斯提茲（Helene von Nostitz, 1878-1944），德國女作家和藝術沙龍主持人。叔叔為德國威瑪共和時期總統興登堡（Paul von Hindenburg）。諾斯提茲年輕時遇見法國藝術家羅丹，羅丹以她為模特兒塑造了幾副胸像。諾斯提茲也將詩人里爾克介紹給羅丹，後來里爾克有段時間擔任羅丹的祕書。

7. 馬克斯．舍勒（Max Scheler, 1874-1928），德國哲學家、人類學家及社會學家，以其對現象學、倫理學、哲學人類學的研究而知名。

8. 馬克斯．雷格（Max Reger, 1873-1916），德國作曲家、管風琴演奏家、鋼琴家兼指揮，也曾擔任「萊比錫音樂院」教授。

9. 維多里歐．貝努西（Vittorio Benussi, 1878-1927），二十世紀初知名的實驗心理學家，生於第里雅斯特，該地原屬奧匈帝國，在一次大戰後劃歸義大利。貝努西在奧地利的格拉茨大學攻讀心理學，獲博士學位後留校任職，返回義大利後建立了所謂的「帕多瓦學派」。

10. 約瑟夫．康拉德（Joseph Conrad, 1857-1924），原籍波蘭的英國小說家，年輕時當船員行遍世界，三十七歲才開始寫作，雖然英文並非其母語，他卻成了二十世紀英國文壇的重要作家。著名作品包括《黑暗之心》

（*Heart of Darkness*）、《吉姆爺》（*Lord Jim*）等。

11. 亨利·詹姆斯（**Henry James, 1843-1916**），原籍美國但長住英國的知名作家，以小說見長，被視為由寫實主義過渡至現代主義時期的重要作家，多部小說曾被改編成電影，例如《華盛頓廣場》（*Washington Square*）、《仕女圖》（*The Portrait of a Lady*）、《金缽》（*The Golden Bowl*）等。

12. 藍姆宅（**the Lamb House**）位於英國小鎮萊伊（**Rye**），一七二二年由地方富商詹姆斯·藍姆所建，如今是受政府保護的古蹟。一七二六年英王喬治一世所搭船隻漂流至附近時曾受藍姆接待而在此宅過夜。作家亨利·詹姆斯於一八九七年至一九一四年住在這裡。

13. 亨伯（**Humber**）是一家英國車廠，最初以生產自行車起家，二十世紀初開始生產汽車，一九一三年時是英國的第二大汽車製造商，一九六七年被克萊斯勒公司收購。

14. 馬克斯·普朗克（**Max Planck, 1858-1947**），德國物理學家，一九一八年諾貝爾物理學獎得主，被視為量子力學的創始人。如今德國的高等研究機構「馬克斯普朗克學會」就是為了紀念他而冠上他的名字。

15. 瓦爾特·能斯特（**Walther Nernst, 1864-1941**），德國化學家兼物理學家，一九二〇年諾貝爾化學獎得主。

16. 艾爾莎·洛文塔（**Elsa Löwenthal, 1876-1936**），愛因斯坦的表姊，曾與紡織商人馬克斯·洛文塔（**Max Löwenthal**）有過一次婚姻，一九一二年開始與愛因斯坦相戀，一九一九年成為他的第二任妻子。

17. 奧斯卡·畢德（**Oskar Bider, 1891-1919**），瑞士飛行先驅，在短短的飛行生涯中曾創下多項紀錄，一九一九年在一次飛行表演中墜機身亡，年僅二十八歲。

18. 楚浮（**Franc is Truffauts, 1932-1984**），法國導演、編劇、影評人，法國新浪潮電影的代表人物，代表作包括《四百擊》（*Les Quatre Cents Coups*）、《日以作夜》（*La Nuit américaine*）和《夏日之戀》（*Jules et Jim*），其中《夏日之戀》係根據法國作家侯榭的半自傳小說改編。

19. 杜象對西洋棋很感興趣，在一九二八年至一九三三年間，下棋是他的主要活動，曾四度隨法國隊參加西洋棋奧林匹克大賽，他曾說：「藝術家未必都是棋手，但棋手都是藝術家。」

20. 羅伯．佛洛斯特（Robert Frost, 1874-1963），美國二十世紀的偉大詩人，擅於觀察大自然，熟悉田園生活，詩作在樸實平凡中往往寓有深意。

21. 艾茲拉．龐德（Ezra Pound, 1885-1972），美國著名詩人，意象派詩歌的代表人物，一九〇九年至一九二〇年曾住在倫敦，和當時英國文壇的重要作家時有往來。

22. 阿克塞．蒙特（Axel Munthe, 1857-1949），瑞典籍醫生，一八九二年被瑞典王室任命為御醫，但一生大半時間在義大利度過。他具有懸壺濟世的精神，也提倡保護動物權利，其半自傳作品《聖米歇爾故事》（*The Story of San Michele*）曾被譯為多種語言。

23. 聖米歇爾別墅（Villa San Michele）位於義大利卡布里島，可以俯瞰港灣，十九世紀末由瑞典醫生阿克塞．蒙特請人建造，他在那裡收藏古老的藝術品，設置了鳥類保護區，也飼養許多其他動物。如今該別墅對公眾開放，已成為觀光景點。

24. 尤金妮皇后（Kaiserin Eugénie, 1826-1920），出身西班牙格拉納達貴族之家，法皇拿破崙三世（1808-1873）之妻，是法國的最後一位皇后，在其夫退位後隨之流亡英國。

25. 艾蓮諾拉．杜絲（Eleonora Duse, 1858-1924），義大利女演員，出身演員家庭，四歲就隨著家人跟著劇團至各地演出，在歐洲成名之後曾赴美國、南美洲、俄國各地巡演，與法國女演員莎拉．伯恩哈特（Sarah Bernhardt, 1844-1923）為當時的兩大名伶。

26. 阿加汗三世（Aga Khan III, 1877-1957），伊斯蘭教什葉派支派伊斯瑪儀派的精神領袖，生於喀拉蚩（今屬巴基斯坦），在英國接受教育，「印度穆斯林聯盟」的創始成員，主張印巴分治。

27. 馬拉帕爾泰（Curzio Malaparte, 1898-1957），義大利作家、記者兼外交官，原名庫爾特．蘇克特（Kurt Erich Suckert），馬拉帕爾泰係其筆名。

28. 馬拉帕爾泰別墅（Villa Malaparte）位於卡布里島東岸一處懸崖上，長五十公尺，寬十公尺，造型特殊，淺紅色外牆十分醒目。在馬拉帕爾泰去世後，這座別墅荒廢多年，一九七二年被捐給一個基金會，九〇年代初期經過整修，如今被用來舉辦文化活動。

29. 沃爾特．格羅佩斯（Walter Gropius, 1883-1969），德國建築師，馬勒遺孀阿爾瑪第二任丈夫，公認為現代建築的先驅。他成立包浩斯學院，致力設計教育，意圖抹除藝術家、工匠和工業之間的界線，理論與實務並重，培養出藝術與技術統一的人才。後在納粹壓迫下關閉，他前往美國，將包浩斯的理念帶往美國建築學系。

30. 《紐倫堡的名歌手》（*Die Meistersinger von Nürnberg*）是華格納創作歌劇，於一八六八年在慕尼黑首演。故事以十六世紀的自由城市紐倫堡為背景，劇情高潮是一場歌唱大賽，而騎士華爾特在劇中最終贏得美人歸。

31. 法蘭茲巴德（Franzensbad）是一溫泉療養地，十八世紀末由神聖羅馬帝國的末代皇帝法蘭茲二世斥資興建，因此而得名，位於現在的捷克，捷克名為Františkovy Lázn 。

32. 法蘭茲．魏菲爾（Franz Werfel, 1890-1945），奧地利作家、詩人。出身猶太家庭，曾出版詩集，與卡夫卡和里克爾等作家交好。一九一七年，與馬勒遺孀阿瑪爾相遇（當時她是格羅佩斯的妻子）並愛上她，阿瑪爾離婚後九年才與他結婚。這段期間創作許多小說和劇本，名聲達到顛峰。一九三八年離開奧地利到法國，之後又與妻子輾轉到美國，在洛杉磯過世。重要作品有《摩西山四十天》（*Die vierzig Tage des Musa Dagh*），描述一次大戰期間土耳其與亞美利亞的戰爭，是引起國際媒體注目的暢銷書，後改拍成電影。

33. 古斯塔夫．馮．厄爾岑（Gustav von Oertzen, 1836-1911），出身古老貴族之家，在德意志帝國時期曾擔任外交官員，一八八四年至一八八七年擔任德屬新幾內亞的殖民地長官。

34. 赫伯特山丘（Herbertshöhe），現名科可波（Kokopo），是巴布亞新幾內亞東新不列顛省的省會，在德國殖民期間為德屬新幾內亞的首都。

35. 馬丁．海德格（Martin Heidegger, 1889-1976），德國哲學家，早期著作對現象學和存在主義有所貢獻，晚期著作則影響了詮釋學和後結構主義，成名作《存在與時間》（*Sein und Zeit*）於一九二七年出版。

八月

俄羅斯芭蕾舞團轟動了巴黎和倫敦，之後賈吉列夫和他的年輕舞星尼金斯基前往巴登巴登（Baden-Baden）的史蒂芳妮溫泉飯店（Hotel Stéphanie les bains）度假，該飯店現在名叫布倫納公園飯店（Brenners Park-Hotel）。他們想在舞團於八月十五日搭船前往南美洲巡演之前略事休息。這個俄國舞團經理人和他的年輕小伙子躺在沙發上，在公園裡漫步，抽菸，喝酒，放鬆。而他們在巴登巴登發現了什麼？巴哈（Johann Sebastian Bach）。於是他們考慮用巴哈的音樂來跳一齣芭蕾舞，走洛可可時期宮廷慶典的華麗風格。一位年長的德國鋼琴家被要求整天在飯店大廳的大鋼琴上彈奏巴哈給這兩位聽。一星期後，這兩人知道自己想要什麼了：從《平均律》、《c小調賦格曲》和巴哈的許多作品中各擷取一段。為了更加了解巴哈那個時代的精神，他們前往參觀巴洛克時期與洛可可時期的宮殿和教堂：十四聖徒朝聖教堂、布魯薩爾宮（Bruchsal Schloss）、烏茲堡主教宮。七月底，尼金斯基在橫渡大西洋之前所參觀的最後一件藝術品是提也波洛[1]替烏茲堡主教宮所畫的壁畫，亦即腓特烈一世[2]和勃艮地比阿特麗斯一世[3]兩人的婚禮場景。此刻他還不知道這意味著什麼。賈吉列夫和尼金斯基這時也還不知道，在烏茲堡和巴登巴登就是他們今生最後一次相見。

*

金閃閃的太陽高掛空中，微風時時吹拂，恩斯特．路德維希．克爾希納結實的上半身被曬成深棕色。他坐在費馬恩島的海灘上作畫，有時穿著一件薄薄的夏季長褲和敞開的亞麻襯衫，有時沒穿。他的情人兼模特兒娥娜．徐林大多時候全裸，雙腳踩在溫暖的沙子裡玩耍，渾然忘我，根本不再察覺克爾希納在畫她，因為他反正總是在畫她。這個夏天，克爾希納又完全回歸自我，把柏林拋在身後，這個又大又吵又瘋狂、向前猛衝的柏林。此地海灘上聽不見電車轉彎時輪胎與鐵軌摩擦的刺耳聲音。這裡不會有人在人行道上急急忙忙，彷彿生死攸關，這裡沒有每天出刊三次的報紙，晚上既沒有夜總會，也沒有豪普特曼或魏德金的劇作首演，還是瑪塔．哈里的舞蹈演出。在這裡，晚上只有一杯葡萄酒，躺在沙灘上，太陽在遠方緩緩下沉。娥娜嬌憨地躺在他臂彎裡，而他又對她有了欲望，雖然才剛從他們在斯塔伯胡克燈塔管理員呂特曼（Lüthmann）家中的客房下床。克爾希納又去潛水一次，因為曾有一艘船擱淺在海岸前方，如今已四分五裂，他潛水去取回幾片質地很好的船艙板，打算在接下來幾天用來做雕塑。

隔天早晨將有朋友自柏林來訪，畫家奧圖．穆勒[4]和他的妻子瑪席卡（Maschka）。藝術家團體「橋社」在五月時解體，但此刻，這個夏天，克爾希納一點也不惋惜。當年「橋社」那群畫家從感性而脫離時代的德勒斯登移居柏林，克爾希納感覺到他們招架不了柏林的離心力，因為這座該死的城市拆散了沒有緊緊焊接在一起的一切。「橋社」解散使黑克爾和羅特盧夫難受，他們認為克爾希納的自私行徑是「橋社」瓦解的原因。奧圖．穆勒則對此不感興趣。他很高興和克爾希納待在海邊，一起戲水，一起作畫。瑪席卡和娥娜很合得來，穆勒夫妻才剛抵達，她們就光著身子沿著無盡的沙灘跑了將近一公里，把淺淺的海水踢得水花四濺。然後克爾希納取來相機，拍攝在娥娜和瑪席卡之間的穆勒，拍下他們走進潮水，在海浪湧來時高高躍起，拍下他們潛入水中，夏天的身體，乾掉的鹽分在皮膚留下美麗的白色斑點，使頭髮變粗硬。「肉體，赤身行走，直到嘴裡被大海染成棕色」，戈特弗里德．本恩將會替波羅的海這個夏天寫出這樣的詩句。克爾希納拍下這個夏天，也畫下這個夏天，享受這個夏天。也許克爾希納從不曾像一九一三年八月在費馬恩島這般快樂。他在短短時間內畫了六十八幅畫，還畫了數不清的素描。然後他拿起一張紙寫信給朋友，為自己和自己的體驗感動：「在此地我學到了形塑，並完成人與自然的最終合一。」

✷

八月二日，人類終於攀上奧林匹斯山。瑞士攝影師弗瑞德·波瓦索納[5]、他的朋友丹尼爾·博波威[6]和希臘牧羊人克里斯托斯·卡卡羅斯（Christos Kakalos）首度登上這座古希臘神話中的山峰。就在前一天晚上，牧羊人卡卡羅斯還央求這兩個瑞士人不要攀登高達兩千九百一十七公尺的山頂，說那裡不是人類該去的地方，只有老鷹能去。後來證明事情沒那麼嚴重。

✷

八月，德國最知名也最多產的法學家約瑟夫·柯勒[7]從柏林前往波羅的海避暑。在那裡當然無法只是凝視著海水無所事事。他的著作《現代法律問題》（*Moderne Rechtsprobleme*）剛出版，書中探討的是人類究竟有沒有自由意志，他的結論是：無論如何，誰都不准替自己開脫，「在品行上下功夫」是身而為人的義務。他在這個夏天選擇在一個古老的法律問題上下功夫：兩個遭遇船難的人緊緊攀住一片船板，這片船板只足以保障一人存活。在海利根達姆[8]，眺望那慵懶無力、平靜無波的海水悠悠盪向岸邊，人需要想像地獄才能想像一樁船難。這時約瑟夫・柯勒有了個想法，隨即在一篇替《法律與經濟史檔案》（*Archiv für Rechts-und Wirtschaftsgeschichte*）所寫的文章裡總結：「難道我們不能選擇拯救像歌德那樣的人嗎？如果他的性命和一個印第安人的性命有所衝突？」唉，由此可見德國人蠻橫的自我意識，就濃縮在一句話裡。柯勒之所以能夠理直氣壯地發表這種殖民者荒唐言論，當然是因為卡爾・邁[9]在一年前已經去世。卡爾・邁在二十二歲時曾因為「詐騙」而遭到通緝，晚年時在作品朗誦會上十足自信地宣稱自己是阿帕契族印第安酋長的後代。卡爾・邁肯定會從永恆的獵場咒罵柏林法學家柯勒的褻瀆：首先，他自己當然要比歌德更為重要；其次，印第安人要比普魯士人更有價值。

✷

傑哈特・豪普特曼若是住在阿格涅特村[10]的家中，他每天早上都會出去騎馬。他喜歡早晨的清涼，尤其在炎熱的八月，山谷中的熱氣在白天會漸漸上升。可是八月十一日，在一處林間空地，忽然有一隻大型聖伯納犬攻擊他的坐騎。那隻狗屬於兩位女士，她們急忙跑過來，但卻無能為力。「我和我的馬也一樣。」豪普特曼晚上在日記裡寫道。那隻聖伯納犬瘋狂吠叫，儘管戴著嘴套還是去咬馬腿。不過，以現任諾貝爾文學獎得主的冷靜沉著，豪普特曼表現出對文化史和物種特性的包容：「那是狗的本能，把馬匹視為可以獵取的野生動物，一如亞述古國浮雕上的描繪，國王帶著這種狗去獵捕與我坐騎相似的馬匹。」

✷

這幾天，「藍騎士」法蘭茲．馬克在慕尼黑附近的辛德斯多夫完成了那幅《藍馬之塔》。奧古斯特．馬克寫信給他：「替你的時代畫出世人會在牠們面前久久佇立的動物。願你那些馬兒的蹄聲響徹最遙遠的世紀。」而在這個夏天，奧古斯特．馬克忽然也畫起馬來，而且是由士兵騎著的馬。一場演習，身穿德國制服的男子騎在馬鞍上，馬兒成為達成目的的工具。法蘭茲．馬克畫的馬則不同：馬兒成為人類想像中最美好、最純淨的東西。而命運荒謬嘲諷，偏偏是法蘭茲．馬克，創造出夢幻藍馬的「藍騎士」，將在第一次世界大戰中陣亡，當他湊巧在騎馬偵察時被砲彈擊中。而且，三十六歲的他「身為德國的重要畫家」本來在次日將獲准除役，好讓他能夠全心投入藝術創作。然而那時他已身在天國。

✷

奧古斯特・貝倍爾最初從事的職業是製造門把，習慣了進進出出，因此是德國社會民主黨任何時代任一高階職位的最佳人選。一九一三年，他是德意志帝國議會裡由漢堡第一選區選出的社會民主黨議員，但他尤其是社會民主黨的喉舌，受到尊敬與愛戴。然而在一九一三年八月十三日，他不得不永遠地走了：住在瑞士帕蘇格[11]的療養院死於心臟衰竭。他的死震驚了歐洲各地。羅莎・盧森堡這個夏天在克拉拉・蔡特金[12]位於斯圖加特附近希倫布赫（Sillenbuch）的家中作客。在貝倍爾去世那天早晨，她於毛毛細雨中在屋後草地上找到一株滿天星，壓在她的植物標本冊裡乾燥，開始她的第十本收藏，並寫下其拉丁學名*Gypsophila paniculata*。在他死後那天，她在希倫布赫找到她最需要的植物：纈草。她立刻摘下這株植物，用來泡了一杯茶，把一枝帶葉的梗黏在標本冊裡，用拉丁字*Valeriana officinalis*減輕她的哀傷。在這陰雨連綿的夏日，她考慮著，也許她該成為植物學家而非革命家？

✷

八月十五日，亞芳號（Avon）從英國的南安普敦港啟航：這艘巨大船隻登記的總噸位為一萬一千零七十三噸，載運著一批珍寶：俄羅斯芭蕾舞團全體團員。這群俄國舞者征服了歐洲，如今也想去征服南美洲。可是年輕的匈牙利舞者羅茉拉．德．普爾茨基擔憂地發現賈吉列夫和尼金斯基都不在船上。不過在八月十六日，尼金斯基帶著六個皮箱和僕人瓦西里從法國的瑟堡（Cherbourg）上了船，賈吉列夫卻沒來。他在巴登巴登時決定要休養一陣子。自從一個算命婦人預言他將在船上遭逢厄運，他就非常害怕搭船。再說他對南美洲也不感興趣，寧可在威尼斯好好休息，於是他把舞團派出去賺錢，總教練不隨行。

對於男女舞者來說，海上的二十天是一段悠長假期，陽光普照，他們在船上有吃有住，生活起居有人照料，得以在歐洲的吃重巡演之後好好休息。舞者只在早晚聚在一起做體操，做點輕鬆的伸展練習和重量訓練。演出《春之祭》的主要舞者都在船上，少了三名年輕女舞者，因為她們在巴黎排練時就懷孕了。二十三歲的普爾茨基有一個大膽的計畫，想把同性戀尼金斯基從男人的懷抱中解放出來，尤其是從賈吉列夫的懷抱中解放出來。這趟乘船之旅在她看來是個千載難逢的機會，這位二十四歲舞者沒有與他所崇拜的年長情人、褓姆兼栽培者同行。羅茉拉讓貼身女僕安娜住在二等艙，替自己訂了一等艙，就在尼金斯基的斜對面，得以監視他的艙門。白天她在甲板上一趟一趟地繞著長長的圈子，以設法接近思慕的對象。尼金斯基性格高尚，為人謹慎，內向寡言，經常坐在甲板椅上看書，在和風中閱讀托爾斯泰和杜斯妥也夫斯基的作品，穿著淺色西裝或是藍色外套配白長褲。他眺望無盡遼闊的大海，在陽光下眨眼，打瞌睡。下午在甲板下繼續琢磨從巴登巴登開始創作的以巴哈作品配樂的芭蕾舞。羅茉拉從旁經過，豎耳聆聽。一服務生想把她趕走，好讓這位大師不受打擾，尼金斯基微微把手一揮，允許她留下。一切隨著她得到留下的許可開始。之後有一晚，月光皎潔，尼金斯基身穿晚禮服倚船舷站立，拿著一把飾有一朵金色玫瑰的小黑扇為自己搧風。這時，法裔阿根廷時裝設計師查維茲（Chavez）走近，看見尼金斯基憂鬱地站在那裡，而年輕的羅茉拉站在左邊，他便用法語說：「尼金斯基先生，我可以把羅茉拉．德．普爾茨基小姐介紹給您嗎？」他得到許可，但是尼金斯基只微微點頭，看起來就像《牧神的午後》宣傳海報上的模樣。誰也沒說什麼。這時羅茉拉結結巴巴地說：「您把舞蹈提升到別種藝術的境界。」查維茲替她翻譯。之後又是一片沉默。尼金斯基和這位年輕美女短暫地四目相接，接著看向她手上那枚小戒指。她把戒指拔下，告訴他這是個護身符，是她母親在她隨著俄羅斯芭蕾舞團啟程之前送給她的禮物，希望能給她帶來好運。尼金斯基接過那枚戒指，端詳良久，然後溫柔地把戒指戴回羅茉拉的手指上，說：「它肯定會替您帶來好運。」是否已經可以算是訂婚了呢？

三人繼續在甲板上散步，大海在幽光中閃爍，無盡的安詳籠罩萬物。船剛剛越過赤道，羅茉拉和尼金斯基仰望星空，看著在北半球看不到的陌生星辰。他其實不懂法語，而她不懂波蘭語和俄語，但是不知怎麼地他們心意相通。他們默默地久久凝視上方的南十字星，之後小心翼翼地道別，上床就寢。

兩天後，舞團的首席舞者袞茨布格（Gunzburg）來找羅茉拉，說有急事和她談。她擔心是自己跳得不夠好，不足以參加在南美洲的演出，對方卻向她揭露截然不同的事：「羅茉拉，因為尼金斯基無法和妳交談，他拜託我來問妳是否願意嫁給他？」羅茉拉臉紅了，眼淚奪眶而出，她跑回船艙，女僕安娜把她摟進懷中，替她梳理一頭長髮，梳了很久很久。這時尼金斯基忽然來敲門，用他懂的寥寥幾句法語，激動地問：「小姐，您願意嗎？您和我？」羅茉拉就只能結結巴巴地說：「對，對，對。」這時他執起她的手，他們一起走上甲板。已經入夜了，他們坐在艦橋上的兩張椅子上，再度望向無垠的星空。兩人默默不語，在這熱帶的夜晚感到幸福。隔天上午，八月三十一日，船停靠在里約熱內盧。尼金斯基和羅茉拉都不敢相信自己有多幸運。他們去找金匠，請他在戒指上刻字，晚上他們回到船上，受邀與船長同桌用餐。整艘船都起了騷動。眾神與賈吉列夫的寵兒尼金斯基並不是同性戀？這個才華平凡的年輕匈牙利女舞者是怎麼迷住他的？而且他們根本無法交談？

✷

普魯斯特原本應該要處理他那本書的校樣。原本。但是他患了相思病。他倉促逃離炎熱的巴黎，前往諾曼第海岸的卡堡（Cabourg），一如往常住進緊鄰海灘的格蘭德飯店（Grand Hotel）四一四號房。八月三日《費加洛報》在「相遇在海灘」這一欄報導了普魯斯特的抵達，沒報導阿弗列·阿哥斯提內里（Alfred Agostinelli）抵達該地，因為在表面上他只是普魯斯特的司機。普魯斯特在一九〇七年與他在卡堡相識，當時他是計程車司機，普魯斯特隨即在一篇文章裡讓他永垂不朽，稱他為「信奉速度的朝聖者，或者更像是信奉速度的修女」。普魯斯特顯然試圖用這些比喻來遮掩自己不純潔的念頭。當然沒有成功。阿哥斯提內里在一九一三年由於失業而去找普魯斯特，普魯斯特立刻雇用了他。問題在於普魯斯特原本已經有個司機了，名叫歐迪隆・阿巴瑞（Odilon Albaret），也不能就這樣把他解雇，可是普魯斯特不想錯過把阿哥斯提內里留在身邊的難得機會，於是聘用這個有證照的汽車機械工人擔任祕書。普魯斯特可能是想機器都大同小異，於是請阿哥斯提內里把《追憶逝水年華》那一堆難以辨識、難以理解的手稿和校樣理出頭緒。他讓阿哥斯提內里及其妻子安娜搬進他位在奧斯曼大道（Boulevard Haussmann）一百零二號的大公寓。當普魯斯特在八月初打算啟程前往卡堡，他索性讓原本的司機休假，而和阿哥斯提內里一起開車前往。才抵達海邊，去了烏勒加特（Houlgate）郊遊之後，他就決定從那裡直接再開車回巴黎，帶著他熱戀的司機回到如今已無人的公寓。不受閒人打擾的房間。從普魯斯特寫給朋友的信中可以看得出來，他在這幾天精神瀕臨崩潰，「事關阿哥斯提內里」，他在信中含蓄地披露了困境。他的愛使他發狂，不幸的是，這一次他看上的又是個其實愛著女人的男人。他不斷寫信給朋友，請求他們不要向任何人提起他的祕書，請他們假裝這個人根本不存在。普魯斯特完全昏了頭，寫信給好友維孔特・道爾頓（Vicomte d'Alton）：「我剪掉了鬍子，試圖稍微改變相貌，以取悅我找到的人。」這是否足以使阿哥斯提內里允許他同床？總之，他贈送給阿哥斯提內里夫妻的金錢愈來愈可觀，使得他不得不賣掉半數所持有之皇家荷蘭石油公司股票。

✷

八月十八日，蒙地卡羅著名的賭場發生了一件不可思議之事：輪盤桌上那顆球接連二十六次落入黑格。許多身穿燕尾服的男士在這個晚上輸掉很多錢，因為他們從第十六、十七、十八次起就押了愈來愈多錢在紅色上，深信根據機率法則總該輪到紅色了。這一夜以「賭徒謬誤」之名進入了賽局理論史。因為即使在第二十六個回合，球會滾落紅格的機率也同樣是百分之五十，哪怕所有在場的人都不願意相信。球並沒有記憶，而世上也沒有平衡機運的公平。不過，那顆球接連二十六次落入黑格的機率只有一億三千六百八十萬分之一。

✷

《海狼》（*The Sea-Wolf*）的作者傑克・倫敦[13]在前一年裡，自太古洪荒以來頭一次清醒過來，因為酒在沿著美國西岸而行的漫長航程中喝光了，也弄不到毒品。他和第二任妻子莎米安（Charmian）同行，要回到他們心愛的農場「美麗牧場」和興建中的「狼居」。他們在這趟航程中孕育了一個孩子，令他喜不自勝，他夢想得到一個繼承人來接管牧場，夢想似乎就要實現。可是等他們回到加州，莎米安流產了，傑克．倫敦失去了支撐他的信念。他又開始喝酒吸毒，吸食鴉片、海洛因，徹底放浪形骸。莎米安也失去信心，認為她也許再也不會有孩子。

於是他們倆更加努力設法使土地變得肥沃。傑克．倫敦希望這座牧場能賦予人生一種意義，打算用寫作來資助農莊，而不是反過來。他偏偏挑在妻子流產之後買進了一頭種牛和一隻得過獎的母牛，用來養殖起大批的娟珊牛。他喜歡動物，也喜歡養殖動物，想要改良家畜和土地。他對待植物也比對待自己的身體更為細心：「簡而言之，我試著去做中國人四千年來做的事，亦即不使用商業肥料耕作。我重新開墾地力衰竭的山坡地，這些土地被早年加州那些浪費資源的拓荒者給毀了。」於是傑克．倫敦在一九一三年建立起也許是全世界第一座有機農場（撇開真理山上那些光著身子栽種蔬菜的人不提）。一棟完全融入大自然的房屋將使傑克．倫敦的樂土更圓滿，那棟所謂的「狼居」。一九一三年的春天和夏天，傑克和莎米安全心全力想完成這棟兩年前開始建造的房屋，這房子有二十三個房間，全部用木材建造。八月二十二日，在預定遷入的前兩天，整棟房屋燒毀了。木頭地板剛用松節油清潔過，因此當傑克．倫敦在夜裡趕來滅火，房子和他的人生夢想就在淺藍色火舌中崩塌。

不久之後，傑克．倫敦在一次血淋淋的手術中切除盲腸，醫師藉這個機會告訴他，由於他飲酒過量，腎臟撐不了多久了。兩週後，牙醫拔掉了他全部的上排牙齒，以阻止在他牙肉裡猖獗的牙周病惡化。一九一三年對傑克．倫敦來說是個多災多難的一年。房屋燒毀使得他的財務完全破產，如今他已經預先抵押了十八個月的收入。他急需要掙錢，於是繼續寫作，儘管健康情況很慘。他把七篇故事的電影版權賣給好萊塢的博斯沃思公司（Bosworth），該公司把他幾篇著名小說改拍成默片，但是並不成功。因此他急需發表新故事。在這炎熱夏季的絕望夜晚，他的人生看來已付之一炬，他寫出了《大屋子裡的小婦人》（*The Little Lady of the Big House*）。這本書據說是要歌頌狼居、以科學方式經營的農業，還有性愛。「這部小說談的全是性愛，從頭到尾。」他寫信給《柯夢波丹》（*Cosmopolitan*）雜誌的發行人，以他一貫的男性狡黠口吻，他和該雜誌簽有獨家合約。「小說中沒有真正描述性愛的冒險，完全沒有，但其中仍然暗藏著性愛的貪得無饜，伴隨著力量。」但事實上，這部小說中暗藏著巨大的無力感，女主角寶拉和男主角狄克．佛瑞斯特（Dick Forrest）（好個名字！）覺得勇氣盡失，因為他們無法生育。傑克．倫敦剛寫完這本書，就得再去找波特醫師替他開立麻醉藥物以緩解他腎臟和膀胱難忍的疼痛，再加上鴉片和顛茄的混合藥物，以及海洛因和番木鱉鹼的混合藥物。鴉片和海洛因在短期間產生了正面效果——他開始少喝很多酒，並且立刻著手寫一本關於酗酒的書：《約翰．巴雷肯》[14]，此書德文版書名《酒國之王》（*König Alkohol*）似乎更貼切，書中主題是他自身的酒癮。《紐約時報》的評價是：「這也許是傑克．倫敦最生動的作品。」嗯，至少是最誠實的作品。他在書中聲稱，他這一生雖然喝下大量的酒卻並無樂趣可言。主要論點是：酒是惡魔，依循傳統允許男人放鬆，最後卻讓他們在酒癮中毀滅。至於女人，傑克．倫敦希望藉由婦女投票權讓女性禁酒。嗯……

在被毒品麻醉的夜晚，傑克．倫敦的思緒開始漸漸飄向其他世界，遠離他受損的身體，遠離他傷心的婚姻、被燒毀的房子、高築的債臺。「海狼」想要變成老鷹。他最終想要以鳥瞰的角度俯視人生和整個世界。至少鴉片能幫他這麼做。他拿出一本新的黑色橫格筆記本，寫上標題：《最後的小說》（*The Last Novel of All*），在第一頁寫下這句驚人的告別：「遠遠地，在最遙遠星辰的另一邊，地球一度轉動。」

✷

就在八月二十二日，當傑克．倫敦的「狼居」燒毀，法蘭茲．卡夫卡用幾句話毀掉了未婚妻菲莉絲．包爾的人生夢想。她剛從敘爾特島寫信來，她在那裡看著海灘上的雙雙對對，夢想不久之後就能成為卡夫卡的妻子。卡夫卡慌了，他表明：若想和他結婚就必須準備好「去過修道院般的生活，待在一個悶悶不樂、憂傷寡言、體弱多病的人身邊」。因此，菲莉絲的父親卡爾在一天之後寫信給卡夫卡，說他在和女兒談過之前暫時不對這樁婚事做決定，此舉其實相當明智。然而女兒的確想跟這個悶悶不樂、憂傷寡言、體弱多病的人在一起，因此她父親只好在八月二十七日同意卡夫卡的求婚。可是卡夫卡卻在三天後回信給菲莉絲，滿紙央求：「把我一腳踢開吧，任何其他選項都是我倆的末日。」還有什麼好說的呢？

✷

八月二十三日，奧斯卡・施密茲[15]認為自己終於明白該如何和女性這種神祕人種打交道。施密茲是這一年數一數二的大情聖，在所記錄的性愛頻率和變化上，其實只有埃里希・米薩姆[16]更勝一籌。只可惜米薩姆一九一三年的日記偏偏沒有流傳下來。再回來談施密茲，一九一三整個上半年他都在柏林一個弗洛伊德門生那裡用心理分析折磨自己，試圖擺脫母親原型，並且理解父親的消化問題。八月二十日，他在斯德丁[17]例外地只「上」了一艘輪船，出發前往波羅的海東岸。施密茲的人生看似混合了當代的個人與集體精神官能症，難怪他需要去度個假。

在赫爾辛基的濱海步道上，太陽遲遲不肯下山，他認識了一位美麗的愛沙尼亞女子歐爾佳．提爾加（Olga Tilga），和她一起散步到清晨五點，免得她以為他想把她弄上床。「她在以身相許和不信任之間掙扎，那很動人。」施密茲這樣記載，並且向柏林的心理治療師報告：「在清晨的倦意中，我以為一切都搞砸了。」但是歐爾佳忽然也想和他共度第二天，奧斯卡卻冷淡地說：「不了，謝謝。」身為道地的弗洛伊德信徒，他隨即夢到他寫了一封信給她，而等他一醒來，就也乖乖地寫了信。對方給了正面的回覆。兩小時後，他們以施密茲夫婦的身分在阿法洛飯店（Hotel Afallo）要了一間漆成藍色、有浴室的房間，她很快地梳洗了一下。之後在飯店裡用餐，龍蝦、香檳、巴哈的音樂，一整套節目。然後呢？「然後是令人銷魂的幾小時，罕見的完美。」

之後色情狂施密茲在日記裡向世人說明事情如何進行：「一、藉由忽然疏遠使女方決定答應。二、切勿出於同情而對她的央求讓步。三、當情況由於我說了『不』而變得不確定，兩小時之後再請求她說『好』，使她不會自覺受辱，而覺得自己是贈與者，而我對她又有了渴望。」這就是奧斯卡．施密茲的「最低限度的不道德」（*Minima amoralia*）[18]。弗洛伊德醫生，接下來就交給您了！

✷

然而維也納伯格巷十九號的弗洛伊德醫生此刻正擔心別的事。他在準備即將在慕尼黑舉行的精神分析學會大會，他將在大會上遇到死對頭榮格（C. G. Jung）。弗洛伊德感到害怕，又不知道該如何壓抑這份恐懼，真是要命的職業病。

✷

粗略問一下，一九一三年的兩性關係如何呢？粗略地回答：很複雜。雙方都不知道自己想要什麼。例如攝影師海因利希．昆恩在寫給朋友——剛買下第一幅康丁斯基畫作的美國大攝影家阿弗雷德．史蒂格利茲——的信裡說：「真心理解藝術事物的女性對於家務和廚房裡的事不屑一顧，乃至於男人又會渴望起一個壓根不懂得文學和藝術的鄉下姑娘。」

昆恩向好友史蒂格利茲抱怨，說太太還在世時只准許他替子女拍照，因為他太太不准他用其他人當模特兒。於是在外出拍照時總是陪伴孩子同行的褓姆瑪麗成了昆恩的情婦。這也只能怪他太太。太太死後，瑪麗成了他的第二任妻子。但是她顯然也務必要阻止丈夫替其他女子拍攝裸照，於是她成了他唯一的裸體模特兒。她以變化多端的方式來詮釋鄉下姑娘的角色：在昆恩拍攝的照片上，她既是誘人的裸體模特兒，也是穿著民俗服飾的登山客，既是俯身照顧子女的溫柔母親，也是換上外出服的自信女郎。她是一切的化身。如此一來，丈夫不必再別有所求。這也是幸福關係的一帖良方。

✷

就在這幾天，埃貢·席勒在維也納創作出最驚世駭俗的幾幅女性畫像：他完全捨棄了頭部，只畫出了身體，畫紙上端總是畫到脖頸為止。那些踩不到地面、懸在半空中的軀幹，無頭，赤裸，只披著輕紗，水彩畫出的肉色，柔和的輪廓線條。一個女人少了礙事的腦袋。這不是幸福關係的良方。

✷

八月二十三日，愛德華·艾瑞克森[19]雕塑的「小美人魚」在哥本哈根港口揭幕。獨特之處在於艾瑞克森是按照他的情婦，丹麥國家芭蕾舞團的首席舞者艾倫·普萊斯（Ellen Price）來塑造小美人魚的頭部，身體則是依照他妻子艾琳娜來塑造。這也是個辦法。

注釋

1. 提也波洛（Giovanni Battista Tiepolo, 1696-1770），巴洛克晚期與洛可可時期的義大利威尼斯畫家，曾替歐洲多座教堂與宮殿繪製壁畫，常以神話英雄、歷史故事為主題。
2. 腓特烈一世（Friedrich von Barbarossa, 1122-1190）或稱紅鬍子腓特烈，神聖羅馬帝國皇帝，身兼德意志施瓦本公爵和義大利國王。
3. 比阿特麗斯一世（Beatrix von Burgrund, 1143-1184），勃艮地女伯爵，據史料記載她美貌與才智兼具，一一五六年在烏茲堡與腓特烈一世成婚，成為神聖羅馬帝國皇后，一一七八年由教皇加冕為勃艮地女王，治理她繼承自父親的勃艮地。
4. 奧圖．穆勒（Otto Mueller, 1874-1930），德國表現主義畫家，「橋社」成員。作品主題多為人與自然的融合，常強調形式、色彩與輪廓的和諧交融。以描繪裸婦和吉普賽女性聞名，綽號為「吉普賽穆勒」。
5. 弗瑞德．波瓦索納（Fred Boissonnas, 1858-1946），瑞士攝影家，生長於攝影世家，他的作品曾在巴黎的世界博覽會上贏得金牌獎，後來經常旅行各地拍照，尤其以在希臘拍攝的照片聞名。
6. 丹尼爾．博波威（Daniel Baud-bovy, 1870-1958），瑞士作家兼畫家，曾擔任「瑞士藝術委員會」主席多年。多次與弗瑞德．波瓦索納前往希臘，並曾寫書記錄這些旅行。
7. 約瑟夫．柯勒（Josef Kohler, 1849-1919），德國法學家，柏林大學法學教授，研究範圍廣泛，著作甚豐，具有國際聲望，曾獲芝加哥大學榮譽博士學位，並受到老羅斯福總統接見。
8. 海利根達姆（Heiligendamm）位於德國東北部波羅的海沿岸，建於一七九三年，是德國最古老的濱海度假聖地，由於白色建築沿著海岸線林立而有「海濱白城」之稱。二〇〇七年曾在此舉行G８高峰會。
9. 卡爾．邁（Karl May, 1842-1912），德國作家，以創作冒險小說知名，作品豐富，暢銷全球，估計共售出兩億冊。代表作係以印第安人威尼圖（Winnetou）為主角的三部曲，曾被改編成漫畫、電視劇及電影。

10. 阿格涅特村（Agnetendorf）位於中歐的西里西亞，歷史上曾經屬於普魯士，二次大戰後劃歸波蘭，現名亞格尼亞可夫（Jagniątków）。豪普特曼從一九〇一年就住在該地的維森史坦別墅（Villa Wiesenstein），直到他於一九四六年去世。這棟新文藝復興風格的宅邸如今成為一座博物館及文化中心。

11. 帕蘇格（Passugg）位於瑞士東部，以出產礦泉水著名，也由於具有療效的礦泉而在十九世紀末建造了療養院，直到一九七九年才停止營運。

12. 克拉拉·蔡特金（Clara Zetkin, 1857-1933），信奉馬克斯主義的德國政治人物，倡議和平，提倡女權，是國際婦女運動的先驅，和羅莎·盧森堡是志同道合的好友。

13. 傑克·倫敦（Jack London, 1876-1916），美國小說家、記者及社運人士。出身貧困，當過童工，熟悉下層社會生活，這些經驗後來也反映在他的作品中。他屬於最早開始替商業雜誌撰寫小說的作者，靠寫作掙得大筆財富，作品被譯為多種文字，受到世界各地讀者喜愛，知名作品包括《野性的呼喚》、《白牙》、《海狼》等。

14. 《約翰·巴雷肯》（*John Barleycorn*）是傑克·倫敦所寫的一部自傳性小說，於一九一三年出版，書名取自同名的英國民謠，描述他的嗜酒貪杯和糾纏一生的酗酒問題。

15. 奧斯卡·施密茲（Oscar A. H. Schmitz, 1873-1931），德國作家，屬於當時慕尼黑的藝術家圈子，擅長描寫德皇威廉二世時期德國上流社會的風尚，其作品在當時很受歡迎，如今已漸被遺忘。

16. 埃里希·米薩姆（Erich Mühsam, 1878-1934），反軍國主義的德國作家，無政府主義者，政運人士，在一次戰後參與德國十一月革命，入獄五年後獲赦，在威瑪共和時期致力於政治犯獲釋，在納粹掌權後遭到逮捕，後死於集中營。

17. 斯德丁（Stettin）位於如今的波蘭，靠近波羅的海的斯德丁灣，是波蘭第二大海港，在二次大戰前屬於德國。斯德丁係德語舊名，波蘭語稱之為斯塞新（Szczecin）。

18. 作者在此處玩了文字遊戲，諧仿德國哲學家阿多諾（Theodor W. Adorno, 1903-1969）的名作《最低限度的道德》（*Minima moralia*）。

19. 愛德華．艾瑞克森（Edvard Eriksen, 1876-1959），丹麥自然主義雕塑家，畢業於丹麥皇家藝術學院。坐在哥本哈根港口岩石上的美人魚雕像是他最知名的作品。

九月

一九一三年的藝術圈有多大？戈特弗里德．本恩精確估計過。九月二日星期二，他寫信給朋友兼出版商保羅．蔡西說：「藝術是五十個人的事，其中還有三十個不正常。」

✷

來自柏林的銀行主管卡爾．史坦巴特（Carl Steinbart）屬於這五十個人，而且想來是正常人。他於九月二日搭車前往莫斯（Moss）拜訪挪威畫家愛德華．孟克[1]。他帶著第五十一號人物同行，他女兒英嘉（Irmgard），他要請孟克替她繪製肖像。史坦巴特首先隨興向孟克購買了好幾幅畫作，總額高達三萬四千五百馬克。可是史坦巴特在回程中心裡已經有疑慮。他在斯德丁火車站坐上汽車，把三天前付了六千多馬克購得的《波羅的海海灘上的早晨》擱在車頂，然後開車走了。等他抵達柏林的利希特費爾德（Lichterfelde），那幅畫不見了。九月八日，《柏林日報》報導：「一幅珍貴的油畫於昨晚九時在一位先生駕車從斯德丁火車站經史迪格里茲前往利希特費爾德的途中遺失，拾獲者可獲得兩百馬克賞金。那幅畫描繪的是一片海邊風景，署名是Munch 1902。」但是一切都是徒勞，畫不見了，直到如今都不曾找到，現在的市價不是六千馬克，可能是六百萬歐元。孟克和這位德國收藏家之間的尷尬並未就此結束。幾週後，孟克替英嘉畫的肖像送達柏林，史坦巴特一家人大為震驚。收藏家立刻寫信給畫家，說他要退回這幅畫，說他和他的妻子、女兒都不喜歡這幅畫。他火速把畫送去郵局，甚至還要求可憐的孟克支付十五馬克的運費和保險費。孟克是個彬彬有禮、疲憊不堪的人，在這年夏天覺得自己只是個「褪色的經典」，針對此事他只表示：「史坦巴特真不嫌麻煩。」

＊

九月八日，《愛爾蘭時報》（*Irish Times*）刊出了葉慈[2]的詩作〈一九一三年九月〉（*September 1913*）。那首詩寫的是浪漫時期的結束和物質主義的開始。寫作此詩的緣由是都柏林市拒絕接受一批現代與印象派藝術品為贈禮。而葉慈把這視為徹底道別的理由：「浪漫的愛爾蘭已死，已逝」。就這樣用疊句替過去敲響了喪鐘。

✷

九月八日，卡爾・克勞斯和席多妮・納德尼像兩顆彗星在維也納的帝國咖啡館（Café Imperial）相撞。他們將終身圍繞旋轉。九月十九日，席多妮就已經在日記裡寫下：「藉由難以接近來加深男人的渴望，這令人感到屈辱。他應該要占有我，以看清我對他來說多麼難以接近。在那之後，他的眷戀才該滋長，那時他眷戀的對象才是我，那時我才能夠不讓他得到我。」接下來她又寫道：「女人給了一個吻，用意不同於她用身體和雙唇挑起的慾望，而她也不去滿足這份慾望，這是多麼卑鄙。」這個理論真是耐人尋味。看來她果真慢慢掙脫了里爾克那股麻痺生命的魔力。

✷

九月初，十四歲的海明威從橡樹公園河岸森林高中（Oak Park and River Forest High School）寫了一封信給母親，請她寄長褲給他。而且務必要寄幾件新襯衫，因為經常打拳擊使他的胸圍變大：「每次我吸足了氣，襯衫鈕釦就會繃開。」為海明威感到自豪的母親葛蕾絲・霍爾（Grace Hall）寄了一包新衣物給他。她一直都知道她兒子非池中之物，因此把他寫的每一封信和每一張紙條都貼在一本皮封面的大本子裡。謝啦。

✷

九月八日在慕尼黑的巴伐利亞宮廷飯店，弗洛伊德和他曾經視為「兒子與傳人」的榮格正面對決。場合的正式名稱是「第四屆國際精神分析大會」，與會者名單上共有八十七名會員與來賓，包括情緒激動的里爾克，他剛又感受到露・安德烈亞斯・莎樂美的魔力。但事實上重點只在於這八十七人中的兩人：弗洛伊德和榮格之間的權力鬥爭。幾分鐘後，一句話就傳開了：「榮格一派的人不再相信弗洛伊德。」簡單地說，榮格認為弗洛伊德在精神官能症的成因以及夢的解析上過度執著於性慾。到最後，以榮格為首的蘇黎世精神分析學者退出了這個學會，先前他們在一場對抗表決中成功地使榮格連任主席。然而嫌隙已無法彌補。當時弗洛伊德針對榮格這麼說：「他的差勁理論也彌補不了他惹人厭的性格。」榮格針對弗洛伊德說：「儘管我佩服他的大膽嘗試，但我不敢苟同他的方法及結果。」大師和他不受教的門生在一九一三年九月八日以後就再也不曾相見。

✷

阿斯科納（Ascona）的真理山（Monte Verita）有一種魔力，吸引了所有追求自由的人和狂熱信仰戶外空氣的人，成為德國遁世者的第一個海外聚居地。埃里希・米薩姆曾描述這個地方如何從少數個體道德家的避難所，逐漸發展成一個集體道德機構：「我把『真理山』這個療癒與休養機構稱為『素食療養院』（Salatorium），因為那裡的人只吃水果和生菜。針對那裡的住客，我相當厭憎地發表過看法，稱他們為『道德上的攔路搶匪，懷著招魂論、通神論、神祕學或是強化素食的瘋狂念頭』。」那些純素食主義者、性愛宗師、舞者、裸體主義者、佛教徒、赫曼・赫塞之流、施瓦本地區藝術圈裡的紈袴子弟，全都在這座三百二十一公尺高的山丘上體會到信念足可移山。這座布滿無花果樹和殘破小屋的山丘是比利時工業家之子亨利・歐登考芬（Henri Oedenkoven）和伴侶伊妲・霍夫曼（Ida Hofmann）以及幾個志同道合的人一起買下的。這座山原本根本沒有名字，他們逕自將之命名為「真理山」，沒有人提出異議。瑞士提契諾州（Tessin）政府感動於條頓族這種創造慾，乖乖地把「真理山」這個名字登記在地籍簿上。

漢諾威縫紉機貿易商之女卡洛琳・蘇菲・瑪麗・魏格曼（Karoline Sophie Marie Wiegmann）也有相同經驗：她把自己的姓名改為英文拼寫方式Mary Wigman[3]，而從那一刻起，她就脫胎換骨成了另一個人。她在德勒斯登—海勒勞（Dresden-Hellerau），於艾彌爾．雅克—達克羅士[4]門下學習「韻律體操」。一九一三年夏天前往阿斯科納，為了向偉大的舞蹈理論家魯道夫．馮．拉邦[5]學習無配樂的「表現主義舞蹈」（Ausdruckstanz），拉邦首度把舞蹈學校從慕尼黑遷到此地。喜歡畫女性舞者的畫家埃米爾．諾爾德[6]向瑪麗．魏格曼提起了拉邦。儘管真理山曾經兼具多種功能：施瓦本地區藝術圈的分支機構、毒品和精神分析的實驗場所、自由愛情以及像芳妮．麗雯特羅這種年輕單親婦女的目的地、一個更美好世界的模型，在這個世界裡的人只靠著空氣、愛情和蔬菜生活，但真理山真正聲名遠播是從有人在那裡裸體跳舞開始。透過照片上跳舞的赤裸女子，可以看見她們背後的山丘和微光閃爍的馬焦雷湖（Lago Maggiore）。身體彷彿獲得了自由，而且是回復到人類犯下原罪之前的那種肉體性。按照瑪麗．魏格曼的說法，身體是件樂器，而人類必須重新學習去替它調音。她從慕尼黑搭乘火車抵達洛迦諾（Locarno），先步行至阿斯科納，再從那裡上山。她在小樹林後面的女子日光浴場遇到了那些舞者。拉邦下達了明確指令：「到樹叢後面去把衣服脫掉，然後再到這裡來。」舞蹈課程就這樣展開。她在日記裡寫道：「擺脫了音樂的束縛！人人都該這麼做！唯有如此，動作才能照我們的希望發展，成為自由的舞蹈，成為純粹的藝術。」而她成功了。瑪麗．魏格曼在舞蹈王國裡的成就一如康丁斯基在抽象畫領域的成就，或是荀白克在音樂上的成就。當奧斯卡·柯克西卡頭一次看見她跳舞，他感動地說：「她把表現主義化為動作。」前衛藝術是怎麼產生的？透過動作。

＊

前衛藝術如何產生？透過與世隔絕。至少對法蘭提塞克·庫普卡來說是如此。他和馬列維奇、康丁斯基、蒙德里安同為一九一三年前後抽象畫派的重要人物，雖然住在巴黎，與馬諦斯和畢卡索比鄰而居，但是他在信裡對友人亞瑟·羅斯勒[7]說：「我當然認識巴黎此地的所有藝術家，但是我不覺得必須和他們有所聯繫，不覺得必須去拜訪他們的畫室，而他們也不想到我這裡來。也就是說，事實上我過著隱士的生活。」或者用戈特弗里德·本恩〈快速列車〉（*D-Zug*）那首詩裡的句子來說：「噢！然後又是這樣與自己獨處。」或是在詩人又多了幾年人生經驗之後更為詩意的句子：「唯有獨處之人才置身於神祕中。」

＊

當然也有人看法不同。柏林一個房東控告一個年輕女演員，因為她不喜歡獨處，經常在住處接待男賓。房東不認為這很神祕，且認為這於法不容。但是柏林德意志帝國法院的看法不同，而在一九一三年九月九日做出了革命性的判決：「嚴格禁止男賓來訪是對人格的一種限制，單純的租賃關係不構成這麼做的理由。一個人要在何種程度上服從道德規範，這必須由每個人自行決定。如果一個年輕女性想要接待男賓，而且並未由於訪客的性質而損及該棟住宅的名聲，她住在該公寓的權利就不能被剝奪。」法院的理由陳述更明確：「即使男賓來訪是基於不道德的目的而發生，法院的看法也不會改變。在關上的門後所發生的事與任何人都不相干。」法院想說的是：法律適用於人人，道德的適用程度卻由每個人自行決定。原來我們的社會在一九一三年就已經進步到這種程度了。

✷

九月九日，維吉尼亞．吳爾芙[8]在薩塞克斯（Sussex）試圖服用過量的安眠藥自殺。

✷

在這幾天裡，年輕的馬克斯．恩斯特[9]在教授保羅．克雷門[10]帶領下前往巴黎參訪。他原本已經是畫家，但也在波昂大學攻讀藝術史。那群年輕學生參觀了雕塑大師羅丹的工作室。羅丹正在雕塑古斯塔夫・馬勒的胸像，這件事令阿爾瑪・馬勒開心，這時她已不再是柯克西卡的情人，但尚未成為格羅佩斯夫人，也還不是魏菲爾夫人。羅丹仔細說明石膏、青銅和大理石雕塑之間的差異。馬克斯・恩斯特將永誌不忘。

✷

九月九日在布宜諾斯艾利斯，羅茉拉・德・普爾茨基和尼金斯基去告解，因為俄羅斯芭蕾舞團這兩名舞者打算在隔天結婚。尼金斯基對著一位阿根廷神父說了很久，神父雖然一句波蘭語或俄語都不懂，但仍然赦免了他的罪。羅茉拉向神父承諾，她將竭盡所能去阻止未來的丈夫表演《天方夜譚》（*Scheherazade*）裡那些傷風敗俗的舞蹈，神父對那些舞蹈略有耳聞。一言為定！當地時間下午一點，在布宜諾斯艾利斯婚姻登記處的婚禮上，明豔動人的羅茉拉身穿深藍色塔夫綢百褶洋裝，腰間綴著一束粉紅薔薇，頭戴一頂弧形帽沿、繫著藍絲帶的黑帽子。晚上在教堂舉行婚禮，之後是《天方夜譚》的綵排，尼金斯基當然又跳了那些傷風敗俗的舞蹈。之後他們筋疲力盡，在華麗飯店（Hotel Majestic）的套房裡吃晚餐。兩人都很尷尬，也很興奮。到目前為止他們只接過吻，但是在這個新婚之夜羅茉拉就會懷孕。

有時候是距離讓新想法和新道路有了空間，讓人感到自由，擺脫了熟悉事物的約束和習慣。一個月前，尼金斯基還和賈吉列夫一起在烏茲堡參觀提也波洛畫的婚禮壁畫，賈吉列夫是發掘他、栽培他的人，很可能也是他的生活伴侶。而現在，只經過一趟乘船航行，以前從未吻過女人的尼金斯基忽然和一個年輕的匈牙利女舞者結了婚？尼金斯基或許是史上最偉大的舞者，但他不是最偉大的心理學家。他拍了封電報去威尼斯給在那裡度假的賈吉列夫。就在九月十一日這一天，賈吉列夫剛剛邀請了米希亞・塞特到他房間來，打算彈奏一段樂譜給這位來自巴黎的藝術贊助者和沙龍女主人聽。威尼斯那時天氣悶熱，令人呼吸困難，而她拿著一把陽傘走進房間。賈吉列夫興高采烈地在房間裡表演了幾個舞步，同時順著節奏張開那把陽傘。迷信的米希亞・塞特驚慌地拜託他把傘闔上，說在房間裡打開傘會帶來厄運。但是為時已晚。一個童僕來敲門，替賈吉列夫送來一封電報，尼金斯基拍的電報。賈吉列夫當場崩潰。他原本想要拍電報禁止在布宜諾斯艾利斯舉行的婚禮，想要最後一次表明他對這位俄國神童的擁有權，但是他連這樣的行動力氣都沒有了。尼金斯基如此出其不意地被人從他懷抱裡搶走，完全沒有任何預兆。賈吉列夫咆哮狂怒，又哭又叫。一切對他來說都在威尼斯的這幾分鐘裡分崩離析：不僅是他身為情人和男人的自尊，也包括他對俄羅斯芭蕾舞團的願景，一切都完了，只因為一個二十三歲的女舞者擺了他一道，而他可恨沒有乘船同行。賈吉列夫面對著人生的廢墟：他這個畢馬龍[11]用肥胖的手指把尼金斯基塑造成受到羅丹稱頌的完美舞者，而他感覺到他的創造物離他而去。

米希亞・塞特試著安慰這個無從安慰的朋友，找來里昂・巴克斯特[12]還有胡戈・馮・霍夫曼斯塔，他們原本打算商討把《約瑟夫傳奇》（*Josephslegende*）搬上舞臺一事，可是現在有更重要的事要做。巴克斯特替《牧神的午後》繪製的海報讓尼金斯基成為永恆的偶像，於是巴克斯特追問絕望的賈吉列夫一個問題：尼金斯基在巴登巴登時，在啟程前往南美洲巡演之前，是否替自己買了新內褲？巴克斯特的論點是，如果尼金斯基買了新內褲，那就表示他從一開始就打算逃跑。賈吉列夫終於大發雷霆：拜託別用內褲的事來煩他，他絕望至極，沒辦法去思考這種無稽之談。而且很顯然那個算命婦人說的沒錯，她曾經預言一趟乘船之旅將使他陷入不幸。

米希亞・塞特這位體貼的女士能理解迷信和人類的深奧莫測，她帶著這個被拋棄的人，拖著他搭上下一班火車，和他一起前往那不勒斯。她很快就明白，如此悲傷的人不能留在威尼斯，不能在這座憂鬱之城度過悶熱的夏末時光，必須前往生氣蓬勃的地方，去到混亂之中，這人必須去那不勒斯。到了那裡，她試圖讓許多眼神熱情的年輕小伙子轉移賈吉列夫的心思，希望能稍微消除他受到的屈辱。當然無濟於事，因為侮辱乃是世間最大的一股力量，會引發最卑鄙的行為、最大的陰謀、最偉大的英雄行徑，也會造成最嚴重的反目。

✷

九月十五日，剛剛脫離「柏林童年」的華特・班雅明從柏林戴爾橋街（Delbrückstraße）二十三號寫信給女友卡拉・塞里松（Carla Seligson）：「不斷鮮活地意識到純粹心智的抽象性，我想把這種感覺稱為青春。那麼，（如果我們不只是為了一項運動而努力），如果我們保持目光的自由，永遠望向心智，我們將成為實現心智的人。幾乎所有的人都忘了，他們本身就是心智自我實現的地方。」嗯，這就是「一九一三年代的柏林青春」。

✷

九月十八日，傑克・倫敦最大的心願實現了：女性開始對抗酗酒問題。但是在她們把注意力轉向男性之前，她們先從自己身上開始。冬季時，古斯托・馮・布呂歇男爵夫人曾打算在新建的「萊比錫大會戰紀念碑」旁邊開設一間不賣酒的餐廳來接待禁酒的婦女，此舉在當時還招來了訕笑。

然而「德國禁酒婦女聯盟」（Deutscher Bund abstinenter Frauen）的這位主席不輕言放棄。她的邏輯是：如果那座紀念碑是用來紀念德國人擺脫了外來的暴君，亦即拿破崙，也亟需要有一個象徵來擺脫內在的暴君，亦即酒精。不賣酒的餐廳路易絲王后之屋（Königin Luise Haus）於三月十一日開始建造，這棟位於萊比錫史托特里茲區（Stötteritz）的漂亮建築在九月十八日宣告落成。它就蓋在南區墓園大門的正對面，顯然想藉此再次告誡那些酗酒的婦女事不宜遲。招待所裡有茶水，戶外就只提供壺裝咖啡。

＊

當柏林人從海邊避暑勝地回到帝國首都，一個轟動的消息在等待他們：九月十九日，「第一屆德國秋季沙龍」在波茨坦街七十五號，帕拉斯街（Pallasstraße）轉角那棟新建築的四樓展出，展場面積一千兩百平方公尺，魯道夫・雷普克拍賣公司[13]就位在那棟建築裡。這次展覽由法蘭茲・馬克和奧古斯特・馬克發起，創立「暴風」畫廊的赫爾瓦特・華爾登主辦，在十九間展覽室展出三百六十六幅作品，參展的藝術家來自俄國、法國、義大利、比利時和德國。法蘭茲・馬克、奧古斯特・馬克、保羅・克利（Paul Klee）和康丁斯基的作品當然在內，也有來自巴黎的德洛涅夫婦、夏卡爾（Chagall）、皮耶・蒙德里安和馬克斯・恩斯特的作品。法蘭茲・馬克興奮地寫信給康丁斯基，說穿過展場讓人感覺到抽象藝術現在果真已占了上風。那其實是現代繪畫在德國的「大霹靂」，但幾乎無人察覺。不過維利・鮑邁斯特[14]感覺到了。這個年輕藝術家因為有兩幅畫在秋季沙龍裡展出而感到自豪，九月二十五日，他在逛展場時忽然發現法蘭茲・馬克激動地站在雷捷[15]的一幅巨大畫作前面。「一位高大優雅的黑髮男子，」鮑邁斯特回憶道，「渾身散發出激動之情。」再過一段時間，這股激動的浪潮即將席捲整個世界。

✷

美麗神祕的俄國侯爵夫人尤金妮・夏可夫斯考，沙皇尼古拉二世的表妹，於四月二十四日和情人在柏林的約翰內斯塔爾墜機而轟動一時，似乎在那之後很快就從驚嚇中恢復，又回復了她慣有的模式：令男人為她瘋狂。至少在九月二十一日是如此。晚上在柏林的史坦家族有場晚宴，她在那裡遇見傑哈特・豪普特曼，而他把夏可夫斯考侯爵夫人的一九一三年總結如下：「年輕浪漫的夏可夫斯考侯爵夫人。女性飛行員。她的情人阿布拉莫維奇在她駕駛的飛機上送命，她本身在重重摔落之後辛苦地復原。身邊有位年輕的德國海軍軍官，愛情正在醞釀，這個水手名叫漢斯．席勒（Hans Schiller）。侯爵夫人說，飛行對於飛行者來說一點也不浪漫。」幸好在地面上還有浪漫主義存在的空間。不過她的新歡漢斯．席勒已經著手用天空交換海洋，在五月五日通過了飛行測驗，距離阿布拉莫維奇死去還不到十天。

✷

九月二十三日星期二，羅蘭．加洛斯[16]成為飛越地中海的第一人。他駕駛的莫朗蘇尼爾[17]G型飛機花了不到八小時，從法國南部的弗雷瑞斯（Fréjus）到突尼西亞的比塞大（Bizerte）。

✷

卡夫卡意識到他活在多麼特別的一年。九月二十四日，他從嘉德湖（Gardasee）畔的里伐（Riva）寄了張明信片給他妹妹歐特拉（Ottla），請她替他弄到《一九一三這一年》（*Das Jahr 1913*）一書的文宣簡介，當時他正試圖在該地度假。

✷

大衛・札拉松（David Sarason）編纂的《一九一三這一年》出版了。開宗明義就說：「我們生活的這個時代也許是歷史上最啟發人心、也最激動人心的時代。」接著恩斯特・特勒爾奇[18]寫道：「現代生存奮鬥的緊張使人無法獲得安寧，而安寧是宗教生活的先決條件，於是疲倦的感官尋求別種休憩方式。那是我們都熟悉的老故事，有一段時間被稱為進步，後來被稱為頹廢，如今的人則喜歡視之為一種新的觀念論的準備階段。」卡夫卡可能想，這正是我想說的話。

✷

九月二十六日，羅莎・盧森堡無法去採集植物。她在法蘭克福市博肯海姆區（Frankfurt-Bockenheim）的音樂廳（Liederhalle）演講。大廳裡座無虛席。天氣很熱。她呼籲那些工人，倘若戰爭爆發，不要拿起武器。「如果有人要我們舉起殺人武器去對付在法國的弟兄，我們就要高喊：這種事我們不幹。」這場演講引發了後果。九月三十日，法蘭克福首席檢察官就以「煽動群眾不服從政府」的罪名起訴羅莎・盧森堡，不久之後她就因此被判處一年徒刑。

✷

九月底，羅丹從巴黎寫信給倫敦的薇塔・薩克維爾[19]。她有個奇特的要求，想花錢請他替德國皇帝威廉二世雕塑一座半身像。羅丹氣憤地回答他絕對不會替那個「法國天敵」塑像。

✷

他靠著把人造冰灌入瓶中取得他的第一項專利，但是這還談不上成就。魯道夫・狄塞爾[20]想發明一件像樣的東西，能夠使人類更進一步。於是他發明了柴油引擎，或者以公文用語來說，發明了「第六七二〇七號專利，內燃機的運轉程序與執行」。這種引擎很快就以他的姓氏來命名，亦即Diesel，但是他在財務和談判上的天分比不上身為發明家的天分，他的專利一再被大公司巧取豪奪，財富就從他的指間溜走。在一九一三年秋天也是如此。十月一日，狄塞爾必須支付可觀的貸款利息，但是他不知道該怎麼付。他的負債超過三十萬馬克。他雖舉世知名，卻周轉不靈。夏天時，他不得不賣掉家裡的汽車。他懷著緊張心情，於九月二十九日在安特衛普搭上德勒斯登號郵輪，準備橫渡英吉利海峽，隔天在哈維奇（Harwich）會晤聯合柴油引擎製造公司（Consolidated Diesel Manufacturing Ltd）的董事，商量如何減輕財務負擔。狄塞爾在船上的餐廳吃了飯，看起來心情愉快。他請服務生隔天早晨及時把他叫醒，而在那之後他就失蹤了。當這艘船於次日在英國靠岸，這位知名的發明家已不在船上。有人在船舷欄杆附近找到他的帽子和風衣，而從報社在他艙房所拍的照片上可以看見掀開的被褥和仍摺好的睡衣，行李箱擺在旁邊尚未打開。隔天，他失蹤的消息登上了《紐約時報》和倫敦《泰晤士報》頭版，德國各大報自然也都以頭條報導。魯道夫・狄塞爾就這樣消失了。旋即有人推測，他是在各方對他專利的爭奪中遭到謀殺，也有人說起自殺。還是說那也許只是一樁意外？總之，十月十日，領航船科爾岑號（Coertsen）的船員從英吉利海峽的海水中撈起了魯道夫・狄塞爾的藥罐和眼鏡盒。就這樣，沒找到別的。直到如今，史上第一樁柴油引擎醜聞仍然未解。

✷

在魯道夫・狄塞爾死亡的那一夜，瓦特・拉特瑙[21]在柏林舉行了一場熱鬧的派對慶祝他的四十六歲生日。所有出席賓客因此都有了完美的不在場證明。

✱

九月三十日，《慕尼黑新新聞》（*Münchner Neuesten Nachrichten*）在「天氣報導」中預告了令人頭疼的天氣：「逐漸增強的南歐高氣壓帶所帶來的焚風影響。」這自然會對那些神經纖細、對天氣敏感的人物構成干擾。於是胡戈．馮．霍夫曼斯塔在慕尼黑的馬倫巴飯店（Hotel Marienbad）先是寫信給奧圖妮．馮．德根費德[22]，說「今天早上風向變了」，又寫信去施塔恩貝格（Starnberg）給知名的沙龍女主人艾爾莎．布魯克曼[23]：「昨天我已經準備好要去您位在施塔恩貝格的小屋敲門，已經把火車時刻表裝進口袋，結果那討厭的焚風天氣又來了，於是我就作罷了。」光是閱讀這段文字就令人頭疼。霍夫曼斯塔寧願再躲回他的影子王國，正好在飯店裡繼續替歌劇《沒有影子的女人》[24]寫作歌詞。順帶一提，在霍夫曼斯塔所住的同一間馬倫巴飯店裡也住著里爾克。他沒有被焚風嚇倒，而在九月十八日帶著妻子和女兒前去施塔恩貝格湖畔拜訪布魯克曼夫人。

✱

克拉本卻替這陣焚風寫了一首歌。在這年春天，這個奇特的年輕詩人在阿弗列．柯爾的《潘》雜誌發表頭幾首詩，他是個高度敏感的年輕人，在奧得河畔的法蘭克福和戈特弗里德．本恩上同一所中學，朗誦彼此最初寫作的詩。不過，本恩在詩中懲罰自我，克拉本卻放任自我。一九一三年九月，他發表了那首〈焚風之歌〉（*Föhnlied*）：「狂風把我們焊接成一體，把我們與天氣揉合，在暮色中，在晨光裡，二者合而為一，一分為二。」詩人在一九一三年教導我們，大自然能使我們相聚，也能使我們分離。一切都取決於風的方向。

注釋

1. 愛德華．孟克（Edvard Munch, 1863-1944），挪威象徵主義畫家，被視為現代表現主義畫派的先驅，很早便享有創新者的盛名。一八九三年繪製的《吶喊》是其最知名的作品。孟克的母親和姊姊都在他幼年時死於肺結核，一個妹妹患有憂鬱症，疾病、死亡和哀悼因此成為他作品中的重要主題。
2. 葉慈（William Butler Yeats, 1865-1939），愛爾蘭詩人，也是「愛爾蘭文藝復興運動」的支持者，作品常以愛爾蘭當地的歷史故事與神話傳說為題材，一九二三年獲頒諾貝爾文學獎。

3. 瑪麗．魏格曼（Mary Wigman, 1886-1973），德國舞蹈家、編舞家及舞蹈教育家。她是表現主義舞蹈（Ausdruckstanz）的代表人物，也是威瑪共和時期德國藝術界的風雲人物，成為許多知名攝影家拍攝的對象，如今被視為現代舞先驅。

4. 艾彌爾．雅克—達克羅士（Émile Jaques-Dalcroze, 1865-1950），瑞士作曲家、音樂教育家。他提出了藉由運動來學習音樂的「體態律動法」。

5. 魯道夫．馮．拉邦（Rudolf von Laban, 1879-1958），匈牙利舞蹈家、編舞家和舞蹈理論家。早年學習美術，後來轉而研究歷史舞蹈形式，成立舞蹈工作室，發展出以他為名的「拉邦舞譜」（Labanotation），用簡單的幾何圖形與符號來表示各種動作。一九一三年至一九一九年之間，他在真理山開設知名的夏季舞蹈課。

6. 埃米爾．諾爾德（Emil Nolde, 1867-1956），德國表現主義畫家。一九二〇年代加入納粹黨，反對幾位猶太藝術家，納粹黨仍將其畫作視為「頹廢」，一千餘件被充公，也禁止作畫，一九四六年後才重執畫筆。

7. 亞瑟．羅斯勒（Arthur Roessler, 1877-1955），奧地利記者、藝評家，曾任職慕尼黑報社，後返回維也納，關注當代繪畫，贊助有才華的年輕藝術家，包括埃貢．席勒在內。席勒曾替他和他的妻子繪製肖像。

8. 維吉尼亞．吳爾芙（Virginia Woolf, 1882-1941），英國作家，二十世紀現代文學的代表人物，使用意識流的先驅，知名作品包括《達洛維夫人》（*Mrs. Dalloway*）、《到燈塔去》（*To the Lighthouse*）、《奧蘭多》（*Orlando*）。她在一九二九年所寫的文章〈自己的房間〉（*A Room of One's Own*）在一九七〇年代重新被發掘，在新一代的女權運動中經常被引用。

9. 馬克斯．恩斯特（Max Ernst, 1891-1976），德國畫家和詩人，達達運動和超現實主義先驅。二次大戰爆發後流亡至美國。戰後返回歐洲，發展出摩拓、刮搔、滴畫等技法。常常出現鳥的形象，自言鳥是他的另一個自我，鳥與人融合的形象則象徵了死亡與生命。

10. 保羅．克雷門（Paul Clemen, 1866-1947），德國藝術史學家，在波昂大學任教逾四十年，學生包括德國皇儲威廉。致力於研究萊茵省的紀念文物，相關著作是德國藝術史的重要文獻。

11. 畢馬龍（Pygmalion）是古希臘神話中一位擅長雕刻的國王。他愛上自己雕出的美麗少女，將之視如真人，最後感動了掌管愛與美的女神，使少女有了生命。

12. 里昂．巴克斯特（Léon Bakst, 1866-1924），俄國畫家、插畫家，也從事服裝設計與舞臺設計，曾為多齣舞劇設計服裝及海報。

13. 魯道夫．雷普克拍賣公司是德國第一家藝術品拍賣公司，由德國藝術品商人魯道夫．雷普克（Rudolf Lepke, 1845-1904）於一八六九年創立。

14. 維利．鮑邁斯特（Willi Baumeister, 1889-1955），德國畫家、版畫家、藝術理論家，曾任教於斯圖加特大學，被視為現代藝術的重要人物。

15. 雷捷（Fernand Léger, 1881-1955），法國畫家、雕塑家、電影導演，機械美學派（立體派的分支）代表人物，偏好圓柱狀形體、濃重的原色調和簡單的粗線條輪廓。

16. 羅蘭．加洛斯（Roland Garros, 1888-1918），法國飛行先驅，在一次大戰中擔任戰鬥機飛行員，於三十歲前夕遭敵機擊落身亡。如今舉行法國網球公開賽的場地就是以他的名字命名。

17. 莫朗蘇尼爾（Morane-Saulnier）是一家法國飛機製造公司，成立於一九一一年，創辦者為雷蒙．蘇尼爾（Raymond Saulnier）和莫朗兄弟（Léon and Robert Morane），於一九六〇年代被併購。該公司曾研發出一百四十餘款不同型式的飛機，包括二戰中法國所使用的軍機。羅蘭．加洛斯曾擔任該公司的測試飛行員。

18. 恩斯特．特勒爾奇（Ernst Troeltsch, 1865-1923），德國新教神學家和哲學家。

19. 薇塔．薩克維爾—韋斯特（Vita Sackvill-West, 1892-1962），英國作家、詩人、園藝家。出身貴族世家，與外交官哈洛德．尼可森（Harold George Nicholson）結婚，儘管她不斷與同性有緋聞，但兩人仍相處融洽。她最有名的緋聞對象是作家維吉妮亞．吳爾芙，兩人於一九二二年相識並相戀，讓吳爾芙寫出經典作品《奧蘭朵》（*Orlando*）。這本小說被韋斯特的兒子，亦是著名出版編輯奈傑爾．尼可森（Nigel Nicholson）稱為「文學史上最長且最迷人的情書」。

20. 魯道夫·狄塞爾（Rudolf Diesel, 1858-1913），德國工程師與發明家，幼年成長於巴黎，一八七〇年普法戰爭爆發後，外國人被勒令離境，他才回到父親的故鄉奧格斯堡，一八八〇年以優異成績畢業於慕尼黑工業大學，於一八九〇年代研發出柴油引擎。

21. 瓦特·拉特瑙（Walter Rathenau, 1867-1922），德國企業家、政治家、作家，出身富裕猶太家庭，在威瑪政權期間曾擔任德國外交部長。穆齊爾的小說《沒有個性的人》裡頭有一個具典型德國企業家性格的角色，據聞是以拉特瑙為雛形而寫的。

22. 奧圖妮·馮·德根費德伯爵夫人（Ottonie von Degenfeld, 1882-1970）常被描述為詩人霍夫曼斯塔的繆斯，兩人於一九〇六年初識時她新婚未久，而他對她一見傾心，曾以「天使」來形容她。一九〇八年，她丈夫因病去世，她陷入嚴重憂鬱，兩人再度相見，之後展開書信往返，始終維持著深厚的友誼，直到霍夫曼斯塔去世。

23. 艾爾莎·布魯克曼（Elsa Bruckmann, 1865-1946），貴族出身，婚前曾與胡戈·馮·霍夫曼斯塔有過一段沒有結果的戀情，後來嫁給慕尼黑出版商胡戈·布魯克曼（Hugo Bruckmann, 1863-1941）。她所主持的沙龍是政商名流及文藝界人士的重要聚會場所。

24. 《沒有影子的女人》（*Frau ohne Schatten*）是德國作曲家理查·史特勞斯創作的歌劇，於一九一九年首演。

Herbst
秋

卡爾．狄芬巴赫找到了死亡之島。賈吉列夫找到了安慰。普魯斯特又一次事事親力親為。理查．德梅爾獲贈豪宅，而且是從一九一三年的名流菁英手中。傑哈特．豪普特曼獲贈一輛新的賓士汽車，伊莎朵拉．鄧肯懷了一個孩子。一顆新彗星將被發現，手提吸塵器將被發明。多麼精采的一年。阿弗列．利希登斯坦剛從波羅的海避暑歸來，在埃爾朗根修習法律博士學位，把詩作〈避暑勝地〉（*Sommerfrische*）寄到柏林給法蘭茲．芬費特的《行動》雜誌，於一九一三年十月四日刊出。感覺得出這位年輕博士生渴望著一點末世景觀：

十月

「土地是油滋滋的週日烤肉，悅目地浸在甜蜜的陽光醬汁裡，來一陣風吧……用冰爪撕裂這溫柔的世界。這會使我心情愉悅。來一陣狂風吧……把這美麗永恆的藍天撕碎千遍。」

✷

一九一三年十月七日中午十二點整，戴姆勒汽車公司柏林分公司的主管克羅可博士（Dr. Kroker）站在豪普特曼的新居門口，在柏林市格魯內瓦爾德區（Berlin-Grunewald）的胡伯圖斯大道（Hubertusallee）。新來的司機施密特曼先生也到了。他們把那輛嶄新的賓士車交給豪普特曼，大家擺好姿勢讓攝影師拍照。五十歲的豪普特曼很興奮，他寫道：「新的情況，新的經驗：汽車、波特酒、柏林的新居。」他開心地搭乘這部汽車穿越柏林，也「獨自在秋天涼爽的金光中」駛往位在城北埃爾克內爾（Erkner）的舊居，他年紀較長的三個兒子就是在那裡出生。他認為跑這一趟能夠連結起過去、現在和未來。這時他還不知道這輛賓士車在一九一四年八月三日會被國家徵收，投入前線做軍事用途。這也將是：「新的情況，新的經驗。」

✷

在柏林街頭張貼廣告的圓柱上到處貼著一張黃紅色海報，邀請大家前往拱廊展覽館（Passage-Panoptikum）參觀「殖民地展覽」，在菩提樹大道與腓特烈街轉角：「五十名剛果野人，女性、男性及孩童在他們所建造的剛果村落。」同時間漢堡的哈根貝克動物園[1]在做「努比亞民族展覽」[2]。在那幾天裡有各式各樣的非洲動物，還有幾個希盧克[3]戰士以獨特的金雞獨立姿勢站立，讓漢堡市民目瞪口呆，嘖嘖稱奇。這場展覽假借自然科學之名，讓觀眾得以打量非洲男子幾近赤裸的身體，唯一的問題在於這些非洲男子的吸引力。哈根貝克不久之後就中止了這場特展，由於一個朋友對他描述：「許多年輕女孩和婦女忽然病態地愛上這些棕色皮膚的小伙子。」「這些努比亞人有著苗條的身材和古銅色肌膚，身上只穿著少許衣物，特別吸引那些年輕女孩。每天都能看見心懷愛戀的小姑娘花上半小時去撫摸、碰觸褐膚美少年的手臂或手掌。」針對德國殖民帝國豐功偉業這種計畫之外的後遺症，我們的豪普特曼會怎麼說呢？新的情況，新的經驗。這幾天在《先鋒》雜誌（*Der Vortrupp*）上連載的妙文〈非洲人盧康加·穆卡拉深入德國的考察之旅〉（*Forschungsreise des Afrikaners Lukanga Mukara ins innerste Deutschland*）顯示我們不妨把視角倒轉過來。漢斯·帕舍[4]在文中妙趣橫生地從一個虛構的非洲黑人視角來描述德國的風俗習慣：德國人奇怪的飲酒儀式，在街上抽菸，對數字、國際貿易和國民生產總值的執迷，無意義地在街道上東奔西走——還有，不懂得享受人生。

✷

十月十日在華盛頓，美國總統威爾遜按下了一個小按鈕——這個指令透過電報線路從白宮經由古巴和牙買加傳送到巴拿馬，在甘博亞大堤（Gamboa-Damm）引爆了幾百根炸藥管。偉大的當代藝術診斷學家朱利葉斯·邁耶格列菲剪下了《柏林日報》對此事的報導，夾在日記裡，寫下：「一個現代的手勢。」大塊泥土四下飛散，震動了被炸開之運河周圍的叢林，爆破成功了，巨量海水湧進巴拿馬運河。六千萬年來，太平洋和大西洋的潮水首次不是直到南美洲最南端的合恩角（Kap Hoorn）才匯流。

✷

十月十一日，卡夫卡在慕尼黑待了一天。他從嘉德湖畔的里伐過來，隔天要繼續搭車返回布拉格。在這悠長的一日他做了些什麼呢？去了科技博物館嗎？就像不久前的馬塞爾・杜象？去觀賞了在老繪畫陳列館（Alte Pinakothek）展出的艾爾・葛雷柯[5]畫作嗎？去了英國花園散步？就像一週前的霍夫曼斯塔和里爾克？去了電影院嗎？想念菲莉絲嗎？還是更想念他在里伐的短暫夏日戀情？但也可能就只是無精打采地躺在馬倫巴飯店的床上，翻來覆去地考慮是否該換個房間，因為電梯的聲音太吵了。幾條街之外，湯瑪斯・曼在寫《魔山》（*Zauberberg*）的頭幾頁，史賓格勒在寫《西方的沒落》。

✷

西門子公司獲得了電話撥號轉盤的專利。

✷

這大概並非巧合：德布西和拉威爾兩位作曲家在一九一三年挑選了一個有趣的主題

改編成音樂——分毫不差地同一個主題。也就是說，一九一三年，在彼此都不知情的情況下，拉威爾和德布西都坐在鋼琴前面替「馬拉美[6]的三首詩」（*Trois poèmes de Stéphane Mallarmé*）譜寫音樂。瘋狂的是，他們挑選的三首詩中有兩首相同。德布西寫信給朋友說：「和馬拉美家族與拉威爾這檔事一點也不好笑。再說，拉威爾偏偏和我挑選了同樣的詩，這不是很奇怪嗎？難道這是一種值得告知醫學界的自我暗示現象？」

✷

在這年十月十一日，濃密的烏雲落下如注大雨，儘管如此，將近三千名年輕男女信心滿滿地湧上邁斯納高地（Hohe Meißner）的山坡，前來慶祝「第一屆自由德意志青年日」，不畏艱難險阻，哪怕穿著雨衣也要來。這群年輕人有兩天時間把卡塞爾（Kassel）附近這片山坡化為擺脫威廉二世時期軍事訓練的解放慶祝會，到處有人在跳輪舞，做小型比賽、演講，中午時分，大家分組升起營火煮食，炊煙滲入漸漸升起的霧氣，籠罩在冷杉林上。從這一天起，邁斯納高地成了德國青年運動的頂峰。各種不同的生活改革團體、素食團體、和平運動團體和漂鳥運動團體（Wandervogel）和睦相聚，那是威廉二世時代的胡士托（Woodstock）。大家吃吃喝喝，高談闊論，然後全都情感澎湃地回家，有如心醉神迷，就像一八一七年的瓦特堡集會[7]，或是一八三二年的漢巴赫集會[8]。最吸引人的演說者是古斯塔夫・威內肯[9]，他望向北黑森地區被烏雲籠罩的淒涼冷杉林，說「未來彷彿被一道濃密的霧牆遮蔽」，儘管如此，卻彷彿能聽見「正義與美的聲音穿過濃霧，從遙遠的來世或是從永恆傳來」。他就這樣把壞天氣變成了一場好演講。最後，陽光仍舊未穿透雲層，於是威內肯索性向聽眾呼籲，要他們證明自己有資格成為「光之戰士」。至於要怎麼做，為了支持什麼或反抗什麼而戰，他絲毫沒有說明，但凡優秀的演說家都是這樣。年輕人對他歡呼，並且購買藝術家費德斯[10]那張由《祈禱光明》（*Lichtgebet*）那幅畫印製而成的傳奇明信片做紀念。畫中是個全身赤裸的少年，從上方、從天光接獲他在塵世生活的指示。費德斯是生活改革運動的中心人物，和真理山以及另外幾種運動關係密切，例如以魯道夫・史代納為首的神智學會，還有雅克—達克羅士在德勒斯登—海勒勞的改革理念。大家都在追求一種更自由的生活、一種美的夢想，想要寬鬆一點的服裝、一點來自亞洲的智慧，想要讓房屋和心靈通通風，想要更多性愛——也想在餐盤上擺更多蔬菜。費德斯試圖從柏林—沃爾特斯多夫（Berlin-Woltersdorf）向全世界宣傳福音，因此成立了聖喬治協會（St. Georg Bund）。他的畫作後來在邁斯納高地成了傳奇，因為他在那幅《祈禱光明》下面印上了「一九一三年自由德意志青年日」這行字。他也用另外幾幅畫來裝飾這次活動的紀念文集，祭出其力量：「年輕朋友們！保存了忠誠、幹練、單純之德意志精神的你們，也要再加上德意志本質遺忘已久的本性之美、真實之美，亦即肉體之美。」在細數了一具美麗身體能帶來的所有愉悅之後，費德斯寫道：「因此，努力追求愛與美，獲致純粹、潔淨的身體——那麼，一切自然會歸你們所有，力量、善良、正義、愛情和真實——我們所有的德意志美德。」在一片倉促混亂中，改革運動與德意志美德親密聯姻了。

✷

瑪塔．哈里繼續在巴黎努力引介裸體文化。在她為德國皇儲表演舞蹈的心願遭拒之後，她又把精神集中在法國。只繫著小小的腰巾和胸鎧，繼續舞蹈度日，只可惜不再是在巴黎的舞臺上。自從俄羅斯芭蕾舞團在那裡引領了風潮，瑪塔．哈里顯得有點過時。但她必須設法維持她奢華的生活，因此在一九一三年秋，在她尚未發現間諜工作可以賺錢之前，她在一間幽會賓館提供服務，地址是拜倫爵士路十四號（Rue Lord Byron），就在伽利略路（Rue Galilée）五號轉角，一夜收費一千法郎。在她位於巴黎郊區塞納河畔納伊聖詹姆斯區（Neuilly-Saint James）的別墅庭院裡，她仍然試圖維持一點舊日光彩，越過樹梢可以看見凱旋門和艾菲爾鐵塔的細長輪廓。而在此處法國梧桐的樹蔭下，這年秋天她在自家院子裡替《閒談者》雜誌（*Tatler*）的攝影師表演她著名的爪哇紗巾舞。圖片下方說明文字寫著：「她展示的舞蹈傳達出對宗教儀式、對愛與熱情的深刻印象，表演得非常出色。」唉，要是德國皇儲能看到的話。

✷

十六歲的波蘭少女芭芭拉．阿波羅妮亞．哈盧佩特（Barbara Apolonia Chalupec）很明智地替自己改名為寶拉．奈格莉[11]，她有一雙深邃的黑眼睛，以演出豪普特曼的劇作《翰妮勒升天》[12]在華沙嶄露頭角。她忽然竄紅，旋即被馬克斯．萊因哈特發掘，邀請她去柏林演出。從此她平步青雲。世上又多了一個「致命女子」。當她演出豪普特曼的劇作，就連德國皇儲都坐在包廂觀賞。要是瑪塔．哈里知道的話……

✷

俄國的羅曼諾夫王朝為了慶祝王權三百年而赦免了馬克西姆．高爾基，他在一九一三年十月回到祖國俄羅斯的懷抱。才剛抵達，他就立刻抗議杜斯妥也夫斯基的《群魔》

在莫斯科的藝術家劇場上演，所持理由是這齣戲劇使「杜斯妥也夫斯基逆來順受的病態訊息具有危險的說服力」。高爾基說他再也受不了這部小說裡受苦受難的俄國人民，說俄國必須重生：「我們不能再去愛受苦這件事，必須學會去恨它。」這是一個在卡布里島上學到完全可以熱愛生活的人所說的話。

✷

十月十八日，萊比錫大會戰紀念碑落成。當時各地的地鐵站一一啟用，未來主義已成為歷史，花七個小時可從聖彼得堡飛行至柏林，亨利．福特在底特律使用了第一條輸送帶來生產汽車；現代化的腳步飛快，德國人卻在萊比錫試圖藉由紀念一百年前擊敗拿破崙的戰役來獲取力量。這其實很荒謬。但是當德國人想要慶祝，他們就會辦得有模有樣：「德國各民族將以快遞接力的方式把一根橡樹枝獻給皇帝，代表人民的祝賀。各地將在具有歷史意義的地點割下一根橡樹枝，並以接力快跑的方式穿越德國各地，一路送到這座紀念碑的台階上。」而這個計畫付諸實行，由德國體操聯盟充當參謀總部主辦。十月十七日拂曉，在遼闊的德意志帝國各地，年輕運動員割下了橡樹的細枝，在腓特烈魯[13]俾斯麥的墳上，在體操之父楊恩[14]的出生地，在腓特烈港（Friedrichshafen）的齊柏林飛艇工廠。為了把橡樹枝獻給德皇，直到十月十八日共有三萬七千八百三十五名運動員合計跑了七千三百一十九公里。

德皇仁慈地頷首，接下了這些橡樹枝。

＊

在這幾天裡，嘴裡沒有啣著橡樹枝的人也成千上萬地從國內各地湧向萊比錫，來參加這場盛大慶典。在法蘭克福草坪上，巴魯姆馬戲團[15]用十隻獅子的轟動演出吸引群眾。十月十九日晚間表演結束後，這些動物被裝進一輛馬匹拉的貨車，後面跟著一輛載著幾隻熊的馬車，因為他們當天夜裡就要從萊比錫的普魯士貨運火車站啟程前往下一站。當時濃霧瀰漫，兩輛馬車的車伕在柏林路（Berliner Straße）上臨時起意停在灰彼得酒館前，想在運送動物之前喝杯啤酒。可是，當這兩人愜意地坐在現打的啤酒前，外頭拉載熊那輛車的馬匹驚慌起來，車槓撞壞了載獅子那輛車的後壁，一隻咆哮的獅子忽然從破洞裡探出頭來，這時拉載獅子那輛車的馬兒徹底失控，拉著車子衝上馬路，被一列電車撞上，於是八隻狂野的獅子立刻跳下車奔向自由。行人大聲尖叫，每一雙眼睛充滿恐懼，交通混亂，一名在附近巡邏的警察立刻開火，並且請求第八警局派人支援。如今已成傳奇的萊比錫捕獅行動就此展開，在那場傳奇大會戰之後一百年。很快就有五頭被擊斃的猛獸倒在柏林路上。馬戲團團長夫人最心愛的獅子名叫阿布篤（Abdul），因為有人朝牠扔石頭而被激怒，攻擊了一名路人，結果萊比錫眾警察一連發射了一百六十五顆子彈，把牠打成了蜂窩。於是現在有六頭被擊斃的猛獸倒在柏林路上。第七頭獅子目睹阿布篤遭到槍決，惶然之餘，垂頭喪氣地讓人把牠關進籠子裡。

現在只缺了母獅子波莉和牠的一個同伴，波莉一向是這群獅子中最任性的。馬戲團團長亞瑟・克萊瑟（Arthur Kreiser）和萊比錫動物園園長約翰尼斯・葛賓[16]連忙趕來，想要活捉牠。波莉先是鎮靜自如地在夜晚的街道上散步，在布呂歇路（Blücherstraße）上遇到了一位老太太，事後這位老太太納悶自己夜裡在人行道上看見了一頭大牛。另外幾個對於鑑定動物種類比較內行的路人通知了消防隊，於是消防隊用水柱驅趕波莉，但是牠奮力一躍，穿過玻璃窗，逃進布呂歇飯店。在這場騷動中，波莉顯然感到尿急，總之她目標明確地找到通往二樓廁所的路。一個名叫弗朗西瓦的法國人正坐在馬桶上，沒有把門鎖上，於是在這個僻靜地點驚見一頭吼叫的獅子。他尖叫起來，褲子也沒穿好就衝下樓梯，波莉則舒舒服服地坐上馬桶。因此，衝上樓來的動物園園長只需要輕輕地把門從外面鎖上，牠就被逮個正著。最後他們用一個誘捕籠把波莉運走了。

倒楣的馬戲團團長克萊瑟被判處十天拘役或易科罰金一百馬克，由於「疏忽了必要的預防措施，以防止所豢養之猛獸或具有野性之動物所造成的損害」（德意志帝國刑法第三百六十七條第十一項），德國法律還真是面面俱到。關於這個故事再加註兩點：一，萊比錫市徽本來就是一頭獅子；二，在東德時期，因特爾連鎖飯店旗下的獅子飯店（Interhotel Zum Löwen）有一道法式核果凍糕就叫「波莉」。

✷

十月二十七日，傑哈特．豪普特曼前往柏林的約翰內斯塔爾飛機場，去觀賞當代最知名的飛行員表演飛行：「欣賞了培古德[17]所謂的俯衝飛行，劃時代的重大進步。」把俯衝飛行視為重大進步。當作一九一三年的座右銘挺不賴。

✷

也在十月二十七日這一天，在阿根廷拉普拉塔（La Plata）天文台，帕布羅．德拉凡（Pablo Delavan）在太陽系內發現了一顆異常明亮的新彗星。因為他剛好趕時間，就簡單明瞭地將之命名為「1913f」。不久之後，他在《天文期刊》（*Gazette Astronomique*）緊急呼籲所有的天文學家「給予這顆燦爛的彗星特別關注」。因為把握時間有其必要：要再過兩千四百萬年才能再看見這顆彗星。

✷

在巴黎有兩個藝術重鎮，蒙馬特區和蒙帕納斯區，這兩個地方新近由地鐵A線連接起來，卻是各自獨立的世界。蒙帕納斯並非在畢卡索去年秋天移居此地之後才成為前衛藝術的中心。當時也有兩個沙龍為了現代主義的解釋權而爭吵，每個沙龍也自成一個世界（不過畢卡索在這兩個沙龍裡都是焦點）。一邊嚴肅而傳統，由葛楚德．史坦因主持（還有她哥哥，在他們兄妹決裂之前）；另一邊則是不修邊幅、帶有異國情調的俄國沙龍，主持者是海蓮娜．德．歐廷根[18]和她所謂的哥哥塞爾吉．費拉[19]，但他其實是她從前情人的兒子。他們的姓名也可能不是真的，他們每天都在編造新的化名、家譜和身分，只有一件事無人懷疑，就是畢卡索和海蓮娜曾有過一段短暫的戀情。當史坦因兄妹把錢投資在藝術上，買進一件件塞尚、畢卡索、馬諦斯的作品，海蓮娜也贊助阿波里奈爾的雜誌《巴黎之夜》（*Les Soirées de Paris*），使之成為蒙帕納斯的重要刊物。她位於拉斯佩爾大道（Boulevard Raspail）兩百二十九號的寓所是開放式的，藝術家來來去去，不分晝夜，隨時供應葡萄酒和糕點，海蓮娜穿梭其間，穿著大膽的黃色波紋睡衣和高跟鞋。直到晚上她才更衣，與那些義大利未來主義者、莫迪里安尼[20]、基里訶[21]同桌而坐，桌上有義大利方餃和奇揚第紅酒。提供給夏卡爾、利普茲[22]和阿基邊克[23]這些俄國人的當然是伏特加，提供給法國人的則是茴香酒。並且提供所有人一點古柯鹼。在一九一三年，自稱為塞若胥卡（Seroschka）和里雅列絲娜（Ljalesna）的塞爾吉和海蓮娜位居蒙帕納斯區前衛藝術的中心，代表了隨著賈吉列夫、尼金斯基和俄羅斯芭蕾舞團在春天時席捲巴黎的那種狂野放縱。

✷

十月二日，普魯斯特收到了《追憶逝水年華》的四校校樣，十月二十七日收到了五校。他坐下來校閱，貼掉又寫，然後把這堆東西交給他的司機兼情人阿哥斯提內里，此人其實不會使用打字機，尤其招架不了他雇主修改校樣的怪癖。基本上自從四月以來，普魯斯特等於是重寫了一本書，他所修改的字數如今已經超出原稿字數。阿哥斯提內里坐在打字機前，由於理不出頭緒而感到絕望。儘管如此，所有這些訂正和拼貼到最後居然還是成了一本書，簡直令人不敢相信。《追憶逝水年華》第一冊在十一月十四日出版，真是不可思議。這是世界文學史的一個重要日子。出乎意料之外，普魯斯特也交出了《追憶逝水年華》的最後幾份校對樣本。雖然他還又最後一次東搬西挪，最後一次劃掉整段文字，再新添了整段文字，但他終究是讓這本書問世了。這本世紀之書出乎出版商的預期在一九一三年十一月出版，前一百本扉頁上的出版年份仍舊印著一九一四，也就是說，現實終究勝過了出版商的悲觀。因為出版商早在三月就指示印刷廠，為了保險起見，把出版年分從一九一三年改成一九一四年，因為他不認為這本書還能在年度內完成。那也的確是一大奇蹟。不過，當一切大功告成，普魯斯特身為行銷經理的那一面被喚醒了：普魯斯特十分狡猾地在家中計畫用致贈小額酬金的方式來博得大幅亮相的機會。為了讓一篇讚美的書評刊登在《辯論》雜誌（*Journal des débats*）頭版，他付了兩千法郎；讓一篇頌讚之詞登在《費加洛報》首頁只花了一千法郎。撰寫這些好評的不是別人，正是普魯斯特本尊，用了一個可笑的筆名。於是由普魯斯特點評普魯斯特，說這本小說是部「小小的傑作」。這位作家大概以為事事都得自己來！

不過在那段時間裡，普魯斯特其實只惦念著阿哥斯提內里。他一直在思考該如何繼續誘惑他的司機兼祕書，並且使對方相信同性戀的優點。但是，當完成的校樣終於寄回葛拉瑟出版社，阿哥斯提內里讓他的主子明白，比起打字機，他對別種機器更感興趣，亦即會飛行的機器。於是，普魯斯特在十一月時贊助阿哥斯提內里去畢克（Buc）飛機場的布萊里奧飛行學校上課。比起普魯斯特另外必須支付的兩萬七千法郎，那八百法郎學費實在微不足道。因為愛得發狂的普魯斯特為了犒賞他所鍾情的阿哥斯提內里，馬上送了他一架貨真價實的飛機。當普魯斯特收到飛機的帳單，他慌了手腳，不得不賣掉其餘的股票，這一次賣的是猶他銅礦場（Utah-Copper-Mienen）和斯帕斯基公司（Spassky AG）的股份。他在寫給朋友納米亞斯（Albert Nahmias）的信裡中肯地把他的困境總結如下：「我就此打住，我根本無法告訴你，我心中有多少憂愁，財務上有多少困難，心理上有多少痛苦，文學上有多少煩惱。」這也許是普魯斯特這一生中唯一一次沒有誇大其詞。因為阿哥斯提內里用獲贈的這架飛機做了什麼呢？他遠走高飛。他什麼也沒說，就帶著妻子安娜（他終究捨不下女人）離開了普魯斯特位在奧斯曼大道的寓所，前往法國南部。普魯斯特雇用了私家偵探，查出了阿哥斯提內里停留的地點。不久之後，阿哥斯提內里在賈貝羅（Garbero）兄弟設於昂蒂布（Antibes）的飛行學校用「馬塞爾・斯萬」（Marcel Swann）的名字註冊，前名來自被他拋棄的恩人，姓氏則來自剛出版那本小說中的主角。這究竟該稱之為陰險、迷人還是荒謬？然而這樁「斯萬之戀」也像小說中那段戀情一樣以死亡告終：一九一三還沒過完，這個無情的司機就連同他獲贈的飛機墜入地中海而後沉沒。

✷

海倫・黑瑟爾曾受教於擅長刻畫人類痛苦的凱特・柯爾維茲[24]，後來仍舊成為樂天無憂的花卉畫家喬治・摩松[25]的情人，現在她想和丈夫生個孩子，那個浪子兼逃避高手法蘭茲・黑瑟爾。雖然她在前往南法度蜜月時必須與婆婆同行，雖然她其實察覺自己渴望丈夫好友亨利・侯榭和她對丈夫的渴望相當，雖然她最近被迫把哥哥奧圖送進精神病院（在婚禮上他還責罵親家反猶），但這一切都無所謂，現在她想要和法蘭茲生個孩子，在這個十月，當陽光把樹葉染成瑰麗的色彩，散發出紫紅色光澤。為了成功受孕，海倫・黑瑟爾完全不想順其自然。她在巴黎把丈夫打包，一起搭車前往布蘭登堡寧靜的小鎮布蘭肯塞（Blankensee）。海倫還是個年輕畫家時曾經在那裡和喬治・摩松度過銷魂的美好春宵。她顯然是想，只要她能在與法蘭茲同床時喚起當年五月和摩松在一起時的氣氛，那麼就應該會成功。事情果然成功了。在布蘭肯塞，在這個金秋的十月，海倫・黑瑟爾立刻就懷孕了。

✱

在溫暖光線下那些寧靜、永恆的日子裡，奧古斯特・馬克在希爾特芬根（Hilterfingen）的圖恩湖畔畫出了一九一三年最美、也最開朗無憂的畫作。

注釋

1. 哈根貝克動物園（Tierpark Hagenbeck）位於今漢堡市艾姆斯比特區（Eimsbüttel），由卡爾・哈根貝克（Carl Hagenbeck）於一九〇七年成立，是全世界第一個讓動物在自然空間活動的動物園。
2. 民族展覽（Völkerschau）係把陌生民族的成員當成展覽品展出的一種展覽活動，盛行於一八七〇年至一九四〇年的歐洲，單是在德國就曾展出三百多種非歐洲人種，吸引了大批觀眾，也招致了種族歧視的批評。
3. 希盧克（Schilluk）是居住於今南蘇丹的一個黑人部族，屬於尼羅特人的分支。
4. 漢斯・帕舍（Hans Paasche, 1881-1920），德國海軍軍官、和平主義者、作家，曾駐紮非洲。他不贊成德意志帝國殘忍的殖民政策，要求以人道精神對待當地人民。
5. 艾爾・葛雷柯（El Greco, 1541-1614），原名多米尼克・提托克波洛斯（Domínikos Theotokópoulos），西班牙文藝復興時期畫家，也是雕塑家與建築家，出身希臘，El Greco在西班牙文裡的意思就是「希臘人」。他的作品風格獨特，在二十世紀初被重新發掘，表現主義畫家視之為先驅。

6. 斯特凡．馬拉美（Stéphane Mallarmé, 1842-1898），法國象徵主義詩人，與魏爾倫（Paul Verlaine, 1844-1896）和韓波（Arthur Rimbaud, 1854-1891）齊名。其詩作《牧神的午後》給予德布西靈感創作印象派名曲《牧神午後前奏曲》。

7. 瓦特堡集會（Wartburgfest），一八一七年十月十八日為紀念馬丁路德發動宗教改革三百週年，德意志邦聯有大約五百名大學生聚集在瓦特堡舉行集會，要求國家統一並實施立憲政治。

8. 漢巴赫集會（Hambacher Fest），一八三二年五月底約有兩、三萬名來自社會各階層的群眾聚集在漢巴赫城堡，要求言論及出版自由、更多的公民權利和國家統一，是德國史上著名的群眾政治運動。

9. 古斯塔夫．威內肯（Gustav Wyneken, 1875-1964），德國教育改革家、青年運動領袖，提出「青年文化」一詞，反對服從，強調思想與學習的自由。

10. 費德斯（Fidus），本名霍本納（Hugo Reinhold Karl Johann Höppener, 1868-1948），德國插畫家，象徵派藝術家。

11. 寶拉．奈格莉（Pola Negri, 1897-1987），默片時代的知名女星，生於帝俄時代的波蘭，幼年貧困，在華沙學習芭蕾和戲劇表演，在舞台上嶄露頭角，後前往德國發展，開始在默片中演出，並吸引了好萊塢的注意，被派拉蒙公司簽下演出多部賣座電影，成為國際紅星。

12. 《翰妮勒升天》（*Hanneles Himmelfahrt*）是傑哈特．豪普特曼的劇作，一八九三年首演，敘述少女翰妮勒因恐懼繼父虐待而投水自盡的故事。

13. 腓特烈魯（Friedrichsruh）位於漢堡東邊的小村莊，是德皇威廉一世在普法戰爭中獲勝後賜給宰相俾斯麥的領地，俾斯麥死後就葬在這裡，該地現有俾斯麥博物館。

14. 弗里德里希．楊恩（Friedrich Ludwig Jahn, 1778-1852），信奉國家主義的德國教育家，為使德國青年強健體魄以對抗拿破崙而發起體操運動，被稱為德國體操之父。

15. 巴魯姆馬戲團（Zirkus Barum）是德國一個巡迴各地演出的大型馬戲團，成立於一八七八年，一直由家族經營，直到一九四四年在二次大戰中被炸毀。戰後重整旗鼓，一直經營至二十一世紀初才停演。

16. 約翰尼斯．葛賓（Johannes Gebbing, 1874-1958），德國動物學家，曾擔任萊比錫動物園園長二十五年之久。

17. 培古德（Adolphe Pégoud, 1889-1915），法國飛行先驅，曾擔任測試飛行員，在一次大戰中被徵召飛行戰機，立下不少戰功，後來被德軍飛機擊落身亡。

18. 海蓮娜．德．歐廷根（Hélène d'Oettingen, 1887-1950）出身波蘭貴族，嫁給俄國軍官奧圖．馮．歐廷根（Otto von Oettingen）後冠上夫姓，兩人後來離婚。年輕時於巴黎求學，後長居巴黎，曾以筆名寫過多部小說，主持文藝沙龍並長期贊助文藝活動。

19. 塞爾吉．費拉（Serge Férat, 1881-1958）出身貴族的俄國畫家，據說和海蓮娜．德．歐廷根為表兄妹，塞爾吉．費拉係其化名。

20. 莫迪里安尼（Amedeo Modigliani, 1884-1920），義大利畫家、雕塑家，以肖像畫和裸體畫聞名，畫中人物拉長的臉部、頸項與身形為其特色。

21. 喬治歐．德．基里訶（Giorgio de Chirico, 1888-1978），義大利畫家，發起形上藝術運動，對超現實主義影響甚鉅。多半描繪城市風景，空無一人的樓房、城塔、房舍的暗影、人偶般的影子、穿越城市的火車，創造出一種荒涼、空洞的氣氛，但卻給觀者一種充滿力量和自由的感受。

22. 傑克．利普茲（Jacques Lipchitz, 1891-1973），二十世紀立體派雕塑家，出生於帝俄時期的立陶宛，後來移居巴黎，入籍法國，二戰時逃亡至美國，戰後獲得美國籍。在康乃爾大學、普林斯頓大學和史丹佛大學都能見到他的雕塑作品《母音之歌》（*The Song of the Vowels*）。

23. 亞歷山大．阿基邊克（Alexander Archipenko, 1887-1964），烏克蘭雕刻家，作品帶有立體派風格。

24. 凱特．柯爾維茲（Käthe Kollwitz，或譯為柯勒惠支，1867-1945），德國畫家、版畫家、雕刻家，屬於二十世紀德國最知名的女性藝術家。風格融合了表現主義和寫實主義，擅長呈現社會下層民眾的悲苦。為了紀念她，如今在柏林有一條街道和一座廣場以她的姓氏命名。

25. 喬治·摩松（George Mosson, 1851-1933），法裔德國畫家，柏林「分離派」的創始成員，以花卉靜物畫聞名。

十一月

時鐘在巴伐利亞運行的方式自然很不同。因此也無人介意隨著路德維希・馮・維特爾斯巴赫（Ludwig von Wittelsbach）在一九一三年十一月五日登上王座，巴伐利亞忽然有三年時間有兩位國王同時在位。第一位國王奧圖基本上在登基時已經患有精神疾病。在一八七一年的普法戰爭裡，他還頭腦清楚地協力作戰，但不久之後就受到監護，起初是在寧芬堡宮（Schloss Nymphenburg）的南廂，後來則是在菲爾斯登里德宮（Schloss von Fürstenried），在他用一番坦率的懺悔擾亂了一場教堂儀式之後。他飽受宗教妄想折磨，在心靈陷入黑暗的那些日子裡，他若非無精打采地一動也不動，就是接連幾個鐘頭用頭去撞牆壁，為了避免他受傷，那些牆壁都襯上了軟墊。國內最好的醫生也束手無策，只能要他用冰水泡澡或替他注射嗎啡。因此在漫長的王子攝政期過後，從十一月五日起，路德維希三世（Ludwig III）正式治理美麗的巴伐利亞，而議會決議免除奧圖一世身為執政國王的所有權力。基於禮貌，仍允許這個可憐人保有他的頭銜和尊嚴，官方稱他的情況為「憂鬱」。巴伐利亞王國之所以在幾年之後就會驚人地搖身一變，短暫成為一個蘇維埃共和國[1]，王室的這番亂象被視為主要原因。

✷

十一月八日星期六，上午十點十五分到十一點四十五分，卡夫卡和他愛慕的菲莉絲在動物園裡散步，那天霧濛濛的，不是宜人的天氣，然後菲莉絲得搭車去參加一場葬禮。她和卡夫卡的關係也幾乎瀕臨死亡。

✷

在這一年，凡是想要自由思考的人就會想到亨利・柏格森[2]。巴黎法蘭西公學院（**Collège du France**）這位哲學教授肯定是一九一三年前後影響力最大的理論家。馬克斯・舍勒在十一月號的《白書頁》月刊（*Die Weißen Blätter*）裡寫道：「柏格森的名字目前如雷貫耳，響徹了文化界，使得聽覺較敏銳之人不免要懷疑是否該閱讀這種哲學家的著作。因為比起史上任何時候，如今眾多附庸風雅之士的喝采不得不令智者臉紅。然後那些聽覺敏銳之人可能會聽人說還是該去閱讀柏格森的著作。他是言之有物的。」在知名的巴黎沙龍女主人米希亞・塞特家裡，在馬塞爾・普魯斯特家裡，在葛楚德・史坦因家裡，邀請去聽柏格森在法蘭西公學院演講的邀請函就擺在邀請參加畢卡索、未來主義畫家、馬諦斯之畫展開幕典禮的邀請函旁邊。

✷

根據普魯士的〈機動車輛交通規定〉，汽車在市區的行駛速度不得超過每小時十五公里。也就是說，加速的時代在一九一三年從一檔開始。

✷

回到巴黎的里爾克過得不太好。唉，他過得一點也不好。他寫了詩：「淚，淚自我眼中湧出。手持我心臟的黑膚死神，把我扶得傾斜一點，好讓淚水流乾。」

✷

間諜片《SI》在戲院上映了。由阿絲塔・妮爾森[3]飾演的葛楚德遭到未婚夫暗中監視，他想替外國間諜從她這裡取得一艘飛艇的行動計畫。葛楚德向她的將軍父親坦白，他就是這艘飛艇的駕駛。他聽了之後說：「我絕對不會把女兒嫁給祖國的祕密敵人。」於是可憐的葛楚德必須在愛情和父親之間做抉擇，而她父親正好也代表祖國（陳腔濫調很好用）。她當然是個堂堂正正的德國人，從情人手中奪過那份被竊取的計畫，小提琴樂曲大聲響起，接著打出那句莊嚴的結語：「祖國的幸福是全體人民的幸福。」不知為了何故，柏林市不允許青少年觀賞這部電影，而慕尼黑警方接連頒布了三次命令（編號一一三七七號、一一三七八號和一一三七九號），禁止青少年觀賞。於是這部電影於十一月十五日在比較不敏感的埃森，在超大型戲院戲堡（Schauburg）首映。

✷

現代製造出太多令人迷惑的同時性，至少藝術要能找出一個答案。而在一九一三年，幾乎無人像蘇妮亞．德洛涅[4]這般大膽尋找。這位巴黎藝術家在前一年和丈夫羅伯特創立了奧菲主義（Orphismus），這是一種色彩理論，把現實在稜鏡中分割再重新組合，受到阿波里奈爾的稱讚，也深受奧古斯特．馬克和法蘭茲．馬克的敬仰，這對夫妻也把這套理論從法文譯成德文。而現在，她想在更多層次上掌握住由稜鏡反射出的現實，因此和作家桑德拉爾[5]合作，琢磨想法大膽的「同時主義」（Simultaneismus）。語言和圖像應該要融合成一體，而且不僅是一時，最好是直到永遠：《西伯利亞大鐵路和法國小珍娜的吟唱詩》（*La Prose du Transsibérien et de la petite Jehanne de France*）成了他們的第一本「同時書」，在這年秋天公諸於世。這本書有兩公尺長，以手風琴式摺頁書的形式構成。觀者的眼睛隨著橫貫西伯利亞鐵路火車隆隆行駛的節奏掠過文字和圖畫，色彩和形狀美妙起伏，宛如一段旅程，穿越悠長而狂野的一九一三年。桑德拉爾還寫了一首詩：「我的詩窗對著街道大大敞開，光的珠寶在窗玻璃上閃爍，你可聽見大轎車奏出的小提琴協奏曲？還有印刷機的木琴聲？畫家用天空的毛巾擦淨身體，到處都是斑斑的顏料，而路過女子頭上的帽子，是這一夜火光中的彗星。」

✷

十一月二十五日，撰寫了未來主義宣言的薄丘尼[6]氣憤地寫下：真正發明了同時性的人當然是義大利未來主義畫家，不是德洛涅夫婦。他又寫道：「是我們率先宣稱現代生活既快速又支離破碎。」但是誰都不再對此感興趣，現代生活向前衝的速度實在太快。未來主義雖然只有一歲半，在一九一三年底就已經成了過去。

✷

一九一三年十一月十八日，理查．德梅爾慶祝五十大壽。當時他和湯瑪斯．曼與傑哈特．豪普特曼並列德國最知名的作家。如今幾乎不再有人記得他，但是在一九一三年他可是無人不曉。

他的詩作令歐洲屏息，他和他美麗的妻子伊妲住在漢堡—布蘭克內瑟（Hamburg-Blankenese）韋斯特街（Westerstraße）五號那棟青年風格的豪宅裡，過著貪戀生命、奢華的藝術家生活。在一九一三年前後，他的生活是市民階層投射自身渴望的一面屏幕。在這棟房子裡，所有東西互相纏繞，不僅是德梅爾夫婦的身體，還包括壁紙、畫框、桌布和地毯，還有路德維希．馮．霍夫曼[7]的畫作。青年風格糾結的藤蔓在此一再萌發新枝，形成一件由手工藝品、思想和詩歌構成的整體藝術作品。而且全都配上亨利．范．德費爾德[8]設計的餐具。一九一三年，德梅爾夫婦家的晚餐桌旁和信箱裡聚集了這一年所有同時發生的非同時性：史蒂芬．格奧爾格是座上賓，還有來自布拉格的馬克斯．布洛德，艾爾莎．拉斯克許勒、阿諾．荀白克、恩斯特．路德維希．克爾希納和馬克斯．利伯曼。飯後總是要熱鬧歡聚、暢飲、跳舞，彷彿沒有明天。漢堡的藝術史學家古斯塔夫・席夫勒[9]曾在這樣一個夜晚之後在日記裡寫道：「德梅爾跳起舞來讓人想到發情的動物。」儘管有一段狂野的婚外情就在一九一三這一年撼動了德梅爾夫婦的狂野婚姻，這對夫妻仍舊終身廝守（他們倆的骨灰至今仍舊置放在韋斯特街五號的一個骨灰罈裡，別說什麼「直到死亡把你們分開」）。

言歸正傳，為了慶祝這家男主人的整壽，在十一月十八日舉行了一場特別的慶祝會。一群朋友合資買下他目前所租的這棟豪宅送給他為賀禮，明顯反映出德梅爾在這一年文藝界與社交圈的中心地位。慷慨解囊的包括史蒂芬・茨威格、湯瑪斯・曼、亞瑟・施尼茨勒、哈利・凱斯勒伯爵、胡戈・馮・霍夫曼斯塔、柏林出版商布魯諾・卡西勒和薩穆埃爾・費雪[10]、實業家艾德華・安侯[11]、瓦特・拉特瑙和艾伯哈德・馮・博登豪森。漢堡船運大亨亞伯・巴林[12]和奧圖・布洛姆（Otto Blohm）也在贈送者名單上，另外還有銀行家馬克斯・瓦爾堡[13]和知名的藝術史家艾比・瓦爾堡。名單就這樣一直列下去：捐贈者還包括亨利・范・德費爾德、彼得・貝倫斯[14]、伊莉莎白・尼采[15]、朱利葉斯・邁耶格列菲和馬克斯・利伯曼。一九一三年的全體名人湊足了購買此宅所需的四萬七千一百九十四點九十二馬克。真是不可思議。荀白克若是有錢，肯定也會出一份。他寫信祝賀德梅爾，說他作品的每一個新階段都是受到德梅爾一首詩的觸發，透過德梅爾，他才找到了「屬於自己」的聲音。

如同伊妲．德梅爾的描述，十一月十八日成為「我們一生中最隆重的節日」。賀電來了數百封，來信有數千封，賀客盈門，自德國各地前來祝賀德梅爾的五十大壽。《四馬戰車》雜誌（*Quadriga*）出了一本特刊，刊出了康丁斯基、法蘭茲．馮．史杜克、費迪南．霍德勒[16]、洛維斯．柯林特和阿道夫．路斯[17]的祝賀。看來在一九一三年前後，德梅爾熱情奔放、貼近塵世的詩歌撥動了各種極端不同之人的心弦，就連戈特弗里德．本恩都不得不承認，德梅爾對「早年的本恩」影響很大。在德梅爾夫婦的餐桌旁坐著從柏林前來的瓦特．拉特瑙和朱利葉斯．邁耶格列菲，大家暢飲香檳，一再向壽星敬酒，直到晚間盛宴開席，在其實嫌小的客廳裡勉強塞進了五十張椅子。接著眾人在走廊上跳起一支嘉禾舞，有人唱歌，也有人熱烈辯論青年風格是否果真已經走到了盡頭，或是還有一段長路要走。一場賞心悅目、才智橫溢、杯觥交錯的研討會。理查．德梅爾需要一點時間才能從驚喜中回過神來，不僅是因為他五十歲了，主要是因為他成了這棟房子的屋主：「我仍舊深受震撼地坐著，從獲贈的海泡石菸斗愜意地吸菸，使自己恢復平靜，然後我站起來，小心翼翼，幾乎是踮著腳尖在屋子裡走動，免得吵醒邪惡的精靈，因為這棟房子如今歸我所有，而像我這樣的雲端旅人無法在一夕之間習慣這件事！」德梅爾雖然在八月時攀登了白朗峰，行前曾寫信給妻子伊妲：「特別在今年，如果我終於登上這座山峰，這就會是最好的生日禮物。」對這個雲端旅人來說，這一年的顛峰還是在地面上，而且是在十一月十八日。

✷

尼爾斯．波耳，那個時代最重要的物理學家，在哥本哈根的實驗室下班後喜歡去看電影。十一月二十日，他看了一部西部片。看電影時他也不忘應用機率運算：「我很樂意相信一個少女會獨自走上落磯山脈，辛苦地徒步旅行。我也能理解她會一個踉蹌，差點墜落深谷，而就在這一刻，一個英俊的牛仔剛好經過，扔出了他的套索。她的力氣大到足以讓她緊緊抓住套索，直到被拉上來得救，這個可能性我也不排除。但我認為極端不可能的是：在所有這些事發生之時，事發地點還有一組攝影團隊剛好抵達，把一整番騷動拍成了影片。」

✷

同樣在十一月二十日，卡夫卡在布拉格去看了電影。事後他在日記上寫下已成為傳奇的那兩句話：「去看電影。哭了。」

✷

多虧了天文學家克里斯提昂．多爾諾（Christian Dorno），我們得知「隨著十一月二十一日展開了一段朝霞美麗、沒有紫光的週期」。他這段話將收錄在一本書裡流傳後世，書名也一樣美：《探討晨昏現象及高山暉：瑞士對晨昏色彩及高山暉之觀測與歷年文獻概覽》。

✷

十一月二十五日，在最美的晨曦中，康丁斯基在慕尼黑的艾因米勒街三十六號著手繪製他的重要作品《構成第七號》。晚餐過後，他把二乘三公尺的巨幅畫布繃緊在畫框上。隔天上午十一點，佳布莉兒．明特拍下了第一張照片：康丁斯基用迅速的幾筆在整個畫幅上勾勒出草圖，左下角是有槳的小船，中央是正在爆炸的大砲，表現為一團抽象的東西，右邊是個騎士之類的形體，比較像是末日騎士而非藍騎士。十一月二十七日上午十一點，佳布莉兒．明特拍下了那道刺眼光束，是康丁斯基在夜裡從右上角加進來的，用來作為起始點。當她在隔天上午（亦即十一月二十八日）走進畫室，看向那張二乘三公尺大的畫布，她只能在日記裡寫下：「畫作完成」。三天的時間——也是現代藝術上的大躍進。這是康丁斯基在慕尼黑那幾年裡最重要的作品，是他抽象畫的總和，一場色彩與形式的煙火，一個被炸開的世界，充滿動能和大膽銜接。如果之前花了三十年思考這個構圖並作畫，畫出來只需要三天。

✷

十一月時，伊萊克斯（Elektrolux）公司推出了第一具便於使用的家用吸塵器，取了個荒謬的型號名稱：公子哥（Dandy）。

✷

還有一個故事我非說不可：一九一三年最出名的公子哥鄧南遮一輩子沒用過吸塵器。他醉心文字、醉心於美、崇拜尼采，屬於這一年最耀眼的人物。他的裝扮無懈可擊，一撇小鬍子捻得翹起來，目光堅定，彷彿永遠在狩獵，他就這樣行遍歐洲，不斷尋找下一個征服的對象、下一樁文化重大事件，或至少是下一家豪華飯店。根據他日記上的記載，鄧南遮和大約三千名仰慕他的女性上過床，就一九一三年來說，這大概也是創紀錄了。被羅曼．羅蘭稱為「猛禽」的鄧南遮最知名的獵物是艾蓮諾拉．杜絲。或者反過來說：他之所以成名，主要是因為他是杜絲的情人，而不是由於他的詩作或劇作。把他貶為唐璜的角色似乎很合理：因為他所有的文章都只是在敘述自己的人生，就連那無數的情書也只是為了他將來要寫的書而做的筆記。當他對羅馬美女芭芭拉．里歐尼（Barbara Leoni）的狂戀成為過去，他試圖用迂迴輾轉的方式把他寫給她的情書買回來。很可惜他沒有抄下副本，而他迫切需要這些情書來寫他的下一本書。購回情書之舉成功了。於是在那本《愉悅》[18]裡使用了他曾經用來描寫芭芭拉睡態的多情敘述，一字不差，包括他對她那雙大腳感到的驚訝。到後來，整個義大利到處都是被鄧南遮拋棄、因受辱而哭泣的情婦，而這位作家錢財散盡，被無數決鬥要求和無力償債逼得逃往巴黎。他到了巴黎就故態復萌。同性戀的沙龍女主人和繆斯娜塔莉．巴尼[19]把鄧南遮一九一三年在巴黎所扮演的角色綜述如下：「他是熱門人物。但凡有幾分姿色的女子，如果沒有能夠和他上床，就會成為蒙帕納斯區的笑柄。」他多次投入娜塔莉．德．格婁貝夫[20]的懷抱，和她的關係也相對持久。她是個俄國侯爵夫人，和他一樣喜歡格雷伊獵犬，照顧著他們共同飼養的六十隻動物。鄧南遮以其中一隻名叫「白色哈瓦那」的狗贏得了聖克盧（St.

Cloud）的賽狗比賽，在那之後有幾個星期他口袋裡又有了錢。

然後在一九一三年十月，義大利最富有的女繼承人路易莎．卡薩提侯爵夫人[21]終於替他負擔了所有開銷，包括他在克勒貝爾大街（Avenue Kleber）的住處、他飼養的獵犬和他的種種放蕩行為。此女完全符合這位作家的品味：染紅的頭髮、漂白的皮膚、從頭到腳都古怪異常。她才下榻在巴黎的麗池酒店，就請接待人員替她訂購六隻活生生的兔子，但不是用來玩耍，而是給她隨身帶著的蟒蛇和兩頭飢餓的獵犬當晚餐（她飼養的兩隻獵豹在這一趟旅行時留在她威尼斯的豪宅）。她自己吃了幾顆生蠔，雖然傳言說她只靠香檳和頂級毒品維生。不過這一次在麗池酒店有新鮮的鄧南遮充當甜點。在他們相識七年之後，他們終於上床了。路易莎．卡薩提並不特別漂亮，但卻獨樹一幟，因此大家都拜倒在她的石榴裙下。義大利未來主義畫家把她視為他們的聯絡官，俄羅斯芭蕾舞團、畢卡索、曼．雷把她視為盟友，她的揮霍成性和荒唐行徑令全歐洲上流社會為之屏息。她為了導演自己的人生而活，她所舉辦的十八世紀風格假面舞會是最奢華、最放浪的派對：在其中一場舞會上，當代最偉大的舞者尼金斯基向當代最偉大的女性舞者伊莎朵拉．鄧肯邀舞，這是他們這輩子唯一一次共舞。一九一三年九月，她剛剛為了這場大型化裝舞會而替威尼斯的聖馬可廣場鋪上一萬四千平方公尺的舞池。她設法買通了警察總長和省長，於是整個聖馬可廣場成了她表演古怪行徑的場地。午夜時分，她乘著一艘鳳尾船抵達，整艘船釘滿金箔，從大教堂的鐘樓傳來鐘聲，那口鐘名叫「不祥之鐘」。路易莎．卡薩提喜歡表現自己的重要性，那種荒誕的唯我獨尊和邪魔行徑。她遲早會投入鄧南遮的懷抱，這真的只是時間問題。就算令人難以置信：這對瘋狂男女下午在麗池酒店周圍的大道上散步，侯爵夫人總是牽著她那隻被馴養的小鱷魚，用一條鑲鑽的繩子控制牠的速度。我剛才說到哪兒啦？對了，說到第一具吸塵器。抱歉我有點離題了。

✷

伊莎朵拉．鄧肯為了麻醉傷痛而行遍歐洲。她的兩個孩子在四月死亡，這幾乎使她自己也喪失了生趣。那時代最偉大的女舞者連一步也跨不出去。在真理山，她以舞蹈讓人崇拜她如女神，但即使在那裡，她也分分秒秒忘不了她的痛苦。不過有一個女子懂得如何安慰她：艾蓮諾拉．杜絲，她與莎拉．伯恩哈特[22]齊名，都是這時代最偉大的女演員。一九一三年十一月，杜絲邀請鄧肯到她位在維亞雷焦（Viareggio）的里加提別墅（Villa Rigatti），距離普契尼與剛離婚之約瑟芬．馮．史登格的愛巢只有幾百公尺。杜絲擁抱了鄧肯，刻意請她述說她死去子女的事，說說她最想念他們什麼，杜絲想看看他們的照片，聽聽她的回憶。鄧肯不得不一再中斷敘述，因為突如其來的心痛使她無法言語，因為她淚如泉湧，當她想起三歲大的派崔克和七歲的狄德莉，他們在四月時溺斃於塞納河中，連同他們的司機和褓姆。其他人都不想刺激鄧肯，都避免提起這樁不幸，卻由於沉默而加深了這份痛苦。唯有杜絲真正幫助鄧肯哀悼，並且藉由哀悼喚醒了她的活力。雕塑家羅曼諾．羅曼內里[23]來到維亞雷焦替她塑像，她扮成布倫希德[24]，這是華格納歌劇《齊格飛》（*Siegfried*）中的角色，她曾在巴黎飾演過。在一次進行雕塑時，她裸著身子只罩著羅馬式長袍擺出姿勢，羅曼諾．羅曼內里成了她的齊格飛。雖然這個名字聽起來像是小說中的人物，很可能沒人相信真有其人，但他顯然是有血有肉的真人。鄧肯不只想當布倫希德，而想當母親。她想要忘記那件可怕的事故，想要重寫歷史。她想要懷孕，而她也懷孕了。一九一三年底，小羅曼諾在她腹中成長。這應該可以稱為成功的節哀順變。

✷

剛好美國生物學家阿弗列．史特蒂凡特[25]發展出最早的DNA分析。不過，他對染色體的首度描述不是以小羅曼內里為對象，而是黑腹黃果蠅（Drosophila melanogaster）。

✷

一九一三年十一月，德皇威廉二世首次感覺到他權力有限：他對抗不了探戈。阿根廷音樂家在二十世紀初來到巴黎，把源自南美洲的這種病毒散播在歐洲。此時最大的疫區是倫敦、莫斯科、巴黎和柏林。探戈（Tango）在拉丁文裡的意思是「觸碰」。蕭伯納（George Bernhard Shaw）用英文表達如下：Dancing is a vertical expression for a horizontal desire.（跳舞是以豎姿來表達橫躺的慾望。）

可是威廉二世不以為然，他喜歡進行曲和波蘭舞曲，總之就是喜歡中規中矩。有一天偏偏是他兒子被逮到穿著軍服在跳探戈，隔天威廉二世就頒布了禁令：「透過朝廷公告，在此要求全體朝臣、各級軍官和新兵，不論是在公眾場合或私人場所都不准去跳某種十分不成體統的舞蹈。皇室的成員也要遵守此一規定，避免這種來自外國的惡習。」但是這全都無濟於事。報紙談起所謂的「探戈熱」，在一九一三年底出版的《舞蹈簡介》（*Tanz-Brevier*）裡說到：「平時很理智的長者忽然開始學跳探戈。」當權者暴跳如雷。在巴黎舉辦的第十二屆國際舞蹈教師會議中，探戈甚至出現在禁止名單上。儘管皇帝和舞蹈教師禁止，這股狂熱仍然延續。《星期》畫報（*Die Woche*）的冬季號報導：「原本喜歡熱烈討論政治乃至藝術的人，如今也加入了探戈迷的行列。」由於有愈來愈多天主教神父把跳探戈舞視為「罪惡」，教宗庇護十世終於做了一次事實查核，此舉值得稱讚。一個晴朗下午，他在梵蒂岡請年輕王子安提奇．馬泰（Antici Mattei）和他表妹隨著留聲機播放的音樂跳一支探戈給他看，他想看看是否會發生事後得再費事赦免的罪惡。

於是教宗端坐在椅子上觀察這對舞者。至於他在這件事情上是否稱得上專家，這一點並不重要。總之，教宗庇護十世認為這整支舞蹈並不怎麼色情，反倒顯得非常累人。因此他懷疑跳探戈舞是否真能算是一種享受，也就不認為跳探戈是種罪過。於是在這個下午之後，梵蒂岡並未下令禁止這種舞蹈，而是予以容忍，附帶建議大家別跳探戈，改跳無傷大雅的佛拉納舞（Furlana），一種威尼斯的民俗舞蹈。教宗庇護十世那時還無法預見，僅只九任教宗之後，隨著教宗方濟各即位，探戈舞者將成為上帝在人間的代表。

＊

班雅明曾經描述十九世紀的人如何用布料把自己包裹起來，就像裝進一個盒子。布料的沙沙作響，那種物質性，被包覆的腿和手臂，那是舊時代，也是一九一三年。有身分地位的婦女只會露出臉和手，外套和包得緊緊的襯衫遮住上半身，長長的衣袖包住手臂，帽子遮住頭髮，長裙遮住雙腿。男士穿著西裝和背心，繫著領帶，往往也戴著帽子，全身包得密不透風，也不透光。在這層層衣物下，難怪會讓人覺得愈來愈透不過氣。也就難怪那些生活改革家用陽光和新鮮空氣來引誘那些被包得緊緊的都市人到阿斯科納的真理山來，費德斯、狄芬巴赫和古斯塔夫．葛雷瑟[26]這些教主則用陽光和新鮮空氣迷住那些女士。因為想當然耳，隨著服裝規定放鬆，性愛的道德觀也會立刻隨之放鬆。這股風潮甚至也來到了斯圖加特：數百名全身包得緊緊的女士前來朝聖，參加葛雷瑟在森林邊上舉行的演講會，入迷地聆聽這個滿臉鬍鬚的先知演講，之後在回家路上久久思索著性解放的好處和壞處。

✷

在柏林的選帝侯大道（Kurfürstendamm）上住著整整四十五個年收入上百萬的人，而財產上百萬的人數則要再多上三、四倍。因此選帝侯大道是全德國最富有的一條街，遙遙領先其他街道。

✷

十一月二十六日，來自摩拉維亞（Mähren）的神祕男爵小姐席多妮・納德尼從布拉格的皇宮飯店（Palace Hotel）寫了一封快信給卡爾・克勞斯：「夜裡來。最忠誠的席多妮。」他來了。隔天她在日記裡以幸福的簡潔記下：「第一次。」克勞斯想必也同樣心滿意足，在這個醉心於後浪漫主義、充滿青年風格、過度敏感至精神官能症、頹廢的維也納，在許尼茲勒、霍夫曼斯塔、克林姆和弗洛伊德的維也納，找到了一個女人，甚至還是位男爵小姐，能滿足他對肆無忌憚性愛的想望。他寫道：「男人有五種感官，女人只有一種。」但是這一種感官在他看來是種「原始源泉」，「男人從中獲得心靈的重生」。他在對席多妮的愛中徹底更新了自己。但只有當他躺在她懷裡時，他才能夠不去憎恨這個世界。他在其他時間的態度是：「我對這個世界沒有一句好話，只有對妳除外。這應該有點意義吧。」

✷

十一月時，保羅・克利在日記裡寫下那句神來一筆的結論：「一九一三這一年就只是對藝術的一番愛情告白。」我也想這麼說。

注釋

1. 巴伐利亞蘇維埃共和國（Bayerische Räterepublik）是一九一九年在德國十一月革命期間出現的一個短命國家，企圖在剛成立的巴伐利亞自由邦建立一個蘇維埃式的社會主義共和國，只維持了一個月就被軍隊推翻。
2. 亨利·柏格森（Henri Bergson, 1859-1941），法國哲學家，一九二七年獲諾貝爾文學獎。他重新定義時間、空間和因果關係，其理論影響了二十世紀前半葉的哲學思考。
3. 阿絲塔·妮爾森（Asta Nielsen, 1881-1972），丹麥默片女演員，移居德國，一九一〇年代最受歡迎的女演員，也是第一個受到國際矚目的巨星。有深邃的大眼，面具般冷豔面孔，以及男孩般削瘦身材，常扮演面臨悲劇命運但個性堅強的女性，表演中含有情色成分，在美國常遭禁演。僅拍過一部有聲電影，因演技無法配合新技術，加上美國新星不斷出現，退休專心從事舞台表演。反對納粹政權，離開德國回到丹麥。是二十世紀偉大女演員，以自然、生動的演出方式，打破過去電影中劇場式表演的傳統。
4. 蘇妮亞·德洛涅（Sonia Delaunay, 1885-1979），俄裔法籍藝術家，被視為「幾何抽象藝術」的代表人物，於繪畫之外也從事服裝設計，喜歡使用大色塊幾何圖案，風格獨具。
5. 桑德拉爾（Blaise Cendrars, 1887-1961，本名Frédéric-Louis Sauser），原籍瑞士的法國作家，早年寫詩，後來也寫小說，與巴黎現代主義藝術家交好，對歐洲的現代主義運動影響甚大。
6. 薄丘尼（Umberto Boccioni, 1882-1916），義大利畫家、雕刻家，畫作以解構方式呈現動態感，被認為影響了未來主義的概念。
7. 路德維希·馮·霍夫曼（Ludwig von Hofmann, 1861-1945），德國畫家，作品結合了象徵主義和新藝術。
8. 亨利·范·德費爾德（Henry van de Velde, 1863-1957）比利時畫家、建築師、室內設計師，被視為比利時新藝術的開創者，具有多方面的才華，使應用藝術進入了新紀元，對二十世紀初德國的建築與設計影響很大。
9. 古斯塔夫·席夫勒（Gustav Schiefler, 1857-1935），在漢堡擔任法官的藝術收藏家兼贊助者，和「橋派」藝術家關係密切，家中常有藝術家往來，例如孟克、克爾希納、羅特盧夫。

10. 薩穆埃爾·費雪（Samuel Fischer, 1859-1934），德國匈牙利裔出版商，一八六六年創立費雪出版社（S. Fischer Verlag），商標為一個撒網漁夫。主要出版現代文學，旗下作者囊括當代歐陸重要作家，如兩位諾貝爾文學獎作家湯瑪斯·曼和傑哈特·豪普特曼。

11. 艾德華·安侯（Eduard Arnhold, 1849-1925），德國企業家、慈善家、藝術收藏家兼贊助者，以煤礦交易致富，躋身柏林上流社會，被德皇威廉二世任命為上議院議員，熱心贊助藝術，結交了許多藝術家朋友，例如馬克斯·利伯曼和阿諾·博克林。

12. 亞伯·巴林（Albert Ballin, 1857-1918），漢堡船運大亨，「漢堡—美洲船運公司」在他的經營下成為當時全世界最大的船運公司，他同時也被視為現代遊輪之父。

13. 馬克斯·瓦爾堡（Max Warburg, 1867-1946），德國銀行家、政治人物，出身富有的猶太裔銀行家族，他和三個弟弟都是名重國際的銀行家，哥哥艾比（Aby Warburg, 1866-1929）則是著名的藝術史家。

14. 彼得·貝倫斯（Peter Behrens, 1868-1940），德國建築師，現代主義運動的重要成員之一。早年為畫家，後來建造自己的房子，從外觀到內部裝潢、家具等設計全部一手包辦，此經驗讓他開始認真從事設計工作。貝倫斯為德國現代主義的奠基者，將工業設計規格化，也替德國電器工業做形象設計，開創現代企業識別系統的先河。

15. 伊莉莎白·尼采（Elisabeth Förster-Nietzsche, 1846-1935），哲學家尼采的妹妹，在尼采去世後負責管理他的遺稿，建立了位於威瑪的尼采檔案館。

16. 費迪南·霍德勒（Ferdinand Hodler, 1853-1918），瑞士畫家，早期的肖像畫和風景畫走寫實風格，後來則採用一種個人化的象徵主義畫風，他稱之為「平行主義」（parallelism）。

17. 阿道夫·路斯（Adolf Loos, 1870-1933），奧地利建築師。對歐洲現代建築的形式有極大影響力，他曾大肆抨擊維也納分離派的風格，認為當時流行的過度裝飾是多餘的，沒有裝飾的建築才能展現出精神力量。其理念影響了後來極簡形式的建築。

18. 《愉悅》（*Il Piacere*）是鄧南遮的第一本小說，於一八九〇年出版，後來和另外兩本小說《無辜者》（*L'Innocente*）、《死之勝利》（*Il trionfo della morte*）合稱為《玫瑰三部曲》（*Romanzi della Rosa*），是其主要作品。

19. 娜塔莉．巴尼（Nathalie Barney, 1876-1972），長住法國的美國作家，在巴黎創設了知名的文學沙龍，早在二十世紀初就坦然以本名寫情詩給女性友人，在作品中支持女性主義與和平主義。

20. 娜塔莉．德．格婁貝夫（Nathalie de Goloubeff, 1879-1941），俄裔法籍歌手，也從事俄文翻譯。羅丹曾替她雕塑過一尊胸像。

21. 路易莎．卡薩提侯爵夫人（Luisa, Marchesa Casati Stampa di Soncino, 1881-1957），二十世紀初的歐洲名媛、藝術贊助者，出身富裕，父母早逝，留下鉅額遺產，一九〇〇年與卡薩提侯爵（Camillo Casati Stampa di Soncino, 1877-1946）結婚。當時許多藝術家曾替她繪製肖像、拍攝照片和製作塑像，被稱為「全義大利最常入畫的女子」。晚年潦倒，靠朋友接濟度日，後卒於倫敦。

22. 莎拉．伯恩哈特（Sarah Bernhardt, 1844-1923），法國知名女演員，在十九世紀末、二十世紀初主演過大受歡迎的法國劇作，例如小仲馬的《茶花女》，她曾在世界各地登台演出，備受讚譽，也是最早參與電影演出的女星。

23. 羅曼諾．羅曼內里（Romano Romanelli, 1882-1968），義大利雕塑家，也是海軍軍官，出身雕塑家家族，其作品在前衛藝術中占有一席之地。他以舞蹈家鄧肯為模特兒塑造的雕像名為《布倫希德的甦醒》（*Brunhilde's Awakening*）。

24. 布倫希德（Brunhilde）是華格納歌劇《齊格飛》中的角色，她被父親褫奪了神性，塵封於火山中沉睡，等待英雄來將她喚醒。後來排除萬難喚醒她的就是齊格飛。

25. 阿弗列．史特蒂凡特（Alfred Sturtevant, 1891-1970），美國生物學家，受教於湯瑪斯．摩根（Thomas H.

Morgan, 1866-1945，一九三三年諾貝爾獎得主），是全世界第一個做出染色體圖譜的人。

26. 古斯塔夫．葛雷瑟（Gustav Gräser, 1879-1958），提倡另類生活的德國藝術家，被視為德國「共識社區」的創始人之一。他曾帶領年輕的赫曼．赫塞閱讀《道德經》和《薄伽梵譚》，影響了赫曼．赫塞的創作。

十二月

十二月一日，全世界第一座加油站在匹茲堡開張。

✷

十二月一日，席多妮．納德尼歡度二十八歲生日。她的名字就和她的仰慕者名單一樣長：席多妮．阿瑪莉．威勒米娜．卡洛琳娜．茱莉．瑪莉．納德尼．馮．波魯汀（Sidonie Amalie Vilemina Karolina Julie Marie Nadherna von Borutin）。不過在這個十二月一日，主要是兩位祝賀者在爭奪她心中的位置。一位是里爾克，堅定不移、體諒同情、了解女人。當她心愛的哥哥在這年春天去世，只有里爾克用無須言說的理解找到通往她心靈暗箱的入口。她有很多事隱而未言，里爾克覺得這意味深長。同時里爾克讓妻子克拉拉替席多妮塑了一座胸像（里爾克喜歡拐彎抹角），這時擺放在他們位於慕尼黑特羅格街的新居，而他寫信到遠方的城堡給席多妮：「我在此地第三天就看見了妳的胸像，妳應該重新看看擺放在現在這個位置上的這座胸像，金色調，放置在一間瑞典式淺黃房間那種介於鳳梨黃和橙黃色的光亮中，色調那麼溫暖、那麼燦爛，精緻、美麗、安靜，莫名地帶著沉思而憂傷的表情。」嗯，一如既往，里爾克總是莫名地帶著沉思而憂傷的表情寫信給她。但他內心對她的痴迷已經冷卻，在這個夏天，他痴迷的對象是巴特里波爾曹的黑德薇希．伯恩哈德，此刻在冬季，他迷戀的則是瑪德佳．馮．杭廷貝格[1]，一位鋼琴家，也是布梭尼[2]的門生，里爾克在千百封藍灰色的信中向她傾吐愛意。至於席多妮，在一九一三年十二月，里爾克在意的其實是保護既得權利。他覺得自己的所有權受到卡爾．克勞斯的挑戰。克勞斯從九月八日起就閃電愛上席多妮，在她面前只用「那個瑪利亞」來稱呼里爾克。他們在共度的第一個夜晚仰望星辰時，就已經談到這位詩人，身為第三者的里爾克就像遠處的一隻老鷹，始終盤旋在這段情侶關係的上方。日後他將告誡席多妮，要她提防克勞斯和他的猶太血統——很可悲，但卻是真的。不過此刻，在這個十二月，克勞斯心中燃起的愛火顯然最大：「噢，席多妮」，「我在上帝面前的新娘」，「神聖美好的妳」，「帶來幸福的妳！帶來毀滅的妳！帶來拯救的妳」，「我以前絕不會相信這種事會降臨在我身上」，「我在燃燒」。卡爾．克勞斯這樣寫信給席多妮．納德尼。這個嚴肅的先知和勸世者，這個尖刻的諷刺作家和《火炬》雜誌（*Fackel*）的獨力經營者，在他為愛瘋狂時是這樣寫信的。席多妮呢？這位有智慧的女子寫道：「為什麼愛情總是意味著——男女身上均然——毀滅？」問得好。

✷

賈吉列夫盤算著報復。他也在想：為什麼愛情總是意味著毀滅？他的答案是：因為不得不然。當尼金斯基投向女子的懷抱，賈吉列夫把一手栽培的尼金斯基逐出師門，從俄羅斯芭蕾舞團除名。賈吉列夫不再讓他替《約瑟夫傳奇》編舞，拍了封電報把他開除了。但是賈吉列夫知道，唯有當他讓另一個男人進入自己的心房和臥房，他才能真正戰勝、擊敗尼金斯基。當這不可思議的一年告終，他想在莫斯科稍事休息，在歌劇院排練時忽然看見一個俊秀的龍套角色手持托盤把一塊火腿端上舞臺。隔天晚上他看見此人的舞跳得還不錯，跳的是《天鵝湖》裡的塔朗泰拉舞曲。這人名叫里歐尼德・馬辛[3]。賈吉列夫立刻讓他加入俄羅斯芭蕾舞團，隔天就和他一起前往聖彼得堡，兩人一起去了艾米塔吉博物館，晚上立刻就上了床。賈吉列夫找到了他的新星。里歐尼德・馬辛得到《約瑟夫傳奇》中的主要角色，這齣舞劇原本是理查・史特勞斯和霍夫曼斯塔替尼金斯基編寫的。尼金斯基和羅茉拉至少有了孩子。

✷

在十二月二日的漆黑早晨，丹麥作家凱倫・白列森[4]離開了路斯提德勞德（Rungstedlund）的農莊，她童年和少女時期的家園，啟程前往「非洲，那個黑暗誘人的世界」，如同她後來在小說裡所寫。她要在英屬東非和未婚夫瑞典男爵布洛爾・馮・白列森—菲尼克（Bror von Blixen-Finecke）結婚，展開更自由的新生活。四年前，凱倫就曾經愛上過一位白列森—菲尼克男爵，他名叫漢斯，是她現在這位未婚夫的孿生兄弟，但是對方對她無意。於是現在她試圖和布洛爾移居非洲，去經營一座乳牛牧場，就像她聽說過的傑克・倫敦的農場。她想離開狹小的丹麥，想去溫暖而有陽光的地方。布洛爾在一九一三年夏天先行出發，在奈洛比南方恩貢山（Ngong Hills）的山腳下買下面積八百公頃的姆巴茨（Mbagathi）農場，由凱倫的娘家出資，因為這個新郎一文不名。當交易完成，凱倫就收拾行囊。她母親英格柏和妹妹艾倫陪她搭乘火車，在漫長的旅途中穿越了整個歐洲。在聖誕節期間，母女三人還在那不勒斯一起度了幾天假，沉浸在耶穌誕生場景的人偶擺設和義大利南方歌曲中，「遠離非洲」。十二月二十八日，凱倫・白列森搭船前往蒙巴薩（Mombasa）。一月時，布洛爾將會來接她，並且真正成婚，但這是後話了。比較重要的是，她在海上三天之後，在除夕夜就戀愛了，愛上德國中校保羅・馮・雷托—福爾貝克[5]，日後他將成為德屬東非皇家殖民地護衛軍的指揮官。為了把他留在身邊，天生精明的凱倫讓她的新情人來當證婚人。比較令人失望的是她丈夫做了件蠢事，買下的不是事先說好的乳牛牧場，而是一座咖啡農場。很不幸地，咖啡園的地勢出奇地高，咖啡樹一再枯死，那些非洲人很高興找到一個愚蠢的歐洲人來買下這片土地。更令人失望的是，她丈夫在新婚之夜就把梅毒傳染給她，後來她不得不回歐洲接受治療，終生都為其後遺症所苦。她丈夫顯然是在前往非洲途中的一所妓院裡感染了這種疾病，而染患此病使凱倫・白列森格外震驚：她的父親是個嚴謹的新教徒，在醫生診斷出他染患了梅毒之後，為了不讓家人蒙羞而在一八九五年自縊身亡。日後他可憐的女兒在新婚之夜就感染了這種疾病。這或許可以稱為家族命運吧。

＊

俄國飛行員在一九一三年最先飛出空中筋斗，但是沒有人像俄國詩人弗拉基米爾・馬雅可夫斯基[6]以完美的形式繞著自己旋轉。十二月二日，當凱倫・白列森啟程前往非洲，馬雅可夫斯基的劇作《弗拉基米爾・馬雅可夫斯基，一齣悲劇》在聖彼得堡首演。飾演主角的自然是馬雅可夫斯基本人。劇作名稱之所以與作者同名，原本是由於聖彼得堡審查機關的疏忽，但是在作者看來卻十分合理。

✷

人隨著挑戰而成長。因此，年輕有才智的俄國革命分子就直接挑戰太陽。噢，不：他們在那齣大膽的「未來主義歌劇」名稱中就已經宣稱「征服了太陽」。十二月三日晚上九點，以卡薩米爾・馬列維奇為首的藝術家在聖彼得堡的月神公園（Luna Park）舉行首演，這場演出是俄國現代主義藝術的「大霹靂」，與音樂戲劇的所有傳統邏輯一刀兩斷。產生的是一部粗礪的整體藝術作品，純粹的音響詩、使人迷惑的聲響和燈光效果，劇中人物名叫「意圖不軌的某人」和「絮絮叨叨講電話的人」，而在舞臺帷幕上首次出現馬列維奇創作的黑色方塊，據說那是「眾多可能性的起點」。然而馬列維奇仍未能把他心中所想的「未來主義大力士」搬上舞臺。那是一種器械，「一方面可以儲存電力，另一方面只要按下按鈕就會出擊」。《征服太陽》的最後兩句話倒是成功的：「世界當然會毀滅，但是對我們而言不會終結。」這兩句話道出了一九一三年前後俄國革命意識的全副執迷，把毀滅視為創作原則，把終結視為全新開始的條件。《征服太陽》這齣未來主義歌劇混亂不和諧的音樂出自米蓋爾．馬特烏申[7]之手。一九一三年對當代各種藝術最簡明扼要的診斷也出自他筆下：「在繪畫中，所有這些色塊和視角的推移，形狀和色彩的動能。在音樂中，新和聲、新半音體系、新音階的概念。在對文字的發現中，發現與意義分離之文字：文字獨立於意義之外的權利。結果是：在繪畫中，我們已厭倦的昔日學院派素描和古典主義的瓦解。在音樂中，我們已厭倦的昔日聲音和全音階音樂的瓦解。在文學中，我們已厭倦的陳腔濫調、意義氾濫之文字的瓦解。」這段話所說的是：舊的不去，新的不來。這就是文化大國俄羅斯在一九一三年底的情況。

✷

阿拉斯加的卡特邁（Katmai）火山在一九一二年爆發，使得一九一三年整年的天空都還霧濛濛，對世人來說是種不尋常的新奇現象。陽光不再正常照耀，氣溫變涼，而且一整年的降雨比平常更多。殘留的火山灰造成了科學家所謂的「大氣混濁」，不只在美洲，在歐洲也一樣，而且是以「顯著日暈」的形式。從一九一四年起，觀測天空的人會有點無趣。後來卡爾．多爾諾[8]從達沃斯寫道：「自一九一四年一月起，隨之而來的是一段就氣象光學現象而言乏善可陳的時期，要藉由新的干擾才會重新活躍起來。」指的是下一次火山爆發還是下一場戰爭，他沒有明言。天文學家和氣象學家在論證時喜歡謹慎一點。而湯瑪斯・曼會欣賞這份審慎，他在替《魔山》這部小說收集資料時在達沃斯的「物理氣象觀測站」結識了卡爾・多爾諾。

✷

十二月五日，阿絲塔・妮爾森主演的《電影女主角》（*Die Filmprimadonna*）在戲院首映。這個荒誕的故事如下：一個編劇愛上了女主角，她卻愛著另一個人。那人要錢，因為他酗酒又好賭，因此已經有病在身的女演員去巡迴演出。等她把錢給了他，他就可恥地拋棄了她。她回到那個編劇身邊，他先前在絕望中把他們的故事寫成了電影劇本。於是，這個女演員將在劇中飾演她自己。在最後一幕她（也就是阿絲塔・妮爾森）死了，而且是死在那個編劇的懷裡。這真是個瘋狂的遊戲，玩弄著電影的敘述層次和現實。那個女演員死時穿著丑角的服裝，那個編劇也一樣。也就是說，他們在死亡中成為一體。「橋社」大畫家埃里希・黑克爾在十二月五日夜裡從位於選帝侯大道的戲院出來，他心情激動，電影最後一幕中的兩個丑角尤其令他感動。他走路回家，今天他不會去擦靴子，因為他不再相信聖尼可拉斯[9]。他只相信藝術。因此在這天夜裡，他就著手創作

《垂死的丑角》（*Sterbender Pierrot*）那幅蝕刻畫。畫中丑角的頭部以扭曲的角度歪斜，一如電影的最後一幕，那幕影像仍舊在黑克爾腦中揮之不去。不久之後，他著手繪製《死去的丑角》（*Toter Pierrot*），阿絲塔．妮爾森丑角服裝的輪狀皺領變成有如聖像的光環。亦即，這是根據一部關於電影的電影而創作的一幅畫，在那部電影中，一個女演員飾演一個在劇中將會死去的女演員，而她也真的死了。在一九一三年底，藝術和人生如此糾纏不清。

✷

十二月六日，《行動》雜誌替奧圖．葛羅斯[10]出了一集特刊。這個精神分析學家吸食鴉片，熱愛女人和真理，在這兩股力量驅使下，他在真理山、柏林和慕尼黑頑強地反抗威廉二世時代。十一月時，他父親宣稱他瘋了，把他送進了精神病院。一群詩人為他挺身而出，埃里希．米薩姆、法蘭茲．榮格[11]（葛羅斯就是在他家裡被警察逮捕的）、艾爾莎．拉斯克許勒、約翰尼斯．貝歇爾[12]、雅各．凡．霍第斯[13]、勒內．施克勒[14]全都寫出憤怒的詩句。葛羅斯父子之間的對抗成為世代衝突的例證，子輩對抗父輩，青年對抗老年。只可惜獲勝的是父執輩。不過至少戈特弗里德．本恩這一年出版的詩集名叫

《兒子們》（*Söhne*），封面是路德維希．邁德內爾[15]的畫作《末日風景》（*apokalyptische Landschaft*）。

✷

十二月九日，法國最有分量的文學評論家保羅．蘇得[16]論及普魯斯特剛出版的《追憶逝水年華》：「這部作品毫無節制，雜亂無章。」不過，至少在那幾百頁又幾百頁裡也有幾段文字相當不錯，本來可以「寫成一本不錯的小書」。

✷

十二月十三日，德國第一尊紀念海涅的雕像在法蘭克福揭幕。荒謬的是，雕塑家葛歐格．科爾伯[17]是用賈吉列夫失去的牧神，瘦削的舞者尼金斯基為模特兒，來塑造十九世紀德國這位壯碩詩人的身體。當科爾伯接獲來自法蘭克福的委託製作這尊雕像，尼金斯基剛好去他在巴黎的工作室拜訪他。因此這尊海涅紀念雕像是一個苗條結實的少年跳著舞躍過一個裸女，用腳尖保持著平衡。面對錯愕的大眾，科爾伯說他這尊雕像只想表達出海涅詩作的輕盈，如此而已。

✷

卡爾・狄芬巴赫在十九世紀的最後一天找到了《死之島》（*Toteninsel*），阿諾・博克林[18]的同名畫作也許是十九世紀德國藝術中最知名的作品。當他的小船於一八九九年十二月三十一日在卡布里島靠岸，他有預感他將在這座死者島嶼上展開新生活。他曾在伊薩爾河谷（Isartal）的赫里格斯克羅伊特（Höllriegelskreuth）一度嘗試徹底改造自己和這個世界，但是在取這種地名的地方沒能成功也不足為奇。如今他想在卡布里島培養出一種新人類。高爾基也曾在這座島嶼的另一側做過類似嘗試，想把俄國的工人子弟訓練成革命分子。狄芬巴赫則想用素食主義、運動和基督教奧祕來對抗工業化和資本主義。他提倡空氣和陽光、順勢療法和瑜伽、性解放和公社生活，重點在於讓自己被狄芬巴赫「如同軟蠟一般重新塑造」。這一兩年來，狄芬巴赫最極端的作風是每隔幾個月身邊就有一個新女人，檢視之下明顯可以看出他偏好出身德國古老貴族世家的金髮女子。她們迷戀上他，當她們到卡布里島上的奎希桑納大飯店[19]住，散步時被這個滿臉鬍鬚、身穿長袍、眼神狂野的男人迷住。狄芬巴赫在卡布里島上盡情滿足他的性幻想。他指出女性的任務在於：「滿足我與生俱來、無法抗拒的性慾」。他妻子米娜的妹妹瑪莉・佛格勒（Marie

Vogler）也同樣得滿足他的慾求，導致家中爭吵不斷，這不在話下。而在一九一二年，也就是前一年，他在卡布里島上認識了一個出身高尚的年輕俄國女子尤金妮・馮・瑞恩克（Eugenie von Reinke），她原本只打算從那不勒斯到卡布里島上來住幾天，卻還是加入了他的公社，之後還有阿格妮絲・伯格勒・馮・普朗肯費德（Agnes Bogler von Plankenfeld），她從維也納時期就是他的仰慕者，如今再度投向他的懷抱，而狄芬巴赫也希望在她身上找到「更好的自己」。最後在一九一三年，他在卡布里島上散步時遇見了東普魯士莊園女主人瑪塔・羅加拉・馮・畢伯斯坦（Martha Rogalla von Bieberstein），是他尋覓了一輩子的「靈魂伴侶」。不過狄芬巴赫並沒有太多時間給這些女人，因為在卡布里島上他以作畫為主，夜裡也一樣。

自從浪漫主義時期以來，這裡就是德國人渴望前往的島嶼。傳說中早已消失的藍洞正是由一位德國畫家在潛水時發現的。這位畫家奧古斯特・柯皮許[20]原本以編寫小矮仙[21]的童話而知名，這使得藍洞被發現的故事更增添了傳奇色彩。也就是說，卡布里島在狄芬巴赫來到之前主要是藍色的，上方則是金色的太陽。狄芬巴赫卻是等到太陽在卡布里島後方沉入海中。然後在天黑之後，當浪花在月光中明滅閃爍，海浪拍打在石灰岩壁上發出雷鳴般的呼嘯，海鷗的刺耳叫聲驀地響起，像葛歐格・特拉克爾一首詩中的烏啼，這時狄芬巴赫才會帶著畫架和油彩前往海灘。只有月光照明，置身於夜間大海的呼嘯中，他才開始作畫，使用明暗不同的黑色，偉大的歷史人物從他畫作的黑暗潮水中浮現：埃及諸神、奧狄賽、耶穌、但丁，上方總是那些海鷗，牠們的驚叫聲幾乎掠過他的每一幅畫。那些巨幅畫作上的黑色呈顆粒狀，他在顏料裡摻進了海灘上的沙，把沙粒揉進顏料裡，直到沙粒漆黑如夜。他畫個不停，直到黎明緩緩露出曙光，第一道溫暖光亮從遠處地平線後面出現，狄芬巴赫才收拾畫具。他把畫架背在肩上，一隻手拿起未乾的畫布，另一隻手拿著畫筆和顏料，走上通往他住屋的上坡路。他把畫擱在起居室，讓所有人一醒來就能看見，為之驚訝、感動、佩服得五體投地。大師自己則回到寢室，朝天空再看一眼，做一番禱告，脫下他的改良式亞麻服裝，換上改良式亞麻睡衣，一覺睡到大白天，希望這一個金光燦爛的白晝也將在一個完全漆黑的夜晚結束。然後在一九一三年十二月十三日，卡布里島徹底成了狄芬巴赫的死亡之島，這件事的象徵意義再濃不過。當太陽在五點半左右下山，偉大的生活改革家、瘋子、天才和浪子卡爾·狄芬巴赫的生命也隨之熄滅。

✷

一九一三年十二月十三日，卡爾・狄芬巴赫去世的那一天，三十歲的卡爾・雅斯培[22]向海德堡大學哲學院提交了他寫給「普通精神病理學」（Allgemeine Psychopathologie）的教科書作為取得教授資格的論文。他以這本書替精神病理學留下了一部基礎文獻，但從此以後他的研究就完全轉向了哲學。

✷

在十二月十三日至十七日之間，德國熱氣球駕駛員胡戈・考林（Hugo Kaulen）連續在空中待了八十七個小時。他的熱氣球於十二月十三日從比特費德（Bitterfeld）升空，直到十二月十七日才降落在兩千八百二十八公里外俄國烏拉山區一處人煙罕至的草原，在彼爾姆（Perm）附近。他只攜帶著一本學校用的舊地圖，否則他也許會替這趟旅程選擇一個更理想的目的地。當他和兩名同伴搭乘狗拉雪橇又旅行了三天，抵達下一個較大的聚落，立刻就被帶回了現實，由於涉嫌從事間諜活動而遭到逮捕。不過當俄國軍方在他們身上發現了那本可笑的舊地圖，就把考林和他的夥伴釋放了。在地球上方這五天讓他回味終身。直到一九七六年，才有人比這位來自比特費德的胡戈・考林在空中待得更久。

✷

十二月十九日，傑克．強森[23]和來自田納西州孟斐斯的挑戰者吉姆．強森[24]在巴黎對戰，爭奪重量級世界拳王頭銜。賽前已經可以確定新任拳王的姓氏會是強森，除此之外一切就都不確定。冠軍爭奪戰首度出現兩名拳擊手都是黑人，全球各地媒體都在討論。傑克．強森剛從美國逃到歐洲，因為他在家鄉遭到起訴，並且被判處一年徒刑。該地有一條法律禁止為了「從事不道德活動」而把婦女從美國的一州「運送」至另一州。按照官方說法，這條法律旨在防止賣淫，但是傑克．強森因為與一名白人女子有一段情，從另一州寄了張火車票給她，好讓她來看他出賽。傑克．強森沒有去服刑而逃到了歐洲。十二月十九日在巴黎蒙馬特愛麗舍（Elysée Montmartre）的那場比賽想必很蹊蹺。從第三回合開始，傑克．強森就垂下左臂，只使用右臂。但他的挑戰者並未利用機會窮追猛打，紀錄中只有第七回合出現兩記強勁上鉤拳。觀眾譁然，要求退錢，因為拳擊場上沒有看頭。據說傑克．強森在第三回合折斷了手臂，但是沒有人真的相信。比賽在進行十回合之後結束，按照點數計算兩人打成平手，因此傑克．強森仍是拳王。身兼畫家和拳擊手的喬治．布拉克鼓了掌，回家去畫了一幅立體派風格的拳擊場。作家兼拳擊手鄧南遮回家用沙袋練拳，把沙袋裝扮成希臘女神的模樣。

✶

施尼茨勒的《談情說愛》搬上銀幕。這個故事是關於一場決鬥，在決鬥發生之時，被要求決鬥的一方根本已經不在乎當年與他有染的女人了。可以說，這是個關於時間點錯誤的故事。施尼茨勒於十二月二十日在維也納觀賞了電影的試映。他在日記裡寫下：「整體而言樂趣平平。」作家不滿意決鬥那一幕。他認為這幕戲本來「在電影中可以做更多發揮」。《電影》雜誌（*Kinematograph*）的看法則截然不同，一篇影評裡說：「大概沒有一部影片像《談情說愛》一樣逼真地重現出維也納享樂世界特有的無奈。」

✶

史蒂芬．茨威格置身在維也納的享樂世界，他在日記裡寫下：「整個世界籠罩著一股奇妙的無憂無慮，有什麼會中斷這股發展？人們從自身動力中一再汲取新力量，有什麼能夠阻礙這股幹勁？歐洲從不曾更強盛、更富裕、更美麗，從不曾更由衷地相信未來會更加美好。」唉，天不從人意。很遺憾，等到茨威格在一九四二年發表這段文字，將是在一本名叫《昨日世界》的書裡。

✷

艾美・黑寧斯[25]，二十八歲，金色瀏海短髮，眼神充滿渴望，表情帶有弗連斯堡（Flensburg）的美妙矜持。她在秋天時返回慕尼黑利奧波德街（Leopoldstraße）四號，回到施瓦本絢麗的秋景中，之前她在卡托維治（Kattowitz）和布達佩斯的歌舞劇院登台獻唱。這位演員、歌手兼喜劇演員的生活和愛情都變化多端，在一九一〇年至一九一五年間，單是在慕尼黑的戶政機關就有二十六次遷入和遷出記錄。一個走上歧路的女子。晚上她常在慕尼黑的傻大哥咖啡館（Simplicissimus）演唱，然後繼續遷徙：先從利奧波德街去柏林，在林登夜總會（Linden-Cabaret）登台，身穿綠色雪紡綢洋裝，歌聲迷離。不久之後則在柏林拱廊劇場（Passagetheater）的畢爾夜總會（Bier-Cabaret）以「丹麥未來主義藝人」的身分演出。她總是處於精神崩潰邊緣而吸食毒品，登台演唱之後又得在絲絨隔間裡賣身，都使她愈來愈厭惡自己。但是說也奇怪，這個出身北方的奇特女子不知何故在一九一三年從秀場藝人搖身一變，成為文人的寵兒。弗蘭克・魏德金替她寫了《暴風之歌》（*Das Donnerwetterlied*），卡爾・克勞斯興奮地談起她的散文，克拉本對她著迷。首先在庫特．沃爾夫出版社出名的是她的身體，她的畫家情人萊侯德．容漢斯（Reinhold Junghanns）的畫稿出版了，標題是《一個女性主題的變奏》（*Variationen über ein weibliches Thema*）（她的母親將永遠不會原諒她讓人畫下這些裸體畫，但是在施瓦本，這些畫像將使她舉世知名）。容漢斯接著拿了他模特兒所寫的幾首詩給法蘭茲．魏菲爾看，魏菲爾是他在庫特．沃爾夫出版社的編輯。魏菲爾「被感動了」，一眼就看出了她的才華，又跟她多要了幾首詩來讀，然後出版了她的第一本詩集。那是在她的身體被世人看見之後四個月，詩集名稱很恰當地叫做《最終的喜悅》（*Die letzte Freude*）。這當然令霍第斯傾心，那個吸毒成癮、接近瘋狂、創作出〈世界末日〉（*Weltenende*）那首詩的詩人，他迷戀上她和她的綠色眼睛。她也迷上了他，但為時甚短。西方咖啡館[26]裡有太多毒品、太多痛苦、太多酒精。費迪南．哈德科普夫[27]在《行動》雜誌裡這樣描述她：「誰能阻止這個如文人般歇斯底里、神經過敏、情感強烈撕裂大腦的女孩膨脹成一場雪崩？」看來誰也不能。但是後來胡戈．巴爾（Hugo Ball）出現，那時他仍是表現主義者，還不是達達主義者。艾美．黑寧斯描述他們的初遇：「他遞給我一首詩，名叫〈劊子手〉（*Der Henker*），我幾乎不敢接受，因為我覺得那首詩陰森恐怖。他朗誦那首詩給我聽，我心中湧起一陣恐懼，不知道是恐懼那些字句還是那個人。」艾美．黑寧斯克服了震驚，德國的審查機關卻沒能克服。當巴爾的〈劊子手〉在第一期《革命》雜誌上發表，那期雜誌遭到查禁，倒楣的發行人被指責散播猥褻的文章，巴爾被告上了法庭。但這時，艾美·黑寧斯早已成了他的堅定擁護者。

✷

卡夫卡已經好幾天沒有未婚妻菲莉絲·包爾的消息，他請朋友恩斯特·魏斯[28]去柏林林德奎斯特公司（Firma Lindquist）她的辦公室找她，請求她給個答覆。十二月二十日，菲莉絲也果真拍了封電報到布拉格，承諾她會寫信。但她沒有寫信來。於是卡夫卡打電話給菲莉絲，而她再次承諾很快就會寫信。但是她沒寫。一天後，卡夫卡拍了封電報給她：「沒收到信」。菲莉絲也拍了封回電，說她寫給卡夫卡的信已經寫好準備寄出，但是請他聖誕節時不要到柏林來找她。絕望的卡夫卡和父母一同過節。十二月二十九日，菲莉絲幾星期以來就說要寫的那封信塞進了信箱，這是七個多禮拜以來的第一封，是分手信。她寫道：「結婚會使我們兩個放棄很多東西。」卡夫卡哭了，沒有再往下讀。他提筆寫回信，這又將花掉他四天時間，就跟一年前一樣。除夕夜他又坐在敞開的窗前寫了又寫，半心半意地又問了一次，他們兩個是否還能設法走下去，事實上他發現自己也不再相信他們會有未來。這時鐘聲敲響了十二下，煙火竄向高空，五彩光亮在城堡區上空閃爍，照亮了黑夜，在高空中漸漸熄滅，然後墜落地面。卡夫卡繼續寫，這封信到最後長達三十五頁，真是不可思議。他再次向她求婚，自然又是以他特有的方式，一段用虛擬式寫成的告白：「婚後我也還是原來的我，而這正是等待著妳的不幸，假如妳願意的話。」菲莉絲在這句話下面畫了粗粗的線，而且直到本書付印之前都沒有回覆。

*

自己的孩子忽然出現在自己人生的門口，讓弗蘭克．魏德金不知所措。這位作家曾寫出《露露》（*Lulu*）和《春之覺醒》（*Frühlings Erwachen*），也就是說他對於人生的艱難現實深感興趣，但是當現實來按門鈴，他還是完全招架不住。弗里德里希．史特林堡[29]在夏天時首次聯絡，他是魏德金的長子，如今十六歲，父子兩人有十五年不曾見面。他以工整的聚特林字體[30]寫信請求和父親會面。這個可憐的孩子稱呼他「魏德金先生」，顯得笨拙而缺乏自信，對於一個由外婆撫養長大、只在報上讀到父親消息的孩子來說這也很自然。現在他每星期都寫文謅謅的信來：「我已經期待著與魏德金先生再度相見。」他也開始在信裡附上自己寫的詩和劇作。所謂有其父必有其子。魏德金禮貌地回覆，但是要在慕尼黑的家裡接待弗里茲（弗里德里希的小名），他感到驚慌恐懼。他在日記裡寫下：「我的心情太激動，連我該說的台詞都背不下來。」然後在十二月二十三日，弗里茲果真從維也納搭乘火車前來，去按「魏德金先生」家的門鈴。可是魏德金還在睡覺，他一向要睡到中午。他太太提莉努力營造愉快氣氛，同父異母的妹妹帕美拉和卡蒂佳從門框裡好奇地打量他。提莉正忙著準備聖誕節，於是打發弗里茲進城去參觀博物館，並且從劇場服裝道具中拿了一條領帶借給他。等到魏德金醒來，他跟提莉起了口角：幹嘛借他兒子一條領帶？弗洛伊德若是知道會覺得有趣。其他人都覺得在受罪。後來他兒子想必是帶著領帶回來。他們設法慶祝了一家五口的聖誕節。魏德金夫妻倆的日記都沒有提及此事。出於羞愧。

*

保羅．克利在聖誕節時從慕尼黑前往伯恩，去他父母家。然後在日記裡用精準的文字寫下那種無解的困境，在老家慶祝聖誕節的誘惑力和家人關係的脆弱易折：「大家都知道在父母家過聖誕節曾經是美好的、幸福的，現在也依然美好，依然幸福。對，這話很難反駁，但是預感卻不贊同。令人心裡發毛。兒時的情景歷歷在目。」

✷

十二月二十五日，D. H. 勞倫斯剛享受了《兒子與情人》（*Sons and Lovers*）的成功，也享受情人弗莉妲．馮．里希特霍芬[31]的陪伴。他坐在義大利熱那亞碼頭的一間酒館裡，在日記上寫下：「我的宗教信仰是，我確信每一個人的血肉都比他的理智更聰明。我們的大腦可能會弄錯，但是血肉所感受到並且想要述說的永遠是真實的。」

✷

德古拉伯爵若是知道勞倫斯這番話會覺得有趣。只可惜他在人間的代理人，布達佩斯的土耳其學家阿米紐斯．范貝利[32]剛去世八週。范貝利曾把德古拉伯爵的所有重要歷史細節提供給伯蘭．斯托克[33]。解剖報告中沒有提及頸部有咬痕。

✷

十二月二十六日，七十一歲的美國作家安布羅斯．比爾斯[34]失蹤了。失蹤前留下這句名言：「明天我將離去，而且沒有明確目的地。」他是美國出版界永遠憤世嫉俗的人，嘴尖舌利，惡毒傷人，以刻薄的挖苦諷刺知名。他曾說他的寫作計畫在於批評一切，「包括各種統治形式、大部分的法律與習俗，還有全體當代文學」。因此當他失蹤了，美國就顯得稍微祥和一些。由於他在一九一三年聖誕假期的第二天消失得無影無蹤，立刻出現了一些荒謬的說法。他是否如同某些人的推測和他自己的暗示死於墨西哥戰爭的混亂？還是被外星人綁架？被中南美洲印第安人吃了？各種情況都被視為可能。

如果去讀一九一三年秋天那一封封語帶玄機的道別信，他寄給朋友和敵人的那些尖刻的人生總結，那個不確定的目的地很可能是他自願前往的黃泉。比爾斯終其一生著迷於自殺，甚至發表過一篇自殺術的使用說明：「刮鬍刀十分可靠，只不過使用前需要先知道頸動脈的位置。下班後至少預留半小時。」一九一三年十二月二十六日標記出安布羅斯．比爾斯在塵世的上班時間結束。

✷

奧匈帝國皇帝弗蘭茨．約瑟夫在位已超過六十五年，真是不可思議。在聖誕假期的第一天，他午餐想吃一份維也納炸牛排。而他吃到了。

✷

可惜埃里希・米薩姆那本口風不緊的一九一三年日記下落不明。不過他從巴德街（Baaderstraße）1a號為他發行的《該隱》[35]，那本「人性雜誌」的最後一期，寫了一篇短文，標題是〈一九一三年總結〉（*Bilanz 1913*）。很遺憾，這份總結的內容如下：「如果迷信之人想要聲稱十三這個數字會帶來不幸，大可援引逝去的這一年為例。在世界各地假政治之名所發生的事反映出奴性、殘暴和愚蠢。對歐洲而言，一九一三年意味著所有政治手腕的失敗，使得對戰爭的恐懼在各國都引發了經濟災難，這些災難已經帶有戰爭的味道。各國不斷增加的軍力終將導致世界大戰的災難。」還有問題嗎？

✷

約翰尼斯・蓋革[36]研發出一種機器來測量 α 射線穿過物質時的偏轉，和一種測量帶電與不帶電粒子的儀器，即所謂的「蓋革計數器」。

✷

鬼火燐燐的表現主義詩人阿弗雷德・利希登斯坦[37]寫了〈預言〉（*Prophezeiung*）這首詩。他發表在芬費特的《行動》雜誌上，這是狂野年輕詩人在一九一三年發表這類作品的地方，這份前衛藝術週刊此時位於柏林拿紹街（Nassauische Straße）十六號，讀者超過七千人。十月時利希登斯坦在〈避暑勝地〉（*Sommerfrische*）那首詩裡所盼望的「末日」，似乎終於在一九一三年十二月來臨。利希登斯坦寫的詩奇特地混合了本恩、布萊希特和凱斯特納[38]的風格，卻也完全是他自己的風格：

一朝——我有預兆——
死亡風暴將自遙遠的北方來襲。
屍臭處處。
大殺戮就此展開。

這首詩如此這般繼續下去：在這片憑空想像出的末日景象中，少女爆裂，公車翻覆。利希登斯坦描述的正是同一時間路德維希・邁德內爾在《末日風景》這幅畫中所描繪的。十月一日，利希登斯坦加入巴伐利亞第二步兵團擔任一年志願兵。他所謂的「一年」是認真的：他在一九一四年九月二十五日戰死，剛好是在一年之後。也就是說，利希登斯坦的軍銜也是一則應驗的預言。

✷

華格納歌劇《帕西法爾》（*Parzifal*）只准在拜魯特演出的禁令將在一九一四年一月正式終止。但是巴塞隆納的利塞奧大劇院（Gran Teatre del Liceu）不想等這麼久，在十二月三十一日距離午夜還有幾秒鐘時就已經演出該劇。當外面的蘭布拉大道上點燃煙火，樂師奏起了第一小節，理查·華格納的作品就過了版權保護期。

✷

卡爾·史登海姆[39]在一九一三年十二月三十一日寫他的劇作《一九一三》。他察覺這一年相當特別。這一天，他寫下了這齣劇作的主題句：「這個世界要獲得拯救總是只差那麼一點。」

✷

卡薩米爾・馬列維奇和他的正方形黑色腦袋坐在書桌前，外面大雪紛飛，他很冷。桌上擺著波里斯・巴斯特納克[40]剛出版的首部作品，書名很美的一本詩集：《雲中的孿生子》。馬列維奇在寫一篇短文，他訂的標題是〈一九一三這一年〉，一篇年度總結。重點其實在於上升，在於新的飛機和新的經驗：亦即人類忽然從上方俯視雲朵，不管是不是孿生子，以及這一切如何攪亂了人類內心。「一旦抵達了天空，我們的任務就在於獲得上帝的所有特點，亦即全視、全能、全知。」藝術家在一九一三年覺得自己的力量如此強大。人類如今能夠從上空俯視雲朵，這種感覺產生了一種魔力，把眾人全都吸引到飛機場上，不管是卡夫卡、豪普特曼、鄧南遮還是馬列維奇。從地面上升，那是一種激進、根本的現代行動。同時弗洛伊德在他的《圖騰與禁忌》裡尋找古代儀式，史特拉汶斯基在《春之祭》的咚咚鼓聲裡尋找，恩斯特・路德維希・克爾希納在他的木雕作品中尋找，這些用船艙板雕成的作品宛如出自遙遠太平洋島民之手。不過，這些不再是對立的。在這一年，一切同時發生，在這一年動筆或完成的幾部世紀小說裡，過去、現在和未來難分難解地交錯：在詹姆斯・喬伊斯的《尤利西斯》裡，在穆齊爾的《沒有個性的人》裡，在普魯斯特的《追憶逝水年華》裡，在湯瑪斯・曼的《魔山》裡。在藝術中，杜象的第一件現成物藝術品到馬列維奇的原始方塊之間拉出一道無窮遠的弧線，含括了抽象派、立體派，那些分裂的形式、那些渴望、那些熱血沸騰的宣言。也許世界從未像在這一年裡這般加快速度。難怪亨利・福特發明了輸送帶，太平洋和大西洋的海水在巴拿馬運河匯流，沒有人曾經像在一九一三年飛得這麼高、這麼遠、這麼快。多麼驚人的一年。克拉拉・貝爾格（Clara Berg）的書正好在一九一三年十二月出版，書名帶有勝利在望的意味：《世界之謎是解得開的》（*Die Welträtsel sind lösbar*）。

✷

世界的其他地方情況如何呢？一九一三年十二月三十一日在里斯本，葡萄牙大詩人費爾南多・佩索亞在日記裡寫下：「不管命運有何打算，事情就是會發生。」上帝聽見了他的話。

✷

在維也納的赫岑多夫宮（Hetzendorf Schloß），奧地利大公爵夫人齊妲在除夕夜開始陣痛。但是陣痛的時間拖得有點長，原因或許也在於她將要誕生女兒的姓名長度：雅德海德・瑪莉亞・約瑟芳・席絲塔・安東妮亞・蘿貝塔・奧圖妮亞・齊妲・夏洛特・路薏絲・伊瑪庫拉塔・皮雅・特瑞莎・碧亞翠絲・法蘭西絲卡・伊莎貝拉・亨莉耶塔・馬克西米莉安娜・吉諾薇娃・伊格娜提亞・馬庫斯・達維亞諾（Adelheid Maria Josepha Sixta Antonia Roberta Ottonia Zita Charlotte Luise Immakulata Pia Theresia Beatrix Franziska Isabella Henrietta Maximiliana Genoveva Ignatia Marcus d'Aviano）想當然耳需要較長的時間通過產道。即將成為人父的費迪南大公希望這個孩子的誕生，將會給一九一四這個新年度帶來好預兆。

注釋

1. 瑪德佳・馮・杭廷貝格（Madga von Hattingberg, 1883-1959），奧地利鋼琴家，義大利音樂家布梭尼的門生，她曾用鋼琴向里爾克解說許多曲目，里爾克對音樂的了解大半要歸功於她。
2. 費魯喬・布梭尼（Ferruccio Busoni, 1866-1924），義大利鋼琴家、作曲家、指揮家、音樂教育家，每年在義大利波札諾（Bolzano）舉行的「布梭尼國際鋼琴大賽」就是以他為名。
3. 里歐尼德・馬辛（Léonide Massine, 1895-1979），俄國芭蕾舞者，後來成為編舞家，創作出全世界第一支「交響樂芭蕾」，不再以敘述故事為主，而追求音樂與舞蹈之間較純粹的美感。
4. 凱倫・白列森（Karen Blixen, 1885-1962），丹麥作家，出身貴族世家，在法國和瑞士接受教育，學習藝術。

婚後和丈夫在非洲經營農場，但最終以破產收場。返回丹麥後以男性筆名寫作，出版第一本書時已年近五十。她的知名作品如《遠離非洲》和《芭比的盛宴》後來均曾搬上銀幕。

5. 保羅．馮．雷托—福爾貝克（Paul von Lettow-Vorbeck, 1870-1964），出身貴族的德國軍官，後升任為將軍，在一次大戰期間負責指揮德屬東非軍團，以少數兵力成功牽制了以英軍為首的聯軍，在戰場上未嘗敗績，有「非洲雄獅」之稱，後來雖因德國戰敗而奉命投降，但仍被德國人視為英雄。

6. 弗拉基米爾．馬雅可夫斯基（Wladimir Wladimirowitsch Majakowski, 1893-1930），俄國與前蘇聯詩人、劇作家，屬於俄國二十世紀早期未來主義代表人物。

7. 米蓋爾．馬特烏申（Michail Matjuschin, 1861-1934），俄國畫家兼作曲家，屬於俄國前衛藝術圈，是未來主義藝術的共同創始人，和另一位前衛藝術家馬列維奇的友誼維持終身。

8. 卡爾．多爾諾（Carl Dorno, 1865-1942），德國自然科學家，被視為輻射氣候學的創始人。因女兒染患肺結核需至達沃斯療養而隨之前往，在該地設立了「達沃斯物理氣象觀測站」。

9. 十二月六日是德國的聖尼可拉斯節，據說這一天聖尼可拉斯會在鞋子裡塞滿糖果，所以小孩子會在十二月五日晚上把靴子擦乾淨放在門口。

10. 奧圖．葛羅斯（Otto Gross, 1877-1920），奧地利精神分析學家。父親原為法官，也是當時尚屬少見的犯罪學家。葛羅斯曾與父親合作研究，後來反對父親的犯罪決定論。當代反心理學及性解放運動的先驅，深受尼采哲學影響，自己的理論也影響了勞倫斯和卡夫卡等作家；在精神分析方面，對榮格的心理類型理論影響深遠。在南美洲當船醫時染上毒癮，生活放蕩，情史豐富，被認為是二十世紀反文化的代表人物。

11. 法蘭茲．榮格（Franz Jung, 1888-1963），德國作家、記者、經濟學者、政運人士，曾替《暴風》和《行動》雜誌撰稿，「德國共產主義工人黨」的共同創立者，曾參與一九二一年三月的工人起義。

12. 約翰尼斯．貝歇爾（Johannes R. Becher, 1891-1958），德國表現主義作家，共產黨員，納粹掌權期間流亡俄國，二戰後返回蘇聯占領的東德，成為執政黨「德國統一社會黨」的重要幹部，曾擔任東德的文化部長及文化聯盟主席。

13. 雅各．凡．霍第斯（Jakob van Hoddis, 1887-1942）係筆名，本名漢斯．達維德松（Hans Davidsohn），德國表現主義詩人，《世界末日》（*Weltende*）是他最知名的一首詩。他在二十多歲時就出現思覺失調症狀，後來日趨嚴重，需長期住院療養，納粹掌權期間遭到殺害。

14. 勒內．施克勒（René Schickele, 1883-1940），德法混血作家，生長在德法交界的阿爾薩斯，表現主義重要刊物《白書頁》的發行人，一次大戰期間該雜誌刊登了許多倡議和平的文章，戰後他致力於促進德國和法國之間的理解，納粹掌權後移居法國南部的小漁村，在當地病逝。

15. 路德維希．邁德內爾（Ludwig Meidner, 1884-1966），德國表現主義畫家和版畫家。年輕時受過石匠訓練，後來投入繪畫。一九一二年創作系列版畫《啟示錄風景》，表現大都會人們內心的躁動不安，畫作中彗星劃過天際，世人四處逃竄，建築物傾倒，被認為預示一次大戰爆發。後來躲避反猶勢力迫害，逃到英國，戰後多年才返德。

16. 保羅．蘇得（Paul Souday, 1869-1929），法國文學評論家、散文作家，一九一二年至一九二九年負責替《時報》（*Le Temps*）撰寫文學評論，曾替普魯斯特作傳。

17. 葛歐格．科爾伯（Georg Kolbe, 1877-1947），德國雕塑家，早年習畫，受到羅丹及路易斯．圖埃朗（Louis Tuaillon, 1862-1919）的影響而改學雕塑，作品以古典風格的銅雕裸像為主，表現出身體與心靈的和諧。

18. 阿諾．博克林（Arnold Böcklin, 1827-1901），瑞士象徵主義畫家。創作各地的風景畫，增添帶有象徵寓意和神話氣息的色彩，且常有對死亡的描繪。

19. 奎希桑納大飯店（Hotel Quisisana）位於卡布里島舊城中央，是間歷史悠久的豪華飯店，建造之初原是座療養院，一八六一年改為飯店，其義大利語名稱 Qui si sana 的意思是「在此療癒」。

20. 奧古斯特．柯皮許（August Kopisch, 1799-1853），德國畫家兼作家，曾在維也納美術學院習畫，因右手受傷而棄畫從文，前往義大利遊歷，由於善泳而在一八二六年發現了卡布里島的藍洞。他在那不勒斯重拾畫筆，以風景畫知名，《蓬蒂內沼澤的落日》（*Die Pontinischen Sümpfe bei Sonnenuntergang*）為其傑作。

21. 小矮仙（Heinzelmännchen）或稱小精靈，是德國民間傳說裡會在夜裡偷偷幫忙做家事的小矮人，奧古斯特·柯皮許曾根據這個傳說寫了一首敘事詩，使得故事流傳更廣。

22. 卡爾·雅斯培（Karl Jaspers, 1883-1969），德國哲學家，在投身哲學之前曾攻讀法律和醫學，主張科學原理可以運用在社會學及人文科學，而哲學應當重視人的生存，為存在主義哲學奠定了基礎。

23. 傑克·強森（Jack Johnson, 1878-1946），美國拳擊手，第一位非裔美籍的重量級拳王，保持此一頭銜長達十三年（1908-1915）。

24. 吉姆·強森（Jim Johnson, 1887-1918），美國拳擊手，在場上戰績平平，是拳王傑克·強森在衛冕期間對戰過的拳擊手中唯一的黑人。

25. 艾美·黑寧斯（Emmy Hennings, 1885-1948），德國演員兼作家，和她的第二任丈夫胡戈·巴爾（Hugo Ball, 1886-1927）都屬於達達主義的創始者。

26. 西方咖啡館（Café des Westens），別稱狂妄咖啡館（Café Größenwahn），位在柏林選帝侯大道，一八九八年至一九一五年間是柏林藝術家和記者聚集之地，也是德國表現主義文學運動的中心。

27. 費迪南·哈德科普夫（Ferdinand Hardekopf, 1876-1954），德國作家、記者、翻譯家，曾替柏林多家報紙雜誌撰寫文學評論和戲劇評論，和艾美·黑寧斯曾是同遊法國的伴侶，一次戰後移居巴黎，翻譯了許多法文作品，湯瑪斯·曼曾稱讚他為當時最優秀的法文譯者。

28. 恩斯特·魏斯（Ernst Weiß, 1882-1940），奧地利醫生兼作家，出身猶太家庭，曾在維也納和布拉格行醫，一九一三年與卡夫卡結識，一九二一年移居柏林，成為自由作家。納粹奪權後流亡巴黎，當德軍在一九四〇年攻占巴黎，他服毒割腕自盡。

29. 弗里德里希·史特林堡（Friedrich Strindberg, 1897-1978）是奧地利作家芙麗妲·史特林堡（Frida Strindberg, 1872-1943）和魏德金婚外情所生的孩子，她丈夫是瑞典知名劇作家奧古斯特·史特林堡（August Stringberg,

1849-1912）接納了這個孩子，讓他冠上自己的姓氏。弗里德里希成年後擔任自由記者，替報社和出版社撰稿。

30. 聚特林字體（Sütterlinschrift）係由普魯士文化教育部長在一九一一年委託平面設計家路德維希．聚特林（Ludwig Sütterlin, 1865-1917）所設計的字體，作為學童學習書寫的範本。

31. 弗莉妲．馮．里希特霍芬（Frieda von Richthofen, 1879-1956）出身德國貴族，第一任丈夫是英國教授威克里（Ernest Weekley），育有三名子女，D. H. 勞倫斯是她丈夫的學生。她和勞倫斯在一九一二年相識相戀，為了他拋家棄子，在她離婚後，兩人於一九一四年結婚。

32. 阿米紐斯．范貝利（Arminius Vámbery, 1832-1913），匈牙利東方學家、土耳其學家、旅行家，曾與伯蘭．斯托克相遇，向他說起歷史人物羅馬尼亞大公弗拉德三世（Vlad III, 1431-1476）的事蹟，後來史托克就以弗拉德三世為原型創作出吸血鬼小說《德古拉》。

33. 伯蘭．斯托克（Bram Stoker, 1847-1912），愛爾蘭作家，主要以一八九七年出版的小說《德古拉》（*Dracula*）而知名。

34. 安布羅斯．比爾斯（Ambrose Bierce, 1842-1914）美國記者兼作家，曾參與南北戰爭，作品以帶有諷刺及黑色幽默著稱。

35.《該隱》（*Kain*）是一本無政府主義雜誌，副標題為「人性雜誌」（*Zeitschrift für Menschlichekeit*），宣揚無政府主義和波希米亞式的生活，發行人埃里希．米薩姆（Erich Mühsam）用《聖經》人物「該隱」替雜誌命名是因為該隱乃是人類史上的第一個叛逆者。

36. 約翰尼斯．蓋革（Johannes Geiger, 1882-1945），德國物理學家，他和他指導的博士生瓦爾特．繆勒（Walther Muller, 1905-1979）共同發明了「蓋革計數器」。

37. 阿弗列．利希登斯坦（Alfred Lichtenstein, 1889-1914），德國表現主義詩人，一九一三年出版詩集《暮色》（*Die Dämmerung*）並獲得法學博士學位，一九一四年死於戰場。

38. 埃里希·凱斯特納（Erich Kästner, 1899-1974），德國作家、詩人、出版家，以幽默諷刺的詩文著稱，也是家喻戶曉的童書作家，作品包括《小偵探愛彌兒》（*Emil und die Detektive*）和《飛行的教室》（*Das fliegende Klassenzimmer*）。

39. 史登海姆（Karl Sternheim, 1878-1942），德國劇作家、小說作家，在作品中經常抨擊德皇威廉時期市民階級的道德觀。

40. 波里斯·巴斯特納克（Boris Pasternak, 1890-1960），俄國詩人、小說家、翻譯家，曾將歌德、席勒和莎士比亞的劇作譯成俄文，一九五八年諾貝爾文學獎得主，知名小說《齊瓦哥醫生》（*Dr. Zhivago*）曾被改編為電影。

重點參考書目

Adolphs, Volker/Hoberg, Annegret (Hrsg.): *August Macke und Franz Marc. Eine Künstlerfreundschaft*. Ausstellungskatalog. Ostfildern 2014.

Albertina, Wien (Hrsg.): *Egon Schiele*. Ausstellungskatalog. München 2017.

Andreas-Salome, Lou: *In der Schule bei Freud. Tagebuch eines Jahres (1912/1913)*. Frankfurt am Main u. a. 1983.

Astruc, Gabriel: *Meine Skandale. Strauss, Debussy, Strawinsky*. Berlin 2016.

Bauermeister, Christiane/Hertling, Nele (Hrsg.): *Sieg über die Sonne. Aspekte russischer Kunst zu Beginn des 20. Jahrhunderts*. Ausstellungskatalog. Berlin 1983.

Bellin, Klaus: *Das Weimar des Harry Graf Kessler*. Mit Photographien von Angelika Fischer. Berlin 2013.

Becker, Ingeborg/Marchal, Stephanie (Hrsg.): *Julius Meier- Graefe. Grenzgänger der Künste*. Berlin/München 2017.

Benn, Gottfried: »*Absinth schlürft man mit Strohhalm, Lyrik mit Rot-*

stift.« Ausgewählte Briefe 1904-1956. Hrsg. von Holger Hof. Göttingen 2017.

Benn, Gottfried: *Söhne. Neue Gedichte*. Berlin 1913.

Berg, Clara: *Die Welträtsel sind lösbar. Skizzen*. Berlin 1913.

Bilang, Karla (Hrsg.): *Kandinsky, Münter, Walden. Briefe und Schriften. 1912-1914*. Bern 2012.

Birthalmer, Antje/Finckh, Gerhard (Hrsg.): *Der Sturm. Zentrum der Avantgarde*. Ausstellungskatalog, Band 1. Wuppertal 2012.

Bollmann, Stefan: *Monte Verita. 1900. Der Traum vom alternativen Leben beginnt*. München 2017.

Buckle, Richard: *Nijinsky*. Herford 1987.

Bunin, Iwan: *Ein Herr aus San Francisco. Erzählungen 1914/1915*. Zürich 2017.

Brecht, Bertolt: *Briefe*. Hrsg. von Günter Glaeser. 2 Bande. Frankfurt am Main 1981.

Brugger, Ingried et al. (Hrsg.): *Liebe in Zeiten der Revolution. Künstlerpaare der russischen Avantgarde*. Ausstellungskatalog. Wien 2015.

Busold, Stefanie: Henry P. Newman. *Hamburger Großkaufmann und Mäzen*. Hamburg 2012.

Chanel, Coco: *Die Kunst, Chanel zu sein*. Aufgezeichnet von Paul

Morand. München 2012.

Christie's: *The Collection of Peggy and David Rockefeller*. Band 1. Auktionskatalog. New York 2018.

Cowling, Elizabeth et al. (Hrsg.): *Matisse Picasso*. Ausstellungskatalog. London 2002.

Csáth, Géza: *Tagebuch 1912-1913*. Berlin 1990.

Decker, Kerstin: *Lou Andreas-Salomé. Der bittersüße Funke Ich*. Berlin 2012.

De Padova, Thomas: *Allein gegen die Schwerkraft. Einstein 1914-1918*. München/Berlin 2017.

Der Sturm. Herwarth Walden und die Europäische Avantgarde, Berlin 1912-1932. Ausstellungskatalog der Nationalgalerie. Berlin 1961.

Die Aktion. Wochenzeitschrift für Politik, Literatur und Kunst. Hrsg. von Franz Pfemfert. Auswahl von Thomas Rietzschel. Köln 1987.

Durieux, Tilla: *Eine Tür fällt ins Schloss*. Berlin 1928.

Echte, Bernhard/Feilchenfeldt, Walter (Hrsg.): *Kunstsalon Cassirer*. Band 5 und 6. Wadenswil 2015.

Faber, Monika/Mahler, Astrid (Hrsg.): *Heinrich Kühn. Die vollkommene Fotografie*. Ostfildern 2010.

Feilchenfeldt, Rahel E./Raff, Thomas: *Ein Fest der Künste. Paul Cassirer. Der Kunsthändler als Verleger*. München 2006.

Fischer, Ernst Peter: *Niels Bohr. Physiker und Philosoph des Atomzeitalters*. München 2012.

Flügge, Manfred: *Gesprungene Liebe. Die wahre Geschichte zu ›Jules et Jim‹*. Berlin/Weimar 1993.

Föhl, Thomas/Wolff, Stephan: *Alfred Wolff und Henry van de Velde*. Berlin/München 2018.

Franck, Dan: *Montparnasse und Montmartre. Künstler und Literaten in Paris zu Beginn des* 20. *Jahrhunderts*. Berlin 2011.

Frecot, Janos et al.: *Fidus 1868-1948*. München 1972.

Friedländer, Max J.: *Der Kunstkenner*. Berlin 1920.

Gargano, Pietro/Cesarini, Gianni: *Caruso. Eine Biographie*. Zürich 1991.

Gide, André: *Autobiographisches*. Gesammelte Werke in 12 Bänden. Hrsg. von Peter Schnyder. Stuttgart 1990.

Gide, André: *Et nunc manet in te und Intimes Tagebuch. Aus dem Nachlass*. Stuttgart 1952.

Gold, Arthur/Fizdale, Robert: *Misia. Muse, Mäzenin, Modell*. Frankfurt am Main 1991.

Gumbrecht, Hans Ulrich: 1926. *Ein Jahr am Rand der Zeit*.

Frankfurt am Main 2001.

Hauptmann, Gerhart: *Tagebücher* 1906-1913. Hrsg. von Peter Sprengel. Frankfurt am Main/Berlin 1994.

Henke, Matthias: *Arnold Schönberg*. München 2001.

Hesse, Hermann: *Die Briefe. Band 2. 1905-1915*. Hrsg. von Volker Michels. Berlin 2013.

Huber, Hans Dieter: *Edvard Munch. Tanz des Lebens. Eine Biographie*. Stuttgart 2013.

Hülsen-Esch, Andrea von/Finckh, Gerhard (Hrsg.): *Der Sturm. Zentrum der Avantgarde*. Ausstellungskatalog, Band 2. Wuppertal 2012.

Hülsewig-Johnen, Jutta/Mund, Henrike (Hrsg.): *Der böse Expressionismus. Trauma und Tabu*. Ausstellung der Kunsthalle Bielefeld. Köln 2017.

Ikelaar, Leo (Hrsg.): *Paul Scheerbarts Briefe von 1913-1914 an Gottfried Heinersdorff, Bruno Taut und Herwarth Walden*. Paderborn 1996.

Illies, Florian: *Gerade war der Himmel noch blau. Texte zur Kunst*. Frankfurt am Main 2017.

Illies, Florian: *1913. Der Sommer des Jahrhunderts*. Frankfurt am Main 2012.

In Memoriam Paul Cassirer. 7. Januar 1926. Gedächtnisreden. Weimar 1926.

Jahrbuch der Staatlichen Kunstsammlungen Dresden, Berichte, Beiträge 2005, Bd. 32, Sonderband.

Junge-Gent, Henrike: *Alfred Lichtwark. Zwischen den Zeiten*. Berlin/München 2012.

Jünger, Ernst: *Kriegstagebuch 1914–1918*. Hrsg. von Helmuth Kiesel. Stuttgart 2010.

Keller, Luzius: *Proust 1913*. Hamburg 2014.

Kennert, Christian: *Paul Cassirer und sein Kreis. Ein Berliner Wegbereiter der Moderne*. Frankfurt am Main 1996.

Kjetsaa, Geir: *Maxim Gorki. Eine Biographie*. Hildesheim 1996.

Kraus, Karl: *Briefe an Sidonie Nádherný von Borutin.1913–1936*. Band 1. Neu herausgegeben von Friedrich Pfafflin. Göttingen 2005.

Kropmanns, Peter: *Das Atelier im Grünen. Henri Matisse –die Jahre in Issy*. Berlin 2010.

Kubik, Szymon Piotr/Kacprzak, Dariusz (Hrsg.): *1913. Frühlingsweihe*. Ausstellungskatalog. Stettin 2013.

Kunsthaus Zürich (Hrsg.): *Großstadtrausch. Naturidyll. Kirchner – die Berliner Jahre*. Ausstellungskatalog. Zürich 2017.

Lauinger, Horst: Über den Feldern. Der Erste Weltkrieg in *grossen Erzahlungen der Weltliteratur*. Zürich 2014.

Lauterbach, Ulrich/Siebert, Eberhard (Hrsg.): *Wirklichkeit und Traum. Gerhart Hauptmann 1862–1946*. Ausstellung der Staatsbibliothek Preussischer Kulturbesitz Berlin. Berlin 1987.

Leopold, Diethard et al. (Hrsg.): *Wally Neuzil. Ihr Leben mit Egon Schiele*. Wien 2015.

Levenson, Thomas: *Einstein in Berlin*. New York 2013.

Lichtenstein, Alfred: *Gedichte und Geschichten*. Band 1. München 1919.

Lichtwark, Alfred: *Makartbouquet und Blumenstrauss*. Berlin 1905.

Lützeler, Paul: *Hermann Broch. Eine Biographie*. Frankfurt am Main 1988.

Luyken, Gunda/Wismer, Beat (Hrsg.): *George Grosz. Der große Zeitvertreib*. Ausstellungskatalog. Köln 2014.

Marbacher Magazin, *Vom Schreiben* 4, 74/1996.

Marc, Franz/Marc, Maria: *Briefe*. Hrsg. von Annegret Hoberg. München 2018.

Meier-Graefe, Julius: *Tagebuch 1903–1917 und weitere Dokumente*. Hrsg. von Catherine Krahmer. Göttingen 2009.

Michalzik, Peter: 1900. *Vegetarier, Münster und Visionäre suchen nach dem neuen Paradies*. Köln 2018.

Möhrmann, Renate: *Tilla Durieux, Paul Cassirer*. Berlin 1997.

Mocek, Claudia: *Mata Hari*. Stuttgart 2017.

Mondrian. Piet: *Catalogue Raisonné*. 2 Bände. Bearbeitet von Joop M. Joosten und Robert P. Welsh. München/New York 1998.

Morris, Roy: *Ambrose Bierce. Allein in schlechter Gesellschaft. Eine Biographie*. Zürich 1999.

Muxeneder, Therese: *Arnold Schönberg & Jung-Wien*. Wien 2018.

Neider, Andreas: *Michael und die Apokalypse des 20. Jahrhunderts. Das Jahr 1913 im Lebensgang Rudolf Steiners*. Stuttgart 2013.

Reeds, Bärbel: *Hesses Frauen*. Berlin 2013.

Peteuil, Marie-Françoise: *Helen Hessel. Die Frau, die Jules und Jim liebte. Eine Biographie*. Frankfurt am Main 2013.

Regnier, Anatol: *Frank Wedekind. Eine Männertragödie*. München 2010.

Richardson, John: *Picasso. Leben und Werk. 1907–1917*. München 1997.

Rubinstein, Arthur: *Erinnerungen. Die frühen Jahre*. Frankfurt am Main 1980.

Schenkel, Elmar: *Fahrt ins Geheimnis. Joseph Conrad. Eine Biographie*. Frankfurt am Main 2007.

Schickling, Dieter: *Giacomo Puccini. Biographie*. Stuttgart 1989.

Schirrmacher, Frank: *Die Stunde der Welt. Fünf Dichter – ein Jahrhundert. George, Hofmannsthal, Rilke, Trakl, Benn*. München 2017.

Schmid, Adolf: *Rilke in Rippoldsau. 1909 und 1913*. Freiburg i. Br. 1984.

Schmitz, Oscar A. H.: *Durch das Land der Dämonen. Tagebücher 1912–1918*. Hrsg. von Wolfgang Martynkewicz. Berlin 2007.

Sinclair, Andrew: *Jack London. Eine Biographie*. Frankfurt am Main 1982.

Smee, Sebastian: *Kunst und Rivalität. Vier außergewöhnliche Freundschaften*. Berlin 2017.

Sommer, Achim (Hrsg.): *Max Ernst. Frühe Zeichnungen. Schenkung Werner und Monique Spies*. Ausstellungskatalog. Brühl 2018.

Stach, Reiner: *Kafka. Die Jahre der Entscheidung. 1910–1915*. Frankfurt am Main 2017.

Stach, Reiner: *Kafka von Tag zu Tag. Dokumentation aller Briefe, Tagebücher und Ereignisse*. Frankfurt am Main 2017.

Stein, Gertrude: *Jedermanns Autobiographie*. Frankfurt am Main 1996.

Steinfeld, Thomas: *Der Arzt von San Michele. Axel Munthe und die*

Kunst, dem Leben einen Sinn zu geben. München 2007.

Sternheim, Carl: 1913*: Schauspiel in drei Aufzügen*. Leipzig 1915.

Strauß, Botho: *Der Fortführer*. Reinbek bei Hamburg 2018.

Paul-Klee-Stiftung Kunstmuseum Bern (Hrsg.): *Paul Klee. Tagebücher 1898–1918*. Stuttgart 1988.

Pessoa, Fernando: *Dokumente zur Person und ausgewählte Briefe*. Zürich 1988.

Vietor-Englander, Deborah: *Alfred Kerr. Die Biografie*. Reinbek bei Hamburg 2016.

Wedekind, Frank: *Die Tagebücher*. Hrsg. von Gerhard Hay. Frankfurt am Main 1986.

Wegner, Matthias: *Klabund und Carola Neher. Eine Geschichte von Liebe und Tod*. Berlin 1996.

Wencker-Wildberg, Friedrich: *Mata Hari. Roman ihres Lebens*. Leipzig 1994.

Wendt, Gunna: *Lou Andreas-Salomé und Rilke – eine amour fou*. Berlin 2017.

Wichner, Ernest/Wiesner, Herbert (Bearb.): *Franz Hessel. Nur was uns anschaut, sehen wir. Ausstellungsbuch*. Berlin 1998.

Wiggershaus, Renate: *Joseph Conrad. Leben und Werk in Texten und Bildern*. Frankfurt am Main/Leipzig 2007.

Wittich, Evelin (Hrsg.): *Rosa Luxemburg. Herbarium*. Berlin 2016.

Zauberfest des Lichts. Henri Matisse in Marokko. Gemälde und Zeichnungen. Zusammenstellung und Nachwort von Annette Ludwig. Frankfurt am Main/Leipzig 2002.

Zeitschrift des Deutschen Vereins für Kunstwissenschaft, *Sammler der frühen Moderne in Berlin*, Bd. 42, Heft 3, Berlin 1988.

國家圖書館出版品預行編目資料

意猶未盡的黃金時代：追憶二十世紀初西方文明的盛夏 / 弗洛里安・伊里斯 (Florian Illies) 著；姬健梅譯 . -- 初版 . -- 臺北市：商周出版：家庭傳媒城邦分公司發行 , 2019.10
面；　公分 . -- (生活視野 ; 27)

譯自 : 1913 : Was ich unbedingt noch erzählen wollte

ISBN 978-986-477-729-7(平裝)

1. 文化史 2. 軼事 3. 二十世紀 4. 歐洲

740.38　　108014652

意猶未盡的黃金時代——追憶二十世紀初西方文明的盛夏

1913 - Was ich unbedingt noch erzählen wollte

作　　者／弗洛里安・伊里斯（Florian Illies）
譯　　者／姬健梅
企劃選書／程鳳儀
責任編輯／余筱嵐

版　　權／林心紅、翁靜如
行銷業務／王瑜、林秀津、周佑潔
總 編 輯／程鳳儀
總 經 理／彭之琬
發 行 人／何飛鵬
法律顧問／元禾法律事務所　王子文律師
出　　版／商周出版
台北市 104 民生東路二段 141 號 9 樓
電話：(02) 25007008　傳真：(02)25007759
E-mail：bwp.service@cite.com.tw
Blog：http://bwp25007008.pixnet.net/blog
發　　行／英屬蓋曼群島商家庭傳媒股份有限公司 城邦分公司
台北市中山區民生東路二段 141 號 2 樓
書虫客服服務專線：02-25007718；25007719
服務時間：週一至週五上午 09:30-12:00；下午 13:30-17:00
24 小時傳真專線：02-25001990；25001991
劃撥帳號：19863813；戶名：書虫股份有限公司
讀者服務信箱：service@readingclub.com.tw
城邦讀書花園：www.cite.com.tw
香港發行所／城邦（香港）出版集團有限公司
香港灣仔駱克道 193 號東超商業中心 1 樓；E-mail：hkcite@biznetvigator.com
電話：(852) 25086231　傳真：(852) 25789337
馬新發行所／城邦（馬新）出版集團 Cite (M) Sdn. Bhd.
41, Jalan Radin Anum, Bandar Baru Sri Petaling, 57000 Kuala Lumpur, Malaysia.
Tel: (603) 90578822　Fax: (603) 90576622　Email: cite@cite.com.my

封面設計／陳文德
排　　版／極翔企業有限公司
印　　刷／韋懋印刷事業有限公司
總 經 銷／聯合發行股份有限公司
電話：(02)2917-8022　傳真：(02)2911-0053
地址：新北市 231 新店區寶橋路 235 巷 6 弄 6 號 2 樓

■ 2019 年 10 月 17 日初版
定價 380 元

Printed in Taiwan

感謝歌德學院 (台北) 德國文化中心協助
歌德學院 (台北) 德國文化中心是德國歌德學院 (Goethe-Institut) 在台灣的代表機構，五十餘年來致力於德語教學、德國圖書資訊及藝術文化的推廣與交流，不定期與台灣、德國的藝文工作者攜手合作，介紹德國當代的藝文活動。
歌德學院 (台北) 德國文化中心 Goethe-Institut Taipei 地址：100 臺北市和平西路一段 20 號 6/11/12 樓　電話：02-2365 7294
傳真：02-2368 7542　網址：http://www.goethe.de/taipei

城邦讀書花園
www.cite.com.tw

 ISBN 978-986-477-729-7

廣　告　回　函
北區郵政管理登記證
北臺字第000791號
郵資已付，免貼郵票

104　台北市民生東路二段141號2樓

英屬蓋曼群島商家庭傳媒股份有限公司城邦分公司　收

請沿虛線對摺，謝謝！

書號：BH2027	書名：意猶未盡的黃金時代	編碼：

請於此處用膠水黏貼

商周出版

讀者回函卡

感謝您購買我們出版的書籍！請費心填寫此回函卡，我們將不定期寄上城邦集團最新的出版訊息。

不定期好禮相贈！
立即加入：商周出版
Facebook 粉絲團

姓名：＿＿＿＿＿＿＿＿＿＿ 性別：□男 □女

生日：西元＿＿＿＿年＿＿＿＿月＿＿＿＿日

地址：＿＿＿＿＿＿＿＿＿＿

聯絡電話：＿＿＿＿＿＿＿＿ 傳真：＿＿＿＿＿＿＿＿

E-mail ：

學歷：□ 1. 小學 □ 2. 國中 □ 3. 高中 □ 4. 大學 □ 5. 研究所以上

職業：□ 1. 學生 □ 2. 軍公教 □ 3. 服務 □ 4. 金融 □ 5. 製造 □ 6. 資訊
□ 7. 傳播 □ 8. 自由業 □ 9. 農漁牧 □ 10. 家管 □ 11. 退休
□ 12. 其他＿＿＿＿＿＿

您從何種方式得知本書消息？

□ 1. 書店 □ 2. 網路 □ 3. 報紙 □ 4. 雜誌 □ 5. 廣播 □ 6. 電視
□ 7. 親友推薦 □ 8. 其他＿＿＿＿＿＿

您通常以何種方式購書？

□ 1. 書店 □ 2. 網路 □ 3. 傳真訂購 □ 4. 郵局劃撥 □ 5. 其他＿＿＿

您喜歡閱讀那些類別的書籍？

□ 1. 財經商業 □ 2. 自然科學 □ 3. 歷史 □ 4. 法律 □ 5. 文學
□ 6. 休閒旅遊 □ 7. 小說 □ 8. 人物傳記 □ 9. 生活、勵志 □ 10. 其他

對我們的建議：＿＿＿＿＿＿＿＿＿＿

＿＿＿＿＿＿＿＿＿＿

＿＿＿＿＿＿＿＿＿＿

【為提供訂購、行銷、客戶管理或其他合於營業登記項目或章程所定業務之目的，城邦出版人集團（即英屬蓋曼群島商家庭傳媒（股）公司城邦分公司、城邦文化事業（股）公司），於本集團之營運期間及地區內，將以電郵、傳真、電話、簡訊、郵寄或其他公告方式利用您提供之資料（資料類別：C001、C002、C003、C011 等）。利用對象除本集團外，亦可能包括相關服務的協力機構。如您有依個資法第三條或其他需服務之處，得致電本公司客服中心電話 02-25007718 請求協助。相關資料如為非必要項目，不提供亦不影響您的權益。】

1.C001 辨識個人者：如消費者之姓名、地址、電話、電子郵件等資訊。
2.C002 辨識財務者：如信用卡或轉帳帳戶資訊。
3.C003 政府資料中之辨識者：如身分證字號或護照號碼（外國人）。
4.C011 個人描述：如性別、國籍、出生年月日。

請於此處用膠水黏貼